Quatrième Édition

Vouloir...

c'est

pouvoir

ou *La Grammaire apprivoisée*

Quatrième Édition

Vouloir… c'est pouvoir

ou *La Grammaire apprivoisée*

Cécile Fay-Baulu

Hélène Poulin-Mignault

Hélène Riel-Salvatore

Université McGill

THOMSON

NELSON

Australia   Canada   Mexico   Singapore   Spain   United Kingdom   United States

Vouloir... c'est pouvoir : ou La Grammaire apprivoisée
Quatrième Édition

Cécile Fay-Baulu
Hélène Poulin-Mignault
Hélène Riel-Salvatore

Editorial Director and Publisher:
Evelyn Veitch

Executive Editor:
Chris Carson

Marketing Manager:
Lisa Rahn

Senior Developmental Editor:
Katherine Goodes

Production Editor:
Tammy Scherer

Copy Editor:
Cy Strom

Proofreader:
Cy Strom

Production Coordinator:
Helen Jager Locsin

Creative Director:
Angela Cluer

Interior Design:
Tammy Gay

Cover Design:
Brian Cartwright, Rocket Designs

Cover Image:
Some images © 2003–4
www.clipart.com

Chapter Illustrations:
Vanessa Vogel

Compositor:
Nelson Gonzalez

Printer:
Webcom

National Library of Canada Cataloguing in Publication

Fay-Baulu, Cécile
         Vouloir... c'est pouvoir, ou,
La grammaire apprivoisée / Cécile Fay-Baulu, Hélène Poulin-Mignault, Hélène Riel-Salvatore. — 4e éd.

For English-speaking students of French at the intermediate level.
ISBN 0-17-622487-4

         1. French language—Textbooks for second language learners—English speakers. 2. French language—Grammar—Problems, exercises, etc. I. Mignault, Hélène II. Riel-Salvatore, Hélène III. Title. IV. Title: Grammaire apprivoisée.

PC2112.V68 2004   448.2'421
C2003-907308-4

Table des matières

Vouloir… c'est pouvoir, Quatrième Édition, est demeuré fidèle à l'esprit qui avait donné lieu à sa première édition. Né d'une expérience pratique en salle de classe, il s'adresse à des étudiants* de niveau intermédiaire avancé qui connaissent déjà les règles de base de la grammaire mais qui éprouvent le besoin d'en faire une révision systématique.

Il s'agit d'amener l'étudiant à apprivoiser la grammaire française pour mieux s'exprimer à l'écrit comme à l'oral. Parler ou écrire une langue, c'est **choisir** dans les différents éléments de cette langue—éléments lexicaux, grammaticaux et stylistiques —ceux qui conviennent le mieux pour communiquer correctement un message dans une situation donnée.

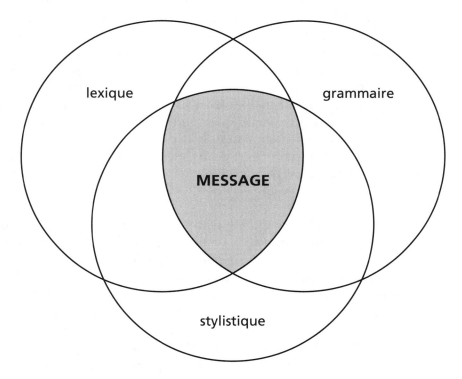

- Vouloir communiquer un message : c'est au coeur même de l'activité humaine.
- Correctement : il faut faire le bon choix! Or, faire le bon choix, c'est rendre le message plus précis, donc plus efficace.
- Dans une situation donnée : on ne parle pas de la même façon avec son copain ou avec son patron, à la brasserie ou au salon mortuaire, quand on est d'humeur taquine ou d'humeur massacrante!

Pour exprimer des idées complexes et en saisir toutes les nuances, il faut non seulement posséder un vocabulaire étendu, mais encore avoir une connaissance approfondie de la grammaire et de la stylistique.

---

* Le genre masculin est employé dans le seul but d'alléger le texte.

Depuis la toute première édition, notre principal souci a été de faire oublier le caractère rébarbatif que peuvent avoir les exercices de grammaire en faisant sentir l'aspect pratique et fonctionnel de la langue. C'est pourquoi la grammaire est toujours «mise en situation» dans des exercices, textes et dialogues qui traitent d'actualité, de politique et de culture dans un contexte nord-américain et qui présentent, souvent de façon humoristique, des scènes de la vie quotidienne. Il va sans dire que ces exercices ne peuvent pas remplacer l'usage spontané de la langue, qui ne peut se faire qu'en situation réelle de communication.

Vouloir... c'est pouvoir, Quatrième Édition, conserve donc la même approche et les mêmes objectifs que les éditions précédentes. Cependant, à la lumière des commentaires et suggestions faites par les professeurs et les étudiants qui ont utilisé le manuel, nous avons apporté un certain nombre de changements.

La **présentation de la table des matières** a été améliorée pour faciliter la consultation du manuel : chaque thème grammatical est maintenant identifié comme un chapitre et cette référence se retrouve au haut de chaque page. Les chapitres sont toujours présentés dans le même ordre, mais il est tout à fait possible de les aborder dans l'ordre qui convient le mieux à chacun. Les premiers chapitres portent sur les déterminatifs qui accompagnent le nom; vient ensuite le chapitre sur les prépositions qui précède les deux chapitres portant sur les pronoms. Ce choix n'est pas arbitraire : en effet, comme il est essentiel de savoir si un verbe se construit avec un complément d'objet direct (COD) ou avec un complément d'objet indirect (COI) quand il faut choisir quel pronom employer dans une phrase, il était logique de placer en premier le chapitre sur les prépositions qui se termine par un tableau des verbes et de leurs constructions. Suivent les chapitres qui portent sur le verbe, ses temps, ses modes et ses formes. Finalement, la phrase négative n'étant qu'une transformation de la phrase affirmative (chaque mot négatif ayant sa contrepartie dans la phrase affirmative), le chapitre sur la négation permet une révision de tout ce qui a été vu précédemment. Le dernier chapitre présente des exercices de composition ouverts ou semi-ouverts sur les pronoms, les modes et la négation. Ils font appel à la créativité de l'étudiant aussi bien qu'à ses connaissances grammaticales.

Les **illustrations** qui introduisent les chapitres ont été changées. Elles font référence au concept global du point de grammaire, et parfois au thème du pré-test. Toutefois, dans le cas du chapitre 5, l'image des poissons, qui permet de visualiser l'ordre des pronoms personnels avant ou après le verbe, a été intégrée dans la nouvelle illustration.

Les **aide-mémoire**, au début de chaque chapitre, présentent une explication plus approfondie du point de grammaire traité en insistant sur l'interdépendance de la syntaxe (la grammaire) et de la sémantique (le sens) : mises en relief des aspects saillants et au besoin, mises en garde permettant d'éviter les erreurs les plus courantes. Au chapitre 5, les pronoms personnels sont présentés dans un nouveau tableau. Tout en s'appuyant sur le concept de la construction verbale du tableau des verbes du chapitre 4, ce tableau va plus loin en illustrant le lien étroit qui existe entre la construction du verbe, le choix du pronom selon sa fonction (COD, COI ou CC) et le référent du pronom (personne ou chose).

Le **pré-test** offre toujours la possibilité d'évaluer, d'après le résultat obtenu, la quantité de travail à fournir pour maîtriser la matière. Certains pré-tests et exercices ont été remplacés, modifiés ou ajoutés. Tous ont subi une mise à jour pour que textes et phrases demeurent au goût et à l'heure du XXIe siècle. Le but de proposer divers modèles d'exercices est d'illustrer un même point de grammaire sous des angles différents. Cette variété dans la forme encourage l'utilisation de plusieurs stratégies dans l'apprentissage du français.

Les **expressions idiomatiques et notes explicatives** ont été placées immédiatement après chaque pré-test ou exercice pour en faciliter la consultation. Il s'agit de termes ou d'expressions que ne se trouveriez pas toujours aisément dans un dictionnaire. Ces termes sont identifiés à l'aide d'un astérisque (*).

Les **exercices d'exploitation orale et écrite** qui se trouvent à la fin de chaque chapitre remplacent les anciens exercices d'exploitation orale qui ont été révisés : certains ont été supprimés, d'autres améliorés. Quelques exercices de composition écrite, notamment des suggestions de pastiches, ont été ajoutés. Mais, qu'ils soient faits oralement ou par écrit, tous ces exercices devraient fournir l'occasion de réutiliser en contexte les formes grammaticales travaillées dans chaque chapitre.

Le **corrigé des exercices** est fourni dans la plupart des cas. Néanmoins, nous avons conservé un certain nombre d'exercices sans corrigé afin de permettre leur exploitation en classe ou encore leur utilisation comme devoir ou comme post-test. C'est d'ailleurs dans cet esprit que nous avons conçu les exercices du chapitre 13 qui se veut à la fois une révision et une synthèse des chapitres précédents. Comme il y a souvent différentes manières de compléter ces exercices, ils se prêtent d'autant mieux à un travail de classe en petits groupes ou à une vérification des acquis. La correction peut se faire en comparant les réponses des étudiants et, avec l'aide du professeur, en choisissant les meilleures.

Pour conclure, un petit rappel à l'étudiant qui utilisera *Vouloir... c'est pouvoir* :

Que vous travailliez seul ou en classe, n'oubliez pas que le principal artisan de vos progrès, c'est vous. Vous seul êtes responsable de votre réussite. Ce manuel n'est qu'un outil mis à votre disposition pour atteindre votre objectif. À vous maintenant d'apprivoiser enfin cette grammaire qui, vous le verrez, n'a rien de redoutable!

Note de l'éditeur aux enseignant(e)s et aux étudiant(e)s

Les auteures et l'éditeur de *Vouloir... c'est pouvoir* vous remercient d'avoir adopté ce manuel dans sa quatrième édition.

Le présent ouvrage est protégé par la loi concernant les droits d'auteur dont l'objectif est d'encourager auteurs et éditeurs à continuer de produire et de publier des ouvrages de qualité. Nous vous remercions de nous accorder votre appui en respectant cette loi.

Que penser de la note que vous obtenez au pré-test?

95% Bravo!

85% Vous vous défendez bien.

75% Il vous reste quelques lacunes qui ne demandent qu'à être comblées.

65% Une révision des règles s'impose.

55% Ne désespérez pas; la grammaire peut s'apprivoiser. Il suffit de vouloir.

Chapitre 1

Les articles

Aide-mémoire

En français, les noms sont presque toujours précédés d'un **article**, soit **défini**, soit **indéfini**, soit **partitif**. Pour vous guider dans une utilisation appropriée des articles, lisez les remarques suivantes.

Présence de l'article devant le nom

1. Les articles sont des déterminants, tout comme les adjectifs possessifs et démonstratifs. Leur fonction est de spécifier le nom qu'ils accompagnent en lui donnant une référence.

    Ainsi, rappelez-vous que lorsqu'on emploie les articles définis, *le, la, les,* devant un nom, cela suppose que la personne qui parle ainsi que la personne qui écoute sont capables d'identifier ce nom : dans le contexte du discours, ce nom est unique ou familier.

    Ex. : J'ai repeint **les** murs de mon appartement.
    Il regarde **la** télévision.
    Passe-moi **le** marteau.

    Par ailleurs, les articles indéfinis, *un, une, des,* ou encore les articles partitifs, *du, de la, des,* sont des marqueurs référentiels qui ne mènent pas à une identification précise du nom :

    Ex. : J'ai **des** enfants. Il fait **une** pause. J'ai loué **un** film. Une cornue est **un** contenant de verre dont on se sert pour faire des expériences de chimie.
    Nous avons **du** travail à faire. Vous lui avez fait **de la** peine. J'ai retiré **de l'**argent de mon compte. Reprendriez-vous **des** pralines?

    Pour avoir une idée des contextes dans lesquels on utilise les différents articles, consultez un manuel de grammaire; vous y trouverez une liste des emplois les plus fréquents des articles.

2. En plus d'avoir à choisir le bon article, il vous faudra également l'accorder avec le nom qu'il accompagne. Pour ce faire, aidez votre mémoire en apprenant les noms accompagnés de leur article. Cela vous sera d'ailleurs d'une grande utilité puisque **le genre des noms** affecte un très grand nombre de mots qui accompagnent ou remplacent le nom, c'est-à-dire :

    – les articles (le, la; un, une;…)
    – les démonstratifs et les possessifs (ce, cette; celui, celle; ma, ton; le sien…)
    – les adjectifs et les pronoms indéfinis (certain, chacune, tout,…)
    – les adjectifs qualificatifs (petite, joyeux,…)
    – les pronoms personnels (le, la, elle, eux,…)
    – les pronoms relatifs et interrogatifs (lequel, laquelle,…)

    Il n'existe pas de règle infaillible pour déterminer le genre des noms; il semble d'ailleurs souvent illogique.

    Ex. : **le** féminisme, **la** masculinité

Toutefois, comme la terminaison des noms permet d'identifier leur genre dans un très grand nombre de cas, il est utile que vous appreniez à reconnaître ces différentes catégories. En voici quelques-unes :

FÉMININ		MASCULIN	
–ance	la connaissance	–ail	le travail
–ence	la science	–aire	le vocabulaire
–esse	la promesse	–al	le journal
–ure	la ceinture	–ant	le restaurant
–ette	la tablette	–et	le secret
–té	la difficulté	–ème	le problème
–tié	la pitié	–isme	le socialisme
–tion	la solution	–ment	le gouvernement
–tude	la certitude	–oir	le tiroir
–ine	la vitamine	–age	le courage
–eur	la valeur	–eau	le cadeau
–ie	la folie		

3. N'oubliez pas que l'article *des* se transforme en *de* lorsqu'il est séparé du nom par un adjectif,

Ex. : J'ai **des** idées, **d'**<u>excellentes</u> idées.
Ce sont **des** moyens judicieux. Ce sont **de** <u>judicieux</u> moyens.

sauf si cet adjectif fait partie du nom.

Ex. : Quand il fait **des** rêves, il fait **des** <u>mauvais rêves</u> (= des cauchemars).
Il y avait **des** filles devant l'entrée. Il y avait **des** <u>petites filles</u> (= des fillettes) devant l'entrée.

Les indéfinis et les partitifs se transforment également en *de* dans une phrase négative,

Ex. : J'avais **un** emploi, **de** l'argent et **des** amis, maintenant, je n'ai plus **d'**emploi ni **d'**argent ni **d'**amis.

sauf si la négation se fait avec le verbe *être.*

Ex. : Ce <u>ne sont pas</u> **des** chameaux, ce <u>sont</u> **des** dromadaires puisqu'ils n'ont qu'une bosse.

La même transformation s'opère avec les indéfinis suivant des expressions de quantité comprenant des déterminants adverbiaux (beaucoup *de* dettes, pas mal *de* soucis, énormément *de* livres, un tout petit peu *d'*effort, un soupçon *de* sel, peu *de* thé) ou comprenant des déterminants nominaux (une foule *d'*idées, un bon nombre *de* spectateurs, des gouttes *de* sueur, deux kilos *de* pain, un morceau *de*…), sauf dans le cas de *bien des* et de *la plupart des.*

Ex. : **Bien des** clients se sont plaints à la suite de la panne d'électricité.
La plupart des étudiants sont d'accord pour reporter l'examen.

Absence de l'article devant le nom

Parmi les cas où le nom n'est pas précédé d'un article, concentrez-vous en particulier sur les suivants :

1. Les compléments du nom :

Ex. : Un cours **de** français. Un livre **de** bibliothèque. Une piste **de** course.

2. Les verbes, locutions verbales et adjectifs construits avec la préposition *de* :

Ex. : J'ai besoin **d'un** livre. / J'ai besoin **de** livres.
J'ai besoin **de** calme, **d'**air et **de** nature.
Je me sers **d'un** marteau. / Je me sers **d'**outils. Je me sers **d'**eau et **de** savon.
Il fait preuve **d'**intelligence. / Il fait preuve **de** qualités supérieures.
Elle est dotée **de** charme. Il est doté **de** pouvoirs magiques.

3. Avec des prépositions comme *sans, avec* :

   Ex. :   Malgré tous nos efforts, nos recherches sont restées **sans** résultats.
           Il m'a salué **avec** déférence.

4. Une énumération :

   Ex. :   Tous les passagers ont été évacués, hommes, femmes, enfants, tous se sont retrouvés sur le quai de la gare.
           C'était un buffet sans pareil, mousses, flans, tians, salades, charcuterie, fromages, rien ne manquait pour nous
           satisfaire.

   Pour cette partie, consultez au besoin le chapitre 4, *Les prépositions*.

Pré-test

Complétez le dialogue en mettant, s'il y a lieu, l'article qui convient.
Attention aux articles contractés ainsi qu'à la transformation imposée par la
négation et les expressions de quantité.

vs guerre = war

hardly

Petit à petit, l'oiseau fait son nid (proverbe)

Sylvie :   Eh bien! __L'__ ¹ appartement qu'on vient de visiter ne m'enchante guère!

Martine :   C'est vrai qu'il ne casse rien*, mais au loyer qu'on nous demande par _____ ² mois

                pour _____ ³ trois pièces, on aurait tort de faire la fine bouche*, tu ne crois pas?

Sylvie :   Au fond, tu as raison. Si on le compare à __aux__ ⁴ autres qu'on a visités, il a même

                beaucoup __d'__ ⁵ avantages.

Martine :   Très juste! D'abord, __les__ ⁶ pièces sont grandes et claires. On aura __du__ ⁷ soleil toute

                __la__ ⁸ matinée.

Sylvie :   J'ai __une__ ⁹ idée. Au lieu de mettre __des__ ¹⁰ rideaux, on pourrait suspendre

                __des__ ¹¹ plantes vertes devant __les__ ¹² fenêtres de __du__ ¹³ salon.

Martine :   Génial*! On installerait __le__ ¹⁴ sofa brun contre __le__ ¹⁵ mur d'en face,

                __les__ ¹⁶ étagères de __la__ ¹⁷ bibliothèque sur __le__ ¹⁸ mur de _____ ¹⁹ gauche et nos

                deux bureaux le long de __du__ ²⁰ mur, à _____ ²¹ droite de __du__ ²² palmier.

Sylvie :   Il nous faudrait aussi __des__ ²³ affiches pour égayer __les__ ²⁴ murs.

Martine :   Il y a justement __une__ ²⁵ exposition en ce moment à __au__ ²⁶ centre social où on vend à
                brighten

                __un__ ²⁷ prix ridicule __de__ ²⁸ magnifiques reproductions de tous __les__ ²⁹ grands maîtres

                contemporains. Quant à __la__ ³⁰ cuisine…

Sylvie :	Quelle cuisine? Ce n'est pas _une_ [31] cuisine, c'est _un_ [32] placard. Il n'y a même pas _de_ [33] place pour s'y tenir à deux!
Martine :	Ce n'est peut-être pas _la_ [34] cuisine idéale, mais elle est très fonctionnelle. Il y a _____ [35] place pour tout ranger dans _____ [36] armoires. _____ [37] évier est en acier inoxydable et il est même pourvu d'_____ [38] broyeur.
Sylvie :	Mais il n'y a pas _____ [39] cuisinière électrique.
Martine :	Ne me dis pas que tu as peur de _____ [40] gaz!
Sylvie :	J'ai entendu beaucoup _____ [41] histoires horribles à ce sujet.
Martine :	Les histoires de _____ [42] autres ne m'effraient pas. Elles n'arrivent qu'à _____ [43] autres justement! As-tu _____ [44] autres commentaires à ajouter?
Sylvie :	Tu oublies _____ [45] détail important. Il faudra quand même investir _____ [46] argent pour décorer notre futur logis.
Martine :	Pas tant que cela! Tu verras que c'est surtout avec _____ [47] bonne volonté, _____ [48] imagination et _____ [49] goût qu'on fera de cet appartement _____ [50] petit paradis!

Expressions idiomatiques et notes explicatives

Il ne casse rien : il n'est pas extraordinaire. Expression familière qui s'emploie généralement à la forme négative et qui a un sens péjoratif.

Faire la fine bouche : être difficile, trop exigeant, très critique.

Génial : fantastique, extraordinaire, formidable.

Corrigé du pré-test

1. L'	10. des	19. —
2. —	11. des	20. du
3. un	12. les	21. —
4. aux	13. du	22. du
5. d'	14. le	23. des
6. les	15. le	24. les
7. du	16. les	25. une
8. la	17. la	26. au
9. une	18. le	27. un

28. de
29. les
30. la
31. une
32. un
33. de
34. la
35. de la
36. les
37. L'

38. un
39. de
40. du
41. d'
42. des
43. aux
44. d'
45. un
46. de l'
47. de la

48. de l'
49. du
50. un

Barème

47/50 . . . . **95%**
42/50 . . . . **80%**
37/50 . . . . **75%**
32/50 . . . . **65%**
27/50 . . . . **55%**

Exercice I

Complétez le texte suivant à l'aide des articles définis **le, la, l', les.**

L'exode rural au Québec

Pendant tout _____ ¹ XIXᵉ siècle, nombreux sont _____ ² Canadiens français qui ont quitté _____ ³ campagne pour _____ ⁴ ville et tous _____ ⁵ historiens qualifient _____ ⁶ phénomène de véritable exode rural. _____ ⁷ gens venaient à Montréal pour chercher du travail dans _____ ⁸ usines, mais ils partaient aussi pour _____ ⁹ Ouest canadien, _____ ¹⁰ Nouvelle-Angleterre et _____ ¹¹ Mid-West américain. Au début du XIXᵉ siècle, _____ ¹² Québec présentait encore toutes _____ ¹³ caractéristiques d'une société agricole; il avait atteint, vers _____ ¹⁴ fin du siècle, _____ ¹⁵ stade d'une société industrielle en raison de _____ ¹⁶ évolution de ses structures économiques. Cette évolution avait été amenée par _____ ¹⁷ implantation dans _____ ¹⁸ province du chemin de fer qui avait profondément modifié _____ ¹⁹ habitudes et _____ ²⁰ économie d'autosuffisance des agriculteurs. _____ ²¹ conséquence en a été _____ ²² échange et _____ ²³ production spécialisée de biens et, enfin, _____ ²⁴ urbanisation massive qui apportait à _____ ²⁵ industrie naissante tous _____ ²⁶ bras dont _____ ²⁷ terre n'avait plus besoin. Et c'est ainsi que de nombreuses manufactures se sont construites _____ ²⁸ long de _____ ²⁹ rue Saint-Laurent et ont formé _____ ³⁰ Montréal du début du XXᵉ siècle. Ce n'était pas _____ ³¹ fin du monde mais _____ ³² début d'un monde nouveau.

Exercice II

Complétez le texte suivant en utilisant, s'il y a lieu, **un, une, des, de, d'**. Relisez l'aide-mémoire fourni au début de ce chapitre pour vous guider dans vos choix de réponses.

De la musique avant toute chose et du jazz avant tout!

Depuis 1979, grâce à son festival de jazz, Montréal s'est acquis comme ville des festivals _____ [1] réputation et _____ [2] notoriété fort méritées. Fin juin, début juillet, venez vous aussi vivre à Montréal _____ [3] moments de pur ravissement. C'est _____ [4] rendez-vous annuel qui vous assure _____ [5] folle ambiance d'allégresse musicale et estivale.

Durant onze jours et onze nuits, de midi à minuit, le centre-ville, paré _____ [6] oriflammes bigarrés et agrémenté _____ [7] éclairages multicolores, accueille _____ [8] musiciens et _____ [9] chanteurs venus des quatre coins du monde. _____ [10] programmation sans _____ [11] précédent attend les jazzophiles et autres festivaliers et leur offre _____ [12] occasion unique de voir et d'entendre _____ [13] artistes talentueux et surprenants réunis dans _____ [14] but unique : produire _____ [15] musique «magique».

Sur _____ [16] scènes dressées en plein air ou en salles, se succèdent _____ [17] guitaristes, _____ [18] saxophonistes, _____ [19] contrebassistes, _____ [20] pianistes, etc. Vous y entendrez de tout : _____ [21] swing, _____ [22] blues, _____ [23] jazz, _____ [24] classiques de Piazzola ou de Django Reinhart. Chaque année, on y écoute _____ [25] compositions dont certaines lanceront _____ [26] nouvelle carrière ou révéleront _____ [27] nouveau talent. _____ [28] autres performances nous livreront _____ [29] moments musicaux fiévreusement attendus ou seront l'occasion de _____ [30] retrouvailles sympathiques. Avec 350 concerts gratuits et 150 concerts payants… voilà _____ [31] événement à la portée de toutes les bourses et de tous les goûts.

De jour comme de nuit, les visiteurs découvrent _____ [32] ville qui déborde de _____ [33] énergie dans _____ [34] atmosphère festive, paisible et sécuritaire. Noctambules et couche-tard peuvent profiter tranquillement de _____ [35] ambiance à la fois conviviale et décontractée. Le festival terminé, deux millions _____ [36] festivaliers provenant des cinq continents s'y seront retrouvés pour apprécier leurs rythmes et leurs sonorités préférés.

_____ [37] incontournable du calendrier estival. À découvrir absolument! Pour _____ [38] visite virtuelle, rendez-vous à <www.montrealjazzfest.com> .

Exercice III

Complétez les phrases ci-dessous en vous demandant si vous devez employer un article partitif ou un article défini précédé d'une préposition. Encadrez les articles partitifs.

1. a) Jacques prend _____ pain.

   b) Jacques vient _____ Nouveau-Québec.

2. a) Leur maison se trouve au bout _____ île d'Orléans.

   b) Les conteurs ont bien _____ imagination.

3. a) C'est impressionnant de se tenir près _____ chutes du Niagara.

   b) Avez-vous déjà mangé _____ bleuets du Lac St-Jean?

4. a) Il me semble que j'entends _____ musique.

   b) Parle-moi _____ vie dans le Grand Nord.

Exercice IV

Complétez le texte suivant en utilisant **de la, de l', du** ou **des** et encadrez les articles partitifs.

Le temps des fêtes

Quand je pense au temps des fêtes chez grand-maman Sicotte de Rivière-du-Loup, je vois défiler devant mes

yeux _____ [1] plats si alléchants que l'eau m'en vient à la bouche*. Il y avait _____ [2] soupe aux pois, _____ [3] pâté

de lapin et de canard, _____ [4] ragoût de pattes*, _____ [5] tourtière*, _____ [6] dinde, _____ [7] jambon, _____ [8] fèves

au lard, _____ [9] rôti de porc et… j'en passe!

Pour arroser toutes ces bonnes choses, on buvait joyeusement _____ [10] cidre, _____ [11] bière et

_____ [12] whisky. Mais moi, ce que j'aimais par-dessus tout, c'était manger _____ [13] omelette au sirop d'érable,

_____ [14] galettes de sarrasin et _____ [15] tarte au sucre! Et pour terminer joyeusement la soirée, mon oncle

Joseph jouait _____ [16] violon, mon grand-père _____ [17] cuillers, mon père _____ [18] harmonica et toute la

parenté se mettait à danser _____ [19] *reels* et _____ [20] rigodons et à chanter à tue-tête* pendant que les enfants

jouaient à cache-cache* sous la table et dans les placards!

Ah! que j'aimais donc le temps des fêtes chez ma grand-maman Sicotte!

Expressions idiomatiques et notes explicatives

L'eau m'en vient à la bouche : cela me donne faim.

Le ragoût de pattes : mets typiquement québécois se composant de pattes de porc cuites dans une sauce relevée.

La tourtière : tarte à la viande. Avez-vous des talents de cuisinier? Essayez la recette donnée dans l'exercice XI de ce chapitre. Vous vous en lécherez les doigts!

Chanter à tue-tête : chanter le plus fort possible.

Jouer à cache-cache : jeu universellement connu qui consiste à se cacher et à ne pas se laisser trouver!

Exercice V

Complétez le texte suivant avec les mots qui manquent. Attention : quel mot suit généralement une expression de quantité?

Le bon vieux temps

Mme Arcand, ma voisine, qui a maintenant plus _____ [1] quatre-vingts ans et qui a été élevée dans une ferme du côté de Joliette, me racontait que, de son temps, la vie était bien différente. Les parents, à cette époque-là, avaient beaucoup _____ [2] autorité et peu _____ [3] temps pour s'occuper des enfants. Ce qui ne voulait pas dire qu'ils n'éprouvaient pas _____ [4] amour pour eux. Mais la mère avait tellement _____ [5] travail dans la maison, et le père aux champs, qu'il n'y avait tout simplement pas assez _____ [6] heures dans la journée ni assez _____ [7] bras pour tout faire. Mais en hiver, comme il n'y avait pas autant _____ [8] choses à faire à l'extérieur, on passait bien _____ [9] soirées avec les voisins au coin du feu : c'était les veillées du bon vieux temps. La plupart _____ [10] hommes sculptaient de petites figurines en bois et les femmes filaient la laine, tricotaient ou faisaient du crochet. On sortait alors des bouteilles _____ [11] cidre, des pots _____ [12] beurre et quelques douzaines _____ [13] beignes*. On avait tant _____ [14] histoires à se raconter, _____ [15] chansons à chanter, _____ [16] plaisanteries à se dire que la soirée passait toujours trop vite.

Mme Arcand, avec un brin de nostalgie dans les yeux, répète à qui veut l'entendre qu'autrefois on avait moins _____ [17] argent et _____ [18] confort, mais plus _____ [19] amitié et _____ [20] joie de vivre.

Expressions idiomatiques et notes explicatives

Un beigne : sorte de pâtisserie faite de pâte frite qu'on trouve partout en Amérique du Nord. Il y a des beignes au chocolat, au miel, au sucre…

Exercice VI

Complétez les phrases suivantes en vous demandant pourquoi l'article change ou disparaît devant le même mot.

1. Paul aime _____ argent et il voudrait _____ argent, beaucoup _____ argent, mais il n'aura pas _____ argent tant qu'il sera étudiant.

2. —Voulez-vous _____ sucre?

   — Non merci, je ne prends pas _____ sucre; je préfère _____ miel.

3. — Prendras-tu _____ épinards?

   — Oh non! je déteste _____ légumes verts; je ne mange donc jamais _____ épinards.

4. — Voulez-vous _____ aide?

   — Merci, c'est toujours agréable d'avoir _____ aide, malheureusement _____ aide que vous m'offrez arrive au moment où je n'ai plus vraiment besoin de _____ aide.

5. _____ autres viennent toujours me raconter leurs problèmes. Pourtant, les problèmes _____ autres ne m'intéressent pas; j'ai _____ autres chats à fouetter*, moi!

6. Je n'aime pas _____ eau, mais j'adore _____ champagne. Je boirais volontiers _____ champagne tous les jours. Malheureusement, il n'y a pas _____ champagne qui coule des robinets!

Expressions idiomatiques et notes explicatives

Avoir d'autres chats à fouetter : avoir d'autres affaires plus importantes en tête.

Exercice VII

Complétez les phrases soit avec un article défini, soit avec un adjectif possessif. Découvrez la règle qui détermine l'un ou l'autre emploi avec les parties du corps.

1. Gilles a hoché _____ tête et froncé _____ sourcils : il n'était vraiment pas content!

2. Marielle n'a pas _____ tête sur _____ épaules, elle ne réfléchit jamais!

3. Sylvie a _____ yeux bleus, mais _____ cheveux sont noirs.

4. Yves a mal à _____ dents, car _____ dents sont cariées.

5. Ginette s'est cassé _____ jambe en faisant du ski.

6. Les marins avaient tous la pipe à _____ bouche et la casquette sur _____ oeil. _____ visage était hâlé par le vent.

Exercice VIII

Mettez, s'il y a lieu, l'article qui convient. Attention aux articles contractés et aux transformations imposées par la négation et les expressions de quantité.

1. Je n'aime pas _____ grammaire; il n'y a pas assez _____ règles et beaucoup trop _____ exceptions.

2. _____ plus difficile, c'est _____ emploi de _____ articles; on ne sait jamais si on doit préférer _____ vin ou boire _____ bière!

3. J'ai _____ foule _____ raisons pour faire _____ fautes.

4. J'ai _____ amis qui parlent couramment le français, mais _____ autres qui, comme moi, se heurtent encore à _____ problèmes d'articles.

5. Vous croyez qu'apprendre _____ français, c'est facile! J'aimerais vous y voir*!

6. Mon problème, c'est que je cherche _____ belles formules magiques qui, apparemment, n'existent pas.

7. J'aime _____ activités que nous avons en français; souvent, nous allons à _____ cinéma, à _____ théâtre ou à _____ Place des Arts*.

8. _____ matin, avant mon cours de français, je mange _____ croissants avec _____ confiture de groseilles et je bois _____ café au lait en écoutant _____ radio en français.

9. _____ enfants, c'est _____ espoir de demain.

10. _____ couples qui ont _____ enfants doivent s'armer _____ patience.

11. _____ comble* de _____ malchance, c'est sûrement d'avoir _____ jumeaux.

12. J'ai _____ amis qui prétendent _____ contraire.

13. Ils me présentent toujours _____ excellents arguments pour défendre leur point de vue.

14. Avoir _____ enfants aide _____ parents à rester jeune.

15. Aller à _____ plage et se mettre à _____ soleil aussi, vous savez.

16. Chez nous, _____ aînés s'occupent de _____ plus jeunes.

17. _____ enfants sont _____ bon sujet de conversation; votre fils mange-t-il _____ légumes?

18. En général, _____ enfants n'aiment pas _____ légumes; le mien ne fait pas exception à _____ règle.

19. Tous _____ jours, il faut répéter _____ mêmes rengaines.

20. Lavez-vous _____ mains avant _____ dîner; cessez de faire _____ bruit; buvez plus _____ lait, c'est excellent pour _____ santé. Non, _____ tomates sont _____ fruits; oui, _____ cygne est _____ oiseau; oui, bien sûr, j'aime _____ oiseaux; je sais que ton copain a _____ oiseau. _____ biscuits sont dans _____ armoire, mais tu en mangeras à _____ dessert.

21. J'ai _____ mains propres; je joue de _____ piano, ce n'est pas _____ bruit ça! Pourquoi faut-il toujours boire _____ lait? C'est mauvais pour _____ dents! C'est _____ vérité; on l'a dit à _____ télévision. Je préfère _____ chocolat; je suis sûre que c'est bourré de _____ vitamines. Tu peux téléphoner à _____ mère de Marie; elle sait plein de choses sur _____ vitamines, mais elle ignore tout de _____ tomates. Est-ce que _____ cygne est aussi _____ roi de _____ animaux? Où sont passés _____ biscuits et _____ gâteaux?

Expressions idiomatiques et notes explicatives

J'aimerais vous y voir : J'aimerais voir comment vous feriez à ma place.

La Place des Arts : édifice qui regroupe trois des principales salles de spectacles de Montréal. L'Orchestre symphonique de Montréal (l'OSM) y donne ses concerts.

Le comble de quelque chose : le plus haut degré, le maximum de quelque chose. (N.B. *Comble* : construction qui soutient le toit d'une maison.)

Exercice IX

Mettez, s'il y a lieu, l'article qui convient. Attention aux articles contractés et aux transformations imposées par la négation et les expressions de quantité.

1. _____ mardi dernier, j'ai fait une partie de tennis, mais d'habitude je joue _____ dimanche.

2. Quand Sébastien se fâche, il baisse _____ tête, fronce _____ sourcils et pointe vers moi _____ doigt menaçant.

3. J'ai envie de _____ voiture neuve, mais comme j'ai peu _____ argent, il me faudra _____ aide pour la payer.

4. Je compte servir _____ poulet à _____ crème, _____ pommes de terre persillées, _____ petits pois, _____ belles fraises fraîches et _____ bonne bouteille de vin blanc.

5. Je comprends tout sans _____ problème, mais je parle encore avec _____ difficulté.

6. Cette jeune femme est _____ américaine de naissance, mais elle vit à Montréal depuis dix ans. Son mari est _____ médecin.

7. Je n'ai pas peur de faire _____ travail que vous réclamez, pourvu que j'aie _____ temps qu'il faut.

8. Certaines personnes ont _____ argent, mais voudraient avoir _____ amis; _____ autres n'ont ni _____ argent ni _____ amis. _____ idéal, c'est d'avoir _____ argent et _____ bons amis.

9. Mon frère est amateur de _____ photographie; ma mère aime _____ musique classique; mon père joue de _____ violon, ma soeur de _____ guitare et moi, je joue à _____ tennis.

10. J'ai passé cet examen sans _____ difficulté, mais il m'a fallu _____ temps et une bonne dose _____ patience.

Exercice X
(sans corrigé)

Complétez les textes suivants en mettant, s'il y a lieu, l'article qui convient. Attention aux articles contractés et à la transformation imposée par la négation et les expressions de quantité.

1. _____ cholestérol est _____ grand responsable de _____ maladies de _____ coeur. Ce mal qui tue chaque année plus de _____ demi-million _____ Nord-Américains atteint maintenant _____ proportions épidémiques. Selon _____ nutritionnistes, nous mangeons trop _____ viandes grasses, _____ oeufs et _____ produits laitiers gras. N'oublions pas, cependant, que _____ excès de table ne sont pas _____ seuls coupables dans «_____ épidémie» qui sévit. _____ manque d'exercice, _____ excès de poids, _____ cigarette et _____ hérédité y sont aussi pour quelque chose*. Sans doute même pour beaucoup!

2. Aimez-vous _____ sucre d'érable? Il n'y a pas que sur _____ crêpes que _____ sirop est bon! Il est excellent battu avec _____ lait chaud, _____ soir avant de se coucher. Il est délicieux avec _____ yogourt nature ou sur _____ fraises. _____ sucre d'érable est _____ richesse naturelle de _____ Québec où on produit 75% de _____ production mondiale. Bien sûr, _____ eau d'érable n'a pas _____ valeur de _____ pétrole, mais à _____ Québec, _____ temps de _____ sucres*, c'est _____ fête de _____ printemps et cela, ça n'a pas _____ prix!

3. _____ français est _____ de _____ trois ou quatre langues internationales, mais il vient assez loin derrière _____ anglais et _____ espagnol en ce qui concerne _____ nombre de ses utilisateurs à travers _____ monde. Dans _____ plupart de _____ organismes internationaux, _____ usage de _____ français se trouve dans _____ situation alarmante. Cependant, sur _____ plan démographique, _____ situation pourrait s'améliorer grâce à _____ Afrique francophone et à _____ efforts vigilants de

_____ Francophonie, _____ organisme international qui regroupe _____ pays totalement ou partiellement d'expression française.

4. _____ futurologie est _____ thème à _____ mode. _____ best-sellers américains ne sont plus _____ romans mais _____ ouvrages de prospective. _____ idées de _____ futurologues sont débattues à _____ télévision et dans _____ presse économique, étudiées dans _____ universités et à _____ direction de _____ partis politiques. Chacun conclut à sa manière que _____ société américaine, qui reste _____ plus dynamique et _____ plus puissante de _____ planète, est actuellement _____ objet de _____ grande métamorphose.

5. À _____ XVIIe siècle, _____ chocolat était _____ boisson faite avec _____ eau et _____ épices, selon _____ recette espagnole. Ce sont _____ Anglais qui ont eu _____ idée de le préparer avec _____ lait. Le chocolat était _____ denrée rare dont tout _____ monde raffolait. _____ grands séducteurs le savaient bien et Casanova en offrait volontiers à _____ dames! D'ailleurs, _____ coutume s'est maintenue et le chocolat est _____ cadeau très apprécié à _____ Saint-Valentin. Rien d'étonnant à cela! Saviez-vous qu'il y a _____ relation entre _____ chagrins d'amour et _____ chocolat? En effet, selon _____ chercheurs, _____ état amoureux produit dans _____ cerveau _____ amphétamine appelée phényléthylamine et _____ peine d'amour provoque _____ effet contraire. Sachant que _____ chocolat est plein de _____ phényléthylamine, ne vous demandez plus pourquoi vous vous précipitez sur cette délicieuse substance chaque fois que vous avez _____ coeur brisé. C'est simple, _____ chocolat console de ce qui nous désole. Mais gare aux calories!

Expressions idiomatiques et notes explicatives

Y être pour quelque chose : avoir sa part de responsabilité dans une affaire.

Le temps des sucres : au Québec, festivités qui ont lieu au printemps, au moment où on récolte l'eau d'érable pour en faire du sirop. On profite de l'occasion pour aller à la cabane à sucre où on mange des mets typiquement québécois, copieusement arrosés de sirop d'érable. On finit généralement la partie de sucre en chantant et en dansant.

Exercice XI
(sans corrigé)

Complétez le dialogue en mettant, s'il y a lieu, l'article qui convient. Attention aux articles contractés et à la transformation imposée par la négation et les expressions de quantité.

Une recette québécoise, la tourtière

Steve : Allô! Anne? Ça va? Je t'appelle pour te demander ta fameuse recette de
_____ [1] tourtière.

Anne : Ah! tiens, tiens! Depuis quand est-ce que tu t'amuses à faire _____ [2] cuisine? As-tu
l'intention de te faire engager comme _____ [3] chef cuisinier au Ritz?

Steve : As-tu fini de te moquer de moi! Figure-toi que nous organisons _____ [4] soirée pour notre
classe de français et que chacun doit préparer _____ [5] spécialité.

Anne : Ah! je comprends! Et tu veux sans doute impressionner _____ [6] filles de ta classe?

Steve : On ne peut rien te cacher! Mais passons à _____ [7] choses sérieuses; je suis prêt à prendre
_____ [8] notes.

Anne : Bon! Pour commencer, il te faut _____ [9] livre de _____ [10] porc haché maigre,
_____ [11] oignon moyen haché, _____ [12] sel et _____ [13] poivre.

Steve : Mais c'est simple! Je croyais qu'il y avait _____ [14] autres épices.

Anne : Un instant! Laisse-moi finir! Alors, je disais _____ [15] sel, _____ [16] poivre, _____ [17] quart de
cuillerée à thé de _____ [18] sarriette, _____ [19] pincée de _____ [20] clou de girofle moulu et
_____ [21] feuille de _____ [22] laurier. Voilà pour _____ [23] ingrédients.

Steve : Parfait! Et quelle est _____ [24] étape suivante?

Anne : J'y arrive. Prends bien note de _____ [25] déroulement de _____ [26] opérations.
Premièrement, tu mélanges tous _____ [27] ingrédients dans _____ [28] casserole; puis tu
ajoutes _____ [29] quart de tasse d'eau bouillante; tu fais mijoter à découvert* pendant
vingt minutes en remuant de temps à autre.

Steve : Au fait, est-ce que _____ [30] cuisson doit se faire à feu vif*?

Anne : Voyons, Steve! Tout cuisiner qui se respecte sait que mijoter veut dire cuire à feu doux*.

Steve : Mais c'est évident! Où est-ce que j'avais donc _____ [31] tête*?

Anne : Farceur, va! Mais continuons, tu retires ensuite _____ [32] feuille de _____ [33] laurier et tu
dégraisses, si c'est nécessaire. Dégraisser veut dire…

Steve : Enlever _____ [34] graisse! Ça, par exemple, je le savais! Pour qui est-ce que tu me
prends*? Au fait, toi qui sais tout, tu as oublié de me donner _____ [35] recette de
_____ [36] pâte…

Anne :	Minute! Il n'y a pas le feu*! Eh bien voilà! Tu prends _____ ³⁷ farine, _____ ³⁸ beurre, _____ ³⁹ oeufs, _____ ⁴⁰ sel et _____ ⁴¹ eau froide. Tu disposes _____ ⁴² farine en puits* et, à _____ ⁴³ centre, tu mets _____ ⁴⁴ sel, _____ ⁴⁵ oeufs et _____ ⁴⁶ beurre ramolli. Tu pétris du bout des doigts jusqu'à ce que tu obtiennes _____ ⁴⁷ pâte souple et lisse…
Steve :	Oh, là, là! Tout cela m'a l'air bien compliqué. Je crois que je vais me contenter de _____ ⁴⁸ mélange à pâte tout préparé.
Anne :	C'est ça! Toujours _____ ⁴⁹ solution de facilité!
Steve :	Pourquoi pas, après tout? J'en connais déjà assez pour épater _____ ⁵⁰ plus difficiles de ma classe.

Expressions idiomatiques et notes explicatives

Faire mijoter à découvert : faire cuire à feu doux sans couvercle.

Une cuisson à feu vif : cuisson à température élevée.

Cuire à feu doux : cuire à température peu élevée.

Où est-ce que j'avais donc la tête? : expression utilisée pour signifier qu'on a eu une distraction.

Pour qui est-ce que tu me prends? : autrement dit : «Est-ce que tu penses que je suis stupide?»

Il n'y a pas le feu! : ce n'est pas urgent.

Disposer la farine en puits : mettre la farine en tas et creuser un trou au milieu pour y mettre les autres ingrédients.

Exercices d'exploitation orale et écrite

1. **Pour réviser l'article partitif**
   a) Vous organisez un grand dîner pour la classe. Faites le menu. Que proposez-vous?
      — comme hors-d'oeuvre?
      — comme plat principal?
      — comme légumes?
      — comme dessert?
      — comme vin?…
   b) Servez-vous de votre imagination et essayez de trouver «la recette pour vivre à deux». Quels ingrédients faut-il?
      — de l'humour, de la patience, du bon sens…

2. **Pour réviser les articles définis et indéfinis**
   a) Décrivez un personnage connu : acteur / actrice, politicien / politicienne ou… un(e) de vos professeur(e)s! Vous pouvez également vous décrire les uns les autres.
   b) Décrivez des exercices ou des mouvements nécessaires pour faire un sport.

   Ex. : Voici un exercice matinal simple et efficace pour vous débarrasser du stress :

   Assis, le dos droit, penchez le menton vers la poitrine. Prenez une grande respiration et gardez la position 15 secondes…

3. **Exercices de synthèse**
   a) Apportez une annonce publicitaire et demandez aux étudiant(e)s de votre groupe de la décrire :
   — il y a une femme très élégante
   — elle porte une robe noire
   — il y a des meubles de style
   — les invités boivent du cognac…
   b) Vous pouvez aussi échanger vos recettes de cuisine préférées. Vous remarquerez qu'en préparant la liste des ingrédients, vous aurez à utiliser l'article partitif :
   — il faut de la farine, du beurre…
   Pour faire la recette, vous devrez utiliser l'article défini :
   — on mélange les oeufs et le sucre…

4. **Pastiche**
   En vous inspirant de l'exercice X, écrivez un ou deux petits textes d'information sur un sujet de votre choix. Un peu d'histoire, de description et de renseignements sur un aliment, une tendance littéraire, une vedette, etc.

Corrigé des exercices

Exercice I

1. le	12. le	23. la
2. les	13. les	24. l'
3. la	14. la	25. l'
4. la	15. le	26. les
5. les	16. l'	27. la
6. le	17. l'	28. le
7. Les	18. la	29. la
8. les	19. les	30. le
9. l'	20. l'	31. la
10. la	21. La	32. le
11. le	22. l'	

Exercice II

1.	une	9.	des	17.	—	25.	des	33.	d'—
2.	une	10.	Une	18.	—	26.	une	34.	une
3.	des	11.	—	19.	—	27.	un	35.	d'une
4.	un	12.	une	20.	—	28.	D'	36.	de
5.	une	13.	des	21.	du	29.	des	37.	Un
6.	d'	14.	un	22.	du	30.	—	38.	une
7.	d'	15.	une	23.	du	31.	un		
8.	des	16.	des	24.	des	32.	une		

Exercice III

1. a) du
   b) du
2. a) de l'
   b) de l'
3. a) des
   b) des
4. a) de la
   b) de la

Exercice IV

1.	des	8.	des	15.	de la
2.	de la	9.	du	16.	du
3.	du	10.	du	17.	des
4.	du	11.	de la	18.	de l'
5.	de la	12.	du	19.	des
6.	de la	13.	de l'	20.	des
7.	du	14.	des		

Exercice V

Réponse à la question : après une expression de quantité on utilise *de*. (Exceptions : *bien des, la plupart des*)

1.	de	8.	de	15.	de
2.	d'	9.	des	16.	de
3.	de	10.	des	17.	d'
4.	d'	11.	de	18.	de
5.	de	12.	de	19.	d'
6.	d'	13.	de	20.	de
7.	de	14.	d'		

Exercice VI

1. l'; de l'; d'; d'
2. du; de; le
3. des; les; d'
4. de l'; de l'; l'; d'
5. Les; des; d'
6. l'; le; du; de

Exercice VII

1. la; les
2. la; les
3. les; ses
4. aux; ses
5. la
6. la; l'; Leur

Exercice VIII

1. la; de; d'
2. Le; l'; des; le; de la
3. une; de; des
4. des; d'; des
5. le
6. de
7. les; au; au; la
8. Le; des; de la; du; la
9. Les; l'
10. Les; des; de
11. Le; la; des
12. des; le
13. d'
14. des; les
15. la; au
16. les; des
17. Les; un; des
18. les; les; la
19. les; les
20. les; le; du; de; la; les; des; le; un; les; un; Les; l'; au
21. les; du; du; du; les; la; la; le; —; la; les; des; le; le; des; les; les

Exercice IX

1. —; le
2. la; les; un
3. d'une; d'; de l'
4. du; la; des; des; de(s); une
5. —; —
6. —; —
7. le; le
8. de l'; des; d'; —; —; L'; de l'; de(s)
9. —; la; du; la; au
10. —; du; de

Chapitre 2

Les possessifs et les démonstratifs

Aide-mémoire

Les **adjectifs possessifs** et **démonstratifs** sont des déterminants du nom. Ils se placent devant le nom comme les articles. L'adjectif démonstratif dirige l'attention sur une personne ou une chose, alors que l'adjectif possessif exprime l'appartenance. Les **pronoms démonstratifs** et **possessifs** remplacent respectivement un adjectif démonstratif ou possessif + un nom. Référez-vous au tableau pour les différentes formes des possessifs et des démonstratifs.

Pour **les possessifs**, attention aux particularités suivantes :

1. En français, l'adjectif possessif s'accorde avec le nom qu'il détermine : en genre et en nombre avec un nom singulier, en nombre seulement avec un nom pluriel.

   Ex. :   La chemise de Luc → sa chemise
   Le foulard de Marie → son foulard
   Les chemises et les foulards de Luc (ou de Marie) → ses chemises et ses foulards

   Par sa forme, l'adjectif possessif précise qui est le possesseur (*je, tu, Luc* ou *Marie, nous, vous, les Tremblay,* etc.) et s'il y en a un ou plusieurs (*je* ou *nous, Marie* ou *les Tremblay*) mais il ne tient pas compte du genre du possesseur. Ainsi, dans l'exemple qui suit, seul le contexte vous permettrait de savoir de quel cours et de quelle lettre il s'agit : le cours de Marie ou celui de Luc? la lettre de Luc ou celle de Marie?

   Ex. :   En allant chercher Marie après son cours, Luc a oublié de lui donner sa lettre.

2. *Notre, votre* et *leur* (qui identifient un possesseur pluriel) restent au singulier quand

   a) le sens des noms qu'ils déterminent commande le singulier;

   b) le rapport de possession exprimé est individuel plutôt que collectif.

   Dans les exemples ci-dessous, chaque femme n'a, en principe, qu'un mari, et contrairement aux chats, les gens ne possèdent, individuellement, qu'une vie.

   Ex. :   Les candidates étaient venues avec **leur** mari.
   Ces pauvres gens ont passé **leur** vie à travailler.

3. On emploie *mon, ton, son* au lieu de *ma, ta, sa* devant un mot féminin qui commence par une voyelle ou un *h* muet. **Exception** : les adjectifs numéraux *huitième* et *onzième* ainsi que les mots qui commencent par un *h* dit aspiré (*hutte, haine, honte, hâte, hache,* etc.).

   Ex. :   Il a raconté **son** histoire à **son** épouse.
   Son fils vient de terminer **sa** onzième année.

4. On remplace l'adjectif possessif par l'article défini (*le, la, les*) avec les parties du corps quand le possesseur est clairement désigné.

   Ex. :   Marie a levé **la** main. Luc a mal à **la** gorge. Elle a pris Julie par **la** main.

5. Lorsque le possesseur est un **sujet indéfini** (*tout le monde, on, chacun*) on emploie les adjectifs *son, sa, ses* et les pronoms possessifs correspondants. Quand le pronom **on** signifie *nous* (langue familière), l'adjectif possessif est alors *notre* ou *nos.*

   Ex. :   Chacun a **ses** idées. On a droit à **son** opinion. Tout le monde aura **sa** chance.
   On a tous **notre** passeport ou **nos** papiers en règle.

Pour **les démonstratifs**, rappelez-vous les points suivants :

1. On emploie la forme *cet* au lieu de *ce* devant un mot masculin qui commence par une voyelle ou un *h* muet.

   Ex. :   **Cet** exemple, **cet** homme, **cet** immense honneur

2. Le pronom démonstratif *ce / c'* s'emploie surtout avec le verbe *être*, soit comme sujet, soit comme attribut ou complément.

> Ex. : **Ce** n'est pas très compliqué; **c'**est simple comme bonjour.
> Faites **ce** que vous voulez. Leur réaction n'est pas **ce** qui m'inquiète le plus.
> Sur **ce**, je vous quitte.

3. Les pronoms démonstratifs *celui, celle, ceux, celles* ne s'emploient pas seuls; ils sont généralement suivis de la préposition *de* (pour marquer la possession) ou d'une proposition relative.

> Ex. : Ce n'est pas mon chien, c'est **celui de** mes voisins.
> Lesquels? **Ceux qui** t'énervent ou **ceux que** tu aimes bien?

4. On peut renforcer l'adjectif démonstratif en ajoutant après le nom *-ci* ou *-là*. De la même manière, on peut distinguer l'une de l'autre une personne ou une chose en ajoutant *-ci* ou *-là* aux pronoms. Dans ce cas, on marque la proximité avec *ceci, celui-ci, celle(s)-ci, ceux-ci* et l'éloignement avec *cela, celui-là, celle(s)-là, ceux-là*. Néanmoins, la forme *-là* est souvent utilisée comme forme neutre (sans nuance d'éloignement).

Notez que toutes les formes renforcées ainsi que le pronom *ce* peuvent s'employer seuls.

> Ex. : Je préfère **ce modèle-ci**. Je n'étais pas bien **ce soir-là**.
> **Ceci** me plaît; mais pas **cela**.
> Prenez **celle-ci** ou **celle-là**, peu importe.
> **Ceux-ci** sont chers; **ceux-là** sont plus abordables.
> **Cela** dit, nous sommes prêts à signer le contrat.

5. *Ça* est une forme réduite de *cela*. On l'utilise dans le langage familier.

> Ex. : **Ça** suffit comme **ça**! **Ça** n'a pas de sens, toutes ces formalités!
> Comment **ça**? **Ça** par exemple!

Les possessifs
Un seul possesseur

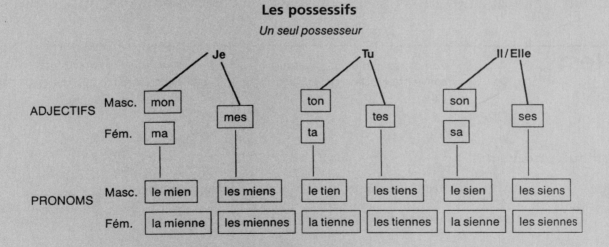

		Je		Tu		Il / Elle	
ADJECTIFS	Masc.	mon	mes	ton	tes	son	ses
	Fém.	ma		ta		sa	
PRONOMS	Masc.	le mien	les miens	le tien	les tiens	le sien	les siens
	Fém.	la mienne	les miennes	la tienne	les tiennes	la sienne	les siennes

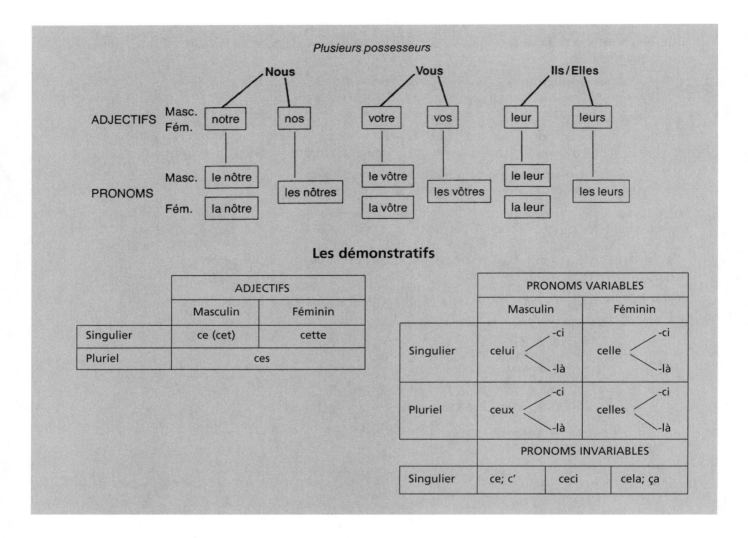

Pré-test

Complétez le dialogue en utilisant les possessifs ou les démonstratifs qui conviennent. Dans cet échange oral familier, il est préférable d'utiliser **ça** plutôt que **cela**.

Aujourd'hui, tout va mal

Alexandre : Ah! quelle journée! Je n'ai eu que des pépins*. Pour commencer, _____ [1]

réveil n'a pas sonné. J'ai dû prendre _____ [2] douche en vitesse et je me suis

coupé avec _____ [3] fichu* rasoir, tu sais, _____ [4] que

_____ [5] belle-mère m'a offert pour _____ [6] dernier anniversaire.

_____ [7] choses-là suffisent à me mettre hors de moi* pour le reste de la

journée!

Benoît :   Mon Dieu! Tu es de bien mauvaise humeur! Tout _____ [8] n'est pas si grave.

_____ [9] n'est pas la fin du monde!

Alexandre :   Non, mais attends, _____ [10] n'est pas tout! Figure-toi* que j'avais une réunion très importante au bureau _____ [11] matin. Évidemment, _____ [12] est le moment que _____ [13] voiture a choisi pour faire des siennes*! Il a donc fallu que j'emprunte _____ [14] de _____ [15] femme.

Benoît :   Ah bon! Mais j'imagine que tu ne pourras pas faire _____ [16] tous les jours. Débarrasse-toi donc de _____ [17] vieux tacot* et offre-toi _____ [18] moto dont tu as envie depuis _____ [19] dix-sept ans!

Alexandre :   _____ [20] est bien ce que je comptais faire! Mais écoute la suite de _____ [21] malheurs; _____ [22] qui me sont arrivés après sont encore pires! J'étais tellement énervé en pensant à _____ [23] réunion, à _____ [24] patron et à _____ [25] mauvaise humeur habituelle, à _____ [26] collègues et à _____ [27] commentaires, que j'ai brûlé un feu rouge*! Bien entendu*, je me suis fait arrêter par un policier. Laisse-moi te dire que _____ [28], je l'aurais bien envoyé au diable* avec _____ [29] contravention! _____ [30] qu'il m'a collée m'a d'ailleurs coûté 150 $ et trois points d'inaptitude.

Benoît :   Ma parole*! _____ [31] ressemble à une vraie série noire!

Alexandre :   Attends! Si encore _____ [32] n'était que _____ [33]! Mais comme j'arrivais au bureau, rouge de colère, un chauffard* m'est rentré dedans! Tu vois un peu la tête que va faire* Geneviève en apprenant _____ [34] merveilleuse nouvelle! À présent, _____ [35] auto ne vaut guère mieux que _____ [36].

Benoît :   _____ [37] alors! _____ [38] est un comble*!

Alexandre :   Oui! On peut dire que _____ [39] est la goutte qui a fait déborder le vase*! J'étais donc d'une humeur massacrante* et je me suis disputé avec _____ [40] patron, _____ [41] collègues et tous _____ [42] et _____ [43] qui se trouvaient sur _____ [44] chemin!

Benoît : _____ [45] pauvre ami! Tu vois, la source de tous _____ [46] problèmes, à Geneviève et à toi, _____ [47] est l'automobile! Achetez-vous donc une bicyclette et pédalez!

Alexandre : Tu veux rire! Maintenant que j'ai perdu _____ [48] emploi, je n'en ai même plus les moyens*!

Benoît : Du calme, voyons! Après tout, rien ne vaut la marche! _____ [49] excellent exercice te fera peut être perdre _____ [50] kilos que tu as en trop depuis que tu te promènes en voiture.

Expressions idiomatiques et notes explicatives

Avoir des pépins : avoir des ennuis, des problèmes.

Fichu : (avant le nom) détestable, (au Québec) maudit; (avec le verbe *être*) raté, gâché. (Exemple : *C'est fichu.*)

Me mettre hors de moi : me mettre en colère.

Figure-toi : Imagine-toi. S'emploie beaucoup dans la conversation.

Faire des siennes : causer des problèmes; s'emploie avec un sujet à la 3e personne du singulier.

Un tacot : terme familier désignant une vieille automobile.

Brûler un feu rouge : passer quand le feu de circulation est rouge.

Bien entendu : évidemment.

Envoyer quelqu'un au diable : repousser quelqu'un avec colère ou impatience. Au Québec on dit aussi *envoyer quelqu'un chez le bonhomme.*

Ma parole! : exclamation de surprise.

Chauffard : le suffixe *-ard* a une connotation péjorative. Ainsi, un chauffard est un mauvais chauffeur, un mauvais conducteur.

La tête que va faire Geneviève : l'expression du visage de Geneviève.

C'est un comble! : expression d'indignation qui indique que quelqu'un ou quelque chose a dépassé la limite acceptable. On peut aussi dire : «*C'est trop fort!*»

La goutte qui fait déborder le vase : la petite chose désagréable qui vient s'ajouter au reste et qui fait qu'on ne peut plus supporter l'ensemble.

Être d'humeur massacrante : être d'humeur détestable.

Je n'en ai même plus les moyens : je n'ai même plus assez d'argent; *avoir les moyens* : pouvoir se payer quelque chose.

Corrigé du pré-test

1. mon	20. C'	39. c'
2. ma	21. mes	40. mon
3. ce	22. ceux	41. mes
4. celui	23. ma / cette	42. ceux
5. ma	24. mon	43. celles
6. mon	25. sa	44. mon
7. Ces	26. mes	45. Mon
8. ça	27. leurs	46. vos
9. Ce	28. celui-là	47. c'
10. ce	29. sa	48. mon
11. ce	30. Celle	49. Cet
12. c'	31. Ça	50. ces
13. ma	32. ce	
14. celle	33. ça	**Barème**
15. ma	34. cette	**47/50** **95%**
16. ça	35. son	**42/50** **85%**
17. ton / ce	36. la mienne	**37/50** **75%**
18. cette	37. Ça	**32/50** **65%**
19. tes	38. C'	**27/50** **55%**

Les possessifs

Exercice I

Utilisez l'adjectif possessif qui correspond au nom ou au pronom souligné.
Attention : on emploie la forme masculine de l'adjectif possessif devant les mots féminins commençant par une voyelle ou un *h* muet.

1. A-t-<u>il</u> vendu _____ maison?

2. <u>Gilles</u> a invité _____ amie au restaurant.

3. <u>Chacune</u> de nous a _____ habitudes.

4. <u>J'</u>ai apporté _____ disques.

5. Est-ce que <u>tout le monde</u> a donné _____ opinion et _____ réponse?

6. <u>J'</u>ai pris _____ voiture pour venir.

7. Quand donneras-<u>tu</u> _____ démission?

8. Est-ce que <u>tu</u> as revu _____ ancienne voisine depuis que tu as quitté _____ appartement?

9. Est-ce que <u>tu</u> as trouvé _____ clés?

10. <u>Carmen</u> s'intéresse à l'histoire de _____ ancêtres et elle connaît bien _____ origines (celles des ancêtres).

11. <u>Les Carignan</u> peuvent retracer _____ généalogie jusqu'au XVIIe siècle.

12. <u>Nous</u> vous envoyons _____ meilleurs voeux pour la nouvelle année.

13. <u>On</u> a perdu tout _____ temps à t'attendre. Nicole était furieuse.

14. <u>Vous</u> devriez consulter _____ médecin à ce sujet.

15. <u>Chacun</u> doit présenter _____ carte d'identité et laisser _____ bagages à l'entrée.

Exercice II

Mettez les adjectifs possessifs qui conviennent. Attention : on emploie la forme masculine de l'adjectif possessif devant les mots féminins commençant par une voyelle ou un *h* muet. Les mots dont le *h* est souligné ne suivent pas cette règle ainsi que *huitième* et *onzième*.

1. Pauvre Christophe, c'est _____ huitième année dans cette école et _____ année la plus difficile.

2. Elle s'est levée pour prendre la parole* et tout le monde a applaudi _____ heureuse initiative.

3. Dans _____ <u>h</u>âte, j'ai oublié de vous raconter la fin de _____ histoire.

4. Ma chère Élise, je te remercie de _____ hospitalité.

5. Ça suffit, Marielle! J'ai perdu _____ bonne humeur à cause de _____ humeur massacrante.

6. Cet athlète est remarquable. _____ <u>h</u>aute performance à la dernière compétition s'explique par _____ incroyable endurance et _____ étonnante capacité de récupération.

7. Je viens d'écouter le dernier disque de Rémi Fadiez : même si c'est _____ onzième symphonie qui l'a rendu célèbre, c'est _____ huitième que je préfère.

8. Alain, _____ hypothèse sur les trous noirs me paraît vraisemblable; par contre, _____ nouvelle hypothèse sur la venue des extra-terrestres est complètement farfelue!

9. — Tu devrais perdre _____ mauvaise habitude de fumer comme une cheminée*.

   — Et toi, _____ habitude de toujours critiquer!

Expressions idiomatiques et notes explicatives

Prendre la parole : commencer à parler.

Fumer comme une cheminée : fumer beaucoup, fumer sans arrêt.

Exercice III

Complétez le texte suivant en utilisant les adjectifs possessifs qui conviennent.

La saison de la chasse

Chaque année, au mois de septembre, mon ami Jean-René, qui habite en Abitibi, au nord-ouest du Québec, se prépare à aller à la chasse à l'orignal. Il vérifie soigneusement _____ ¹ fusil et _____ ² cartouches. Il n'oublie jamais _____ ³ bonne vieille boussole qui lui a déjà rendu tant de services ni les provisions de survie que _____ ⁴ prévoyance lui dicte d'apporter au cas où il se perdrait dans le bois.

Il passe aussi beaucoup de temps à la pêche et à la chasse aux canards avec _____ ⁵ frère Thomas venu exprès de Montréal. Les deux frères suivent les cours d'eau et font du portage* pour se rendre au fond des bois où ils s'installent avec _____ ⁶ tente et _____ ⁷ cannes à pêche au bord de lacs poissonneux. En vrais pêcheurs, ils se vantent toujours de _____ ⁸ prises phénoménales qu'ils doivent plus à _____ ⁹ expérience qu'à _____ ¹⁰ équipement. En effet, Jean-René connaît cette région comme _____ ¹¹ poche* parce qu'il parcourt les bois depuis des années en compagnie de _____ ¹² vieil ami, le guide indien qui lui a révélé certains de _____ ¹³ secrets.

À la fin de l'automne, Jean-René a rempli _____ ¹⁴ congélateur à ras bord* de poisson et de gibier. Thomas, lui, retourne en ville, la tête pleine de nouvelles anecdotes qui ne manqueront pas d'épater _____ ¹⁵ copains!

Expressions idiomatiques et notes explicatives

Faire du portage : porter une embarcation d'un cours d'eau à l'autre. *(Le Petit Robert)*

Connaître quelque chose comme sa poche : connaître quelque chose parfaitement.

Remplir à ras bord : remplir complètement, jusqu'au bord.

Exercice IV

Complétez les phrases en utilisant les pronoms possessifs qui conviennent.

1. Si ce livre est à toi, où est _____? Je l'avais encore il y a quelques minutes.

2. Luc porte maintenant le costume de son grand frère car _____ est devenu trop étroit.

3. Les Guérin vont s'acheter une nouvelle maison; _____ est devenue trop petite depuis l'arrivée de leurs jumeaux.

4. Regarde ces lunettes, je les ai trouvées derrière une pile de livres; est-ce que ce sont _____ ou celles de Cécile?

5. On apporte nos raquettes, alors n'oubliez pas _____.

6. Rends ce jouet à Louison, c'est _____.

7. Marc veut emprunter une bicyclette pour faire le Tour de l'île*, car il s'est fait voler _____.

8. Ces revues sont à Rachel et à moi; ce sont _____.

9. Ils ne perdent jamais une occasion de démontrer que les enfants les plus intelligents et les plus sages, ce sont évidemment _____, pas ceux des voisins.

10. Comme j'avais invité mes amis, il a décidé d'inviter aussi _____.

11. Tu sais, Véronique, je pense que mes skis sont de meilleure qualité que _____.

12. D'accord, nous prendrons votre auto et nous laisserons _____ ici.

13. Ils sont toujours d'accord pour dépenser notre argent mais jamais _____.

14. Débrouille-toi, mon vieux; après tout, ce n'est pas mon problème, c'est _____.

15. Vous croyez que vos étudiants parlent bien français; vous n'avez pas entendu _____! Nous n'avons plus rien à leur apprendre!

Expressions idiomatiques et notes explicatives

Faire le Tour de l'île : participer à la grande manifestation sportive annuelle qui consiste à faire le tour de l'île de Montréal avec des milliers d'autres cyclistes.

Exercice V

Complétez les phrases en utilisant les adjectifs ou les pronoms possessifs qui conviennent. Attention aux articles contractés.

1. J'ai donné _____ démission; quand donneras-tu _____?

2. J'ai _____ idée; tu as _____; n'en parlons plus!

3. J'ai _____ opinions; ils ont _____, voilà tout.

4. C'est entendu! Si tu me prêtes _____ notes, je te prête _____!

5. Venez demain soir nous montrer _____ photos de vacances; nous vous montrerons

    _____.

6. Occupons-nous de _____ oignons* et qu'ils s'occupent de _____!

7. Nicole ne sait toujours pas la date de _____ départ; est-ce que vous savez la date de

    _____?

8. Les Gélinas ont passé _____ vacances de Noël dans les Keys, en Floride. Où avez-vous passé

    _____?

9. Nous avons organisé _____ partie de sucre* dimanche dernier et les Poitras vont organiser

    _____ dans huit jours.

10. Tu prétends que _____ appartement te coûte cher, mais ce n'est rien auprès de

    _____! Les pauvres, ils paient trois fois le prix de _____!

Expressions idiomatiques et notes explicatives

S'occuper de ses oignons : s'occuper, se mêler de ses propres affaires.

Partie de sucre : au Québec, festivités qui ont lieu au printemps, au moment où on récolte l'eau d'érable pour en faire du sirop. Cette réunion amicale se tient dans la cabane à sucre d'une érablière. On profite de l'occasion pour manger des mets typiquement québécois, copieusement arrosés de sirop d'érable. On finit généralement la fête en chantant et en dansant.

Les démonstratifs

Exercice I

Utilisez l'adjectif démonstratif requis. Attention : on emploie la forme **cet** au lieu de **ce** devant un mot masculin qui commence par une voyelle ou un *h* muet.

1. _____ enfant est tellement charmant qu'il se ferait pardonner n'importe quoi.

2. _____ auto appartient à ma soeur.

3. As-tu entendu parler de _____ produit miracle?

4. Beaucoup de _____ idées nouvelles viennent de Californie.

5. _____ instrument médiéval s'appelle un luth.

6. _____ projets me paraissent irréalistes.

7. _____ armoire en pin est très ancienne.

8. Ce n'est rien, Marielle; je vais dissiper _____ malentendu.

9. Paul, tu devrais offrir à Lucie _____ belle catalogne* pour son anniversaire.

10. «Ah! _____ jeunes!», disait toujours mon grand-père en nous regardant d'un air philosophe.

Expressions idiomatiques et notes explicatives

Catalogne : Au Canada, étoffe dont la trame est faite de bandes de tissus généralement multicolores. *(Le Petit Robert)*
Tapis, tenture, dessus de lit en catalogne.

Exercice II

Utilisez le pronom démonstratif requis.

1. _____ qui a volé mon portefeuille doit être bien déçu de n'y avoir trouvé ni argent comptant,

   ni carte de crédit.

2. — Lequel de ces deux tableaux préfères-tu?

   — _____ de Riopelle*.

3. De toutes leurs suggestions, voilà _____ qui me paraît la plus intéressante.

4. Voici deux grammaires : _____ est plus complète mais très compliquée à consulter;

   _____, par contre, est plus accessible sans être la meilleure.

5. Parmi toutes _____ que vous parlez, quelle est la langue qui vous est la plus familière?

6. Il ne faut pas acheter ces fruits-là; _____ sont bien meilleurs.

7. Parmi tous _____ qui se trouvaient rassemblés ce soir-là, il n'a pas été possible de trouver un

   seul volontaire.

8. _____ qui vous a dit ça est un sacré* menteur!

9. Nous devons nous séparer maintenant; je prendrai cette route et vous prendrez _____ que

   vous voyez près du grand chêne.

10. Ils disent aimer les belles choses, mais ils achètent surtout _____ qui coûtent très cher!

Expressions idiomatiques et notes explicatives

Riopelle, Jean-Paul (1923–2002) : peintre et sculpteur québécois célèbre.

Sacré : adjectif placé avant le nom pour le mettre en relief. (emploi familier)

Exercice III

Complétez les phrases en utilisant les pronoms démonstratifs **ça (cela)** et **ce (c')**.

1. _____ qu'il me faut en ce moment, _____ est (_____ sont) des

   vacances.

2. _____ m'est égal*; fais _____ que tu veux.

3. «_____ est la vie!» dit-elle en haussant les épaules d'un air fataliste.

4. Est-ce que _____ vous dérange si je fume?

5. _____ ne sert à rien* de s'énerver, _____ n'est vraiment pas la fin du monde si on

   arrive un peu en retard.

6. «Ah! la politique, disait mon père d'un air sentencieux, plus _____ change plus

   _____ est pareil!»

7. «_____, _____ est le comble*!», s'écria-t-il d'un air stupéfait en voyant un

   inconnu au volant de sa propre voiture.

8. _____ ne vaut pas la peine* d'aller voir ce film; _____ est un vrai navet*.

9. _____ était un spectacle extraordinaire! _____ sont les meilleurs danseurs de

   ballet-jazz que j'aie jamais vus!

10. _____ ne fait rien* si vous ne pouvez pas venir chez nous ce soir; _____ sera pour

    une autre fois!

Expressions idiomatiques et notes explicatives

Ça m'est égal : ça m'est indifférent, ça n'a pas d'importance.

Ça ne sert à rien (de + infinitif) : c'est inutile (de + infinitif).

C'est le comble : expression d'indignation qui indique que quelqu'un ou quelque chose a dépassé la limite acceptable. On peut aussi dire : «*C'est trop fort!*»

Ça ne vaut pas la peine : ce n'est pas nécessaire.

Navet : ici, terme familier pour «mauvais film».

Ça ne fait rien : ça n'a pas d'importance.

Exercice IV   Complétez les phrases en utilisant le pronom ou l'adjectif démonstratif qui convient.

1. _____ exercice s'adresse à tous _____ et à toutes _____ qui ont des

   problèmes avec les démonstratifs.

2. _____ pronoms ne sont pas difficiles.

3. _____ adjectifs non plus; il faut simplement se rappeler que «_____» ne prend pas

   de *t* au masculin singulier, sauf s'il précède un nom qui commence par une voyelle ou un *h* muet.

4. _____ et _____ qui tiennent compte de _____ détail éliminent

   automatiquement la moitié de _____ petites fautes de négligence si fréquentes.

5. Tout _____ devrait vous encourager!

6. _____ dit, passons vite à autre chose.

7. _____ et _____ qui n'ont pas compris peuvent consulter l'explication au début du

   chapitre.

8. De tous les exercices que vous avez faits, _____ est sans doute le moins difficile.

9. Voyez, j'ai déjà fait deux exercices semblables : _____ était trop facile, alors que

_____ manquait d'originalité. _____ ou _____ qui éliminera tous

_____ exercices monotones sera assuré(e) de mon éternelle reconnaissance.

10. _____ suffit! Je n'apprécie pas _____ ton insolent que vous prenez pour nous

parler.

11. Moi non plus! _____ manque nettement de savoir-vivre!

12. Depuis quand avez-vous adopté _____ attitude désagréable?

Exercice V
(sans corrigé)

Complétez le texte suivant en utilisant les adjectifs et les pronoms possessifs ainsi que les adjectifs et les pronoms démonstratifs qui conviennent.

La psychose de l'ordinateur

(Dans un magasin d'ordinateurs)

M. Lacroix : Bonjour monsieur. Je voudrais simplement quelques renseignements sur

_____ [1] ordinateurs personnels, c'est-à-dire sur _____ [2] avantages

et inconvénients, ainsi que sur _____ [3] prix.

Le vendeur : Ah! mais avec plaisir, monsieur! Avec un ordinateur, la haute technologie pénètre dans

_____ [4] foyer, _____ [5] ne fait pas de doute! Tenez, je suis sûr

d'avoir _____ [6] qui répondra à tous _____ [7] besoins, même à

_____ [8] que vous ne connaissez pas encore! Regardez, monsieur,

_____ [9] dernier modèle de DELPACT. Un vrai bijou! La puissance de

_____ [10] processeur, _____ [11] mémoire vive, _____ [12]

écran de 17 pouces, _____ [13] deux disques durs, _____ [14] carte

graphique avec sortie vidéo, _____ [15] garantie, _____ [16] prix...

seulement 2550 $, une véritable aubaine! Et si vous êtes cinéphile, vous pourrez relier

_____ [17] télé à _____ [18] ordinateur des plus polyvalents.

(S'adressant au fils de M. Lacroix.) Qu'en penses-tu, mon garçon?

M. Lacroix :   Quoi? Plus de 2000 $, _____ [19] fait cher!

Guillaume :   Ben*, papa, tu sais, _____ [20] est le même que _____ [21] que notre

    voisin, monsieur Dumachin, vient de s'acheter...

M. Lacroix :   Comment _____*, [22] le même? _____ [23] par exemple!* Jamais de

    la vie! Je ne veux pas que _____ [24] soit exactement le même que

    _____ [25] des Dumachin. Ils diraient que c'était _____ [26] idée et

    qu'on les a copiés! *(Au vendeur.)* Et _____ [27] ordinateur-là, sur la table à

    _____ [28] gauche? Quelles sont _____ [29] spécifications?

Le vendeur :   Ah! _____ [30] est encore meilleur! _____ [31] processeur est plus

    puissant et _____ [32] mémoire vive est de 512 Mo. Et regardez

    _____ [33] écran plat, il prend moins de place et vous donnera une image de

    bien meilleure qualité. Vraiment, rien n'égale la performance de _____ [34]

    engin. Et laissez-moi vous énumérer _____ [35] autres avantages! Beaucoup

    d'accessoires et de logiciels offerts et...

M. Lacroix :   Et _____ [36] prix?

Le vendeur :   Ah! Mais monsieur, si vous voulez économiser sur le dos de _____ [37] enfants,

    _____ [38] est _____ [39] affaire. _____ [40] carrière est

    peut-être assurée, mais vous êtes en train de briser _____ [41]! Je ne sais pas

    _____ [42] que vous en ferez mais c'est _____ [43] opinion. Et toi,

    mon petit*, quelle est _____ [44]?

Guillaume :   Oui papa, _____ [45] est vrai, _____ [46] professeur l'a dit :

    «L'ordinateur, _____ [47] est la voie de la réussite, _____ [48] qui nous

    ouvrira une porte sur l'avenir!»

Le vendeur :   Bravo, _____ [49] petit, bien dit! _____ et _____ [50] qui

    n'avancent pas avec le progrès reculent!

(Une heure plus tard et 3500 $ en moins...)

M. Lacroix :   Ouais, _____ [51] est une demande de renseignements qui m'aura coûté cher!

Expressions idiomatiques et notes explicatives

Ben : manière familière de dire *bien.*

Comment ça? : Expression de surprise signifiant «*Comment cela se peut-il?*»

Ça par exemple! : Expression d'indignation.

Mon petit : terme familier pour s'adresser à un enfant.

Ouais : manière familière de dire *oui.*

Exercices d'exploitation orale et écrite

1. Réemploi du pronom et de l'adjectif possessifs
a) Un(e) étudiant(e) joue le rôle d'une personnalité connue ou controversée (acteur ou actrice de cinéma, chanteur ou chanteuse populaire, homme ou femme politique). Il peut aussi s'agir d'un personnage historique (Napoléon, Marie-Antoinette, Charlemagne…).

Les autres étudiants lui posent des questions sur sa famille, ses amis, ses goûts, ses habitudes, ses expériences, etc.

> Ex. : Quel est (ou quel a été) votre plus grand succès? Qui sont vos ennemis / vos plus grands admirateurs? Quelle est votre plus grande peur? Et votre public, quelle a été sa réaction à votre dernier film / album / déclaration?

b) Quels objets personnels emporteriez-vous si vous deviez passer un an sur une île déserte?

2. Réemploi de l'adjectif et du pronom démonstratifs
La pub : Vous préparez des annonces publicitaires et les présentez à la classe.

> Ex. : Le réveille-matin DEBOUTOUS, voilà le réveil de l'avenir, celui qui vous fait prendre de l'avance! Pour ceux et celles qui aiment être les premiers. Ce réveil-là ne vous oubliera jamais; vous pourrez compter sur cet ami fidèle, matin, midi et soir.
>
> Le savon DOUDOU, celui que vous aimez et qui vous aime. Celui de toutes les femmes modernes et de tous les hommes qui les aiment.

Corrigé des exercices

Les possessifs

Exercice I

1. sa	6. ma	11. leur
2. son	7. ta	12. nos
3. ses	8. ton; ton	13. notre
4. mes	9. tes	14. votre
5. son; sa	10. ses; leurs	15. sa; ses

Exercice II

1. sa; son	4. ton	7. sa; sa
2. son	5. ma; ton	8. ton; ta
3. ma; mon	6. Sa; son; son	9. ta; ton

Exercice III

1. son
2. ses
3. sa
4. sa
5. son
6. leur
7. leurs
8. leurs
9. leur
10. leur
11. sa
12. son
13. ses
14. son
15. ses

Exercice IV

1. le mien
2. le sien
3. la leur
4. les tiennes
5. les vôtres
6. le sien
7. la sienne
8. les nôtres
9. les leurs
10. les siens
11. les tiens
12. la nôtre / la mienne
13. le leur
14. le tien
15. les nôtres

Exercice V

1. ma; la tienne
2. mon; la tienne
3. mes; les leurs
4. tes; les miennes
5. vos; les nôtres
6. nos; des leurs
7. son; du vôtre
8. leurs; les vôtres
9. notre; la leur
10. ton; du leur; du tien

Les démonstratifs

Exercice I

1. Cet
2. Cette
3. ce
4. ces
5. Cet
6. Ces
7. Cette
8. ce
9. cette
10. ces

Exercice II

1. Celui
2. Celui
3. celle
4. celle-ci; celle-là
5. celles
6. ceux-ci
7. ceux
8. Celui
9. celle
10. celles

Exercice III

1. Ce; c'(ce)
2. Ça; ce
3. C'
4. ça / cela
5. Ça; ce / ça
6. ça; c'
7. Ça; c'
8. Ça; c'
9. C'; Ce
10. Ça; ce / ça

Exercice IV

1. Cet; ceux; celles
2. Ces
3. Ces; ce
4. Ceux; celles; ce; ces
5. cela / ceci / ça
6. Ceci/Cela
7. Ceux; celles
8. celui-ci
9. celui-ci; celui-là; Celui; celle; ces
10. Ça; ce
11. Ça / Cela
12. cette

Chapitre 3

Les adjectifs qualificatifs et les adverbes; la comparaison

Aide-mémoire

Dans ce chapitre, vous aurez l'occasion de réviser les formes régulières et irrégulières des **adjectifs qualificatifs** et des **adverbes**, ainsi que de travailler la **comparaison**.

En ce qui concerne les **adjectifs**, rappelez-vous qu'ils caractérisent des noms et qu'ils en prennent le genre et le nombre. Quant aux **adverbes**, ils accompagnent un verbe, un adjectif, un autre adverbe, une préposition ou une phrase entière et ils sont invariables.

N'oubliez pas non plus qu'il y a des règles, d'ordre grammatical ou stylistique, qui régissent la place des adjectifs et des adverbes. Ainsi, le sens d'une phrase peut varier si l'on change la place de l'adjectif ou de l'adverbe.

Ex. : **Seuls** les enfants savent ce qu'ils cherchent. (seulement les enfants)
Les enfants **seuls** savent ce qu'ils cherchent. (les enfants solitaires)
Je ne comprends **vraiment** pas. (pas du tout)
Je ne comprends pas **vraiment**. (pas tout à fait)

La place des adjectifs

1. En français, la plupart de adjectifs sont généralement placés après le nom. Ce sont, entre autres, les adjectifs de forme (un visage allongé, une table rectangulaire, un terrain plat), de couleur (une nappe jaune, un chat noir), de nationalité (un soldat irakien, un touriste belge), de religion (une église catholique, un temple bouddhiste); les participes passés utilisés comme adjectifs (une fenêtre ouverte, une femme aimée); et les adjectifs qui sont suivis d'un complément (une règle facile à comprendre, un vêtement prêt à porter).

2. Cependant, quelques adjectifs courts et très utilisés ainsi que les adjectifs numéraux se placent avant le nom (*grand, petit, gros, jeune, vieux, beau, joli, bon, gentil, mauvais, nouveau*, etc.).

   Ex. : un jeune couple, un premier enfant, une belle maison, un petit budget, une grosse déception

3. Un certain nombre d'adjectifs changent de sens selon qu'ils sont placés avant ou après le nom. Avant le nom, ils ont un sens plutôt subjectif ou abstrait, et portent souvent un jugement. Après le nom, ils ont un sens plutôt objectif ou concret.

   Ex. : Napoléon était **un grand** homme. (important) Pourtant, c'était **un** homme **petit** de taille.
   Georges est **un brave** homme (honnête, bon) mais ce n'est pas **un** homme **brave**. (courageux)
   Il y a **différentes** (plusieurs) façons d'agir dans **des** circonstances **différentes**. (pas pareilles)
   Une chose **certaine** (sûre), c'est qu'il t'en voudra. **Certaines** (quelques-unes) vérités ne sont pas bonnes à dire.

   Particularités :
   a) Les adjectifs **certains** et **différents** ont un sens indéfini lorsqu'ils sont placés devant le nom. On omet donc l'article indéfini **des** devant ces adjectifs au pluriel.
   b) Devant le nom, l'adjectif **drôle** doit être suivi de la préposition **de** et signifie alors «bizarre», «inhabituel».
      Ex. : Une **drôle d'**attitude. De **drôles de** phénomènes.
      mais
      Un film **drôle** et plein d'esprit.

4. Avant ou après le nom, les adjectifs peuvent se combiner entre eux. L'ordre habituel devant le nom est le suivant : *qualité* devant *taille* devant *âge*.

   Ex. : Une **belle grande jeune** fille.
   Le **bon vieux** temps.

Lorsqu'ils sont reliés par une conjonction de coordination (*et*, *ou*), les adjectifs peuvent changer de place pour créer un effet de style et faire ressortir un adjectif plutôt qu'un autre.

Ex. :   Après **une longue journée humide**, nous étions heureux de rentrer.
Après **une journée longue et humide**, nous étions heureux de rentrer.

Dans la première phrase, les deux adjectifs ont leur place habituelle; par contre, dans la deuxième phrase, l'adjectif *longue* se trouve après le nom et ce changement de place, en le mettant en relief, attire l'attention sur le fait que la journée a été perçue comme plus longue que d'habitude.

La place des adverbes

1. Lorsqu'ils modifient un adjectif, un autre adverbe ou une préposition, les adverbes se placent immédiatement devant le mot qu'ils modifient. Lorsqu'ils modifient toute une phrase ou une proposition, ils se placent au début ou à la fin de cette phrase et en sont généralement séparés par une virgule.

Ex. :   Votre explication est **très** claire. (modifie l'adjectif *claire*)
Elle parle français **très** couramment. (modifie l'adverbe *couramment*)
Ils habitent **juste** à côté de chez moi. (modifie la préposition *à côté de*)
Heureusement, elle n'a pas été blessée, mais elle n'oubliera jamais cet incident, **hélas**!
(modifient toute la proposition)

2. Lorsqu'ils modifient un verbe, leur position dans la phrase peut varier selon ce qu'on veut exprimer ou faire ressortir. On peut dire, cependant, que si le verbe est conjugué à un temps simple, l'adverbe sera généralement placé après lui.

Ex. :   Elle s'habille **élégamment**.   Il conduit **prudemment**.   Je parle **couramment** le russe.
Nous avançons **lentement**.   Revenez **souvent**.   Il progresse **bien**.

Mais si le verbe est conjugué à un temps composé, les adverbes **courts** ou **courants** se placent le plus souvent **avant le participe passé, sauf** les adverbes **de temps** et **de lieu** qui se placent toujours **après**.

Ex. :   Il a **mal** joué.   Elle a **toujours** été franche.   Ils ont **déjà** parlé de vous.
mais
Elle s'est levée **tôt**.   Les enfants ont joué **dehors** toute la journée.

La comparaison

Les tableaux et les explications ci-dessous vous permettront de réviser l'usage des comparatifs et des superlatifs.

Les comparatifs réguliers des adjectifs et des adverbes

plus			Il est **plus** gentil **que moi**. Il parle **plus** couramment **que sa soeur**.
moins	Adjectif ou Adverbe	que	Elle est **moins** bavarde **que sa colocataire**. Elle court **moins** rapidement **que vous**.
aussi			Ces jeans-ci sont **aussi** seyants **que ceux-là**. Tu en portes **aussi** souvent **qu'elle**.

plus de			Ils font **plus** d'argent **que nous**.
moins de	Nom	que	Nous avons **moins de** travail **que les autres étudiants**.
autant de			Avez-vous **autant** d'énergie **qu'eux**?

Le superlatif

1. On emploie le superlatif pour exprimer une qualité à son degré le plus haut ou le plus bas relativement à l'ensemble des choses ou des personnes que l'on veut comparer.

   Ex. : Carmen et Jim sont **les plus doués / les plus paresseux / les meilleurs** de la classe.
   Ce sont ceux qui travaillent **le plus / le mieux / le moins.** (de tous les étudiants)
   Vous avez choisi **la pire saison** pour voyager. (de toutes les saisons)

2. Dans le cas du superlatif de l'adjectif, il conserve la place que cet adjectif occupe habituellement avant ou après le nom. Notez que lorsque le superlatif vient après le nom, le nom est accompagné de l'article défini. Étudiez les exemples suivants :

   Ex. : C'est **la** plus belle maison du voisinage.
   mais
   C'est **la** maison **la** plus pittoresque du voisinage.

Les comparatifs et les superlatifs des adjectifs et des adverbes irréguliers

	Comparatif	Superlatif	Exemples
bon	meilleur… que	le meilleur (de)	C'est une **meilleure** athlète **que** toi. C'est **la meilleure de** l'équipe.
bien	mieux… que	le mieux (de)	Il danse **mieux que** moi. C'est lui qui danse **le mieux de** la troupe.
mauvais	pire / plus mauvais… que	le pire / le plus mauvais (de)	Ce devoir **est pire que** l'autre. C'est d'ailleurs **le pire (le plus mauvais) de** tous.
mal	pis*/ plus mal… que	le plus mal (de)	Horace se sentait **plus mal que** d'habitude. C'est lui qui a **le plus mal** réagi.

* En français moderne, on emploie *plus mal* de préférence à *pis*, forme conservée dans les expressions : Tant pis! Ça va de mal en pis! (de plus en plus mal).

Pré-test

Mettez les adjectifs et les adverbes donnés entre parenthèses à la place qui convient et faites les accords et les transformations qui s'imposent. Lorsque l'adjectif ou l'adverbe entre parenthèses est souligné d'un trait, donnez le comparatif ou le superlatif selon le sens; lorsque l'adjectif est souligné de deux traits, formez l'adverbe.

Histoire de dragons

Il était une fois un (petit, brave, vert) _____ dragon _____ [1] qui (seul)

_____ vivait _____ [2] dans une (grand, profond) _____ forêt

_____ [3]. Il habitait dans une (vieux, abandonné) _____ caverne _____ [4] et il s'appelait Horace. Hélas, notre (gentil) _____ dragon _____ ⁵ était (malheureux) _____ ⁶ du monde parce qu'il n'avait pas d'amis. Bien des années avant sa naissance, les chevaliers d'un (voisin) _____ château _____ ⁷ avaient tué une (entier) _____ famille _____ ⁸ de dragons. Depuis ce temps, même les (brave) _____ dragons _____ ⁹ n'osaient plus s'installer dans le voisinage.

Horace était <u>la</u> (doux) _____ créature _____ ¹⁰ qui soit, mais quand il éternuait, il lui (toujours) _____ arrivait _____ ¹¹ les (mauvais) _____ aventures _____ ¹². Par exemple, un jour qu'il avait attrapé un (mauvais) _____ rhume _____ ¹³ et qu'il se sentait (<u>mal</u>) _____ ¹⁴ que d'habitude, il brûla le nid d'une (gentil, gris) _____ alouette _____ ¹⁵ qui avait élu domicile dans le (grand) _____ chêne _____ ¹⁶ tout près de sa caverne. (<u>Évident</u>) _____ ¹⁷, il aida le (beau) _____ oiseau _____ ¹⁸ à se bâtir une (nouveau) _____ maison _____ ¹⁹, mais il n'oublia jamais ce (triste) _____ incident _____ ²⁰. Il en avait éprouvé un (noir) _____ chagrin* _____ ²¹ et, (<u>naturel</u>) _____ ²², il s'était senti (<u>fou</u>) _____ ²³ coupable d'avoir (aussi <u>imprudent</u>) _____ agi _____ ²⁴. «La (prochain) _____ fois _____ ²⁵, s'était-il dit, il me faudra apporter mon (grand, apyre*) _____ mouchoir _____ ²⁶. J'ai (<u>vrai</u>) _____ été _____ ²⁷ d'une (fou, honteux) _____ négligence _____ ²⁸.»

Pendant l'hiver, Horace passait le plus clair de son temps* à (<u>paisible</u>) _____ tricoter _____ ²⁹ des (joli, orange) _____ cache-nez _____ ³⁰. Il les portait autour de son (pointu) _____ nez _____ ³¹ et de sa (long) _____ queue _____ ³² pour se protéger contre les (rude) _____ intempéries _____ ³³ de la (froid) _____ saison _____ ³⁴.

Il y avait, dans un (petit) _____ village _____ ³⁵ non loin de là, une (méchant, roux, petit) _____ fille _____ ³⁶, (<u>cruel</u>) _____ ³⁷ qu'on puisse imaginer. Elle s'appelait Agrippette. Elle était (<u>malin</u>) _____ ³⁸ qu'un renard et elle passait son temps à jouer des (sale) _____ tours* _____ ³⁹ à tout le monde. Un après-midi d'hiver, elle prit la (mauvais) _____ route _____ ⁴⁰ pour rentrer au village et elle se perdit. Il faisait (<u>extrême</u>) _____ ⁴¹ froid ce jour-là et elle grelottait. Après un (certain) _____ temps

_____ **42**, elle se mit à crier comme une perdue*. Elle hurlait tellement fort qu'elle alerta Horace qui

(immédiat) _____ accourut _____ **43**. Quand elle l'aperçut, elle cria encore (fort)

_____ **44** : «Au secours! Au secours! Il y a un (gros, féroce) _____ dragon

_____ **45** qui veut me manger.» Le (pauvre) _____ Horace _____ **46** pensa

qu'il (bien) _____ valait _____ **47** ne pas insister! Le (gros) _____ coeur

_____ *48, il (lent) _____ repartit _____ **49** vers sa (solitaire)

_____ caverne _____ **50**, mais non sans laisser derrière lui ses (beau, neuf, deux)

_____ cache-nez _____ **51**. Ce fut la (dernier) _____ fois _____

52 qu'on vit Horace dans les parages.

Devenue grande, Agrippette, qui n'avait pas perdu son (désagréable) _____ caractère

_____ **53**, (rare) _____ sortait _____ **54** de chez elle parce que les jeunes

gens du village (résolu) _____ évitaient _____ **55** de l'inviter à leurs soirées. Un (beau)

_____ matin _____ **56** qu'elle se promenait dans la forêt, elle (profond)

_____ fut _____ **57** étonnée de voir, sur le sol et à perte de vue, un (long)

_____ cache-nez _____ **58**, (exact) _____ pareil _____ **59** à ceux

qu'elle portait depuis des années. Intriguée, elle (bref) _____ hésita _____ **60** avant de

(aveugle) _____ suivre _____ **61** le chemin que semblait lui tracer ce (drôle)

_____ cache-nez _____ **62**. Bien malgré elle, Agrippette se retrouva dans la caverne

d'Horace qui (triste) _____ tricotait _____ **63**. En voyant la jeune fille, notre ami voulut

(très rapide) _____ s'enfuir _____ **64**. Mais Agrippette, à peine revenue de sa surprise,

(irrésistible) _____ se sentit _____ **65** poussée vers ce dragon aux (grand, bouleversant)

_____ yeux _____ **66**. Dans un élan, elle tendit la main pour le retenir. C'est alors qu'on

vit la (vilain) _____ rouquine _____ **67** se transformer en une (mignon, petit, vert)

_____ «dragonnette» _____ **68**, (charmant) _____ **69** qu'on ait jamais vue!

Le cache-nez qu'Horace (patient) _____ tricotait _____ **70** depuis des années, (gai)

s'enroula _____ **71** autour du couple comme pour sceller leur union. À partir de ce jour, ils

vécurent heureux et eurent beaucoup de (petit, vert, roux) _____ dragons _____ **72**.

Expressions idiomatiques et notes explicatives

Un noir chagrin : un grand chagrin.

Apyre : qui résiste au feu (adjectif rarement employé mais «brûlant» d'à-propos dans notre histoire!).

Passer le plus clair de son temps : passer la plus grande partie de son temps.

Jouer un sale tour à quelqu'un : faire une mauvaise plaisanterie à quelqu'un.

Crier comme un(e) perdu(e) : (expression québécoise) pousser des cris de détresse quand tout espoir semble perdu. Ici, jeu de mots sur le double sens du mot *perdu* qui signifie : *égaré, désespéré*.

Avoir le coeur gros : être triste, avoir de la peine.

Corrigé du pré-test

1. un brave petit dragon vert
2. vivait seul
3. une grande forêt profonde / une forêt grande et profonde
4. une vieille caverne abandonnée
5. notre gentil dragon
6. le plus malheureux
7. d'un château voisin
8. une famille entière
9. les dragons les plus braves
10. la créature la plus douce / la plus douce créature
11. il lui arrivait toujours
12. les pires aventures
13. un mauvais rhume
14. plus mal
15. d'une gentille alouette grise
16. le grand chêne
17. Évidemment
18. le bel oiseau
19. une nouvelle maison
20. ce triste incident
21. un noir chagrin
22. naturellement
23. follement
24. agi aussi imprudemment / aussi imprudemment agi
25. La prochaine fois
26. mon grand mouchoir apyre

27. vraiment été
28. négligence folle et honteuse / folle et honteuse négligence
29. tricoter paisiblement
30. de(s) jolis cache-nez orange
31. son nez pointu
32. sa longue queue
33. les rudes intempéries
34. la saison froide / la froide saison (style poétique)
35. un petit village
36. une méchante petite fille rousse
37. la plus cruelle
38. plus maligne / aussi maligne
39. de(s) sales tours
40. la mauvaise route
41. extrêmement
42. un certain temps
43. accourut immédiatement
44. plus fort
45. un gros dragon féroce
46. Le pauvre Horace
47. valait mieux
48. Le coeur gros
49. repartit lentement
50. sa caverne solitaire
51. ses deux beaux cache-nez neufs
52. la dernière fois

53. son caractère désagréable
54. sortait rarement
55. évitaient résolument
56. un beau matin
57. fut profondément
58. long cache-nez
59. exactement pareil
60. hésita brièvement
61. suivre aveuglément
62. ce drôle de cache-nez
63. tricotait tristement
64. s'enfuir très rapidement
65. se sentit irrésistiblement
66. grands yeux bouleversants
67. la vilaine rouquine
68. une mignonne petite «dragonnette» verte
69. la plus charmante
70. tricotait patiemment
71. s'enroula gaîment / gaiement
72. petits dragons verts et roux

Barème
68/72 . . . . 95%
62/72 . . . . 85%
54/72 . . . . 75%
47/72 . . . . 65%
40/72 . . . . 55%

Exercice I

Mettez les adjectifs donnés entre parenthèses à la place qui convient et faites les accords nécessaires. Utilisez la conjonction **et** quand cela s'impose.

1. C'est une (petit, blanc) _____ maison _____ aux (vert foncé) _____ volets _____.

2. En été, on peut admirer des (joli, fleuri) _____ balcons _____ en se promenant dans les (vieux, pittoresque) _____ rues _____ de Québec.

3. Cette (jeune, grand, roux) _____ fille _____ est ma (aîné, préféré) _____ soeur _____.

4. Les (deux, premier) _____ chansons _____ du (dernier) _____ disque _____ de Rémi Fadiez ont un (gai, entraînant) _____ rythme _____. Elles illustrent bien ses (nouveau) _____ idées _____ tout en nous rappelant les thèmes chers à Félix Leclerc*.

5. Après une partie de tennis, quoi de plus rafraîchissant qu'un (petit, bon, pétillant, bien frappé) _____ cidre _____!

6. Ming est une (malin, gros) _____ chatte _____ aux (long, acéré) _____ griffes _____.

7. J'aime écouter la (doux, chaleureux) _____ voix _____ de Marie-Claire.

8. Ce (blond, beau) _____ enfant _____ vous mènera par le bout du nez* avec ses (grand, malicieux) _____ yeux _____ et son (moqueur) _____ sourire _____.

9. Après une (long, humide) _____ journée d'été _____, quelle (enchanteur) _____ joie _____ de sentir une (frais, vif) _____ brise _____ chasser la (étouffant) _____ chaleur _____.

10. Corinne a l'air si (gentil) _____ que sa (bref, sec) _____ réponse _____ m'a surprise.

Expressions idiomatiques et notes explicatives

Félix Leclerc : le père de la chanson québécoise, de renommée internationale, né en 1914 et mort en 1988.

Mener quelqu'un par le bout du nez : faire faire à quelqu'un tout ce qu'on veut.

Exercice IIa

Certains adjectifs *changent de sens* selon qu'ils sont placés *avant* ou *après* le nom (cf. l'aide-mémoire au début de ce chapitre). Selon le sens de la phrase, mettez l'adjectif donné à la place qui convient et accordez-le. Faites les transformations qui s'imposent.

(dernier) 1. La _____ semaine _____, Pierre a fait du ski pour la

_____ fois _____ cette année.

(seul) 2. Une _____ femme _____ ne devrait jamais s'aventurer dans ce

quartier; une _____ imprudence _____ pourrait lui coûter très

cher.

(même) 3. Jacqueline porte souvent les _____ vêtements _____, ce qui ne

l'empêche pas d'être la _____ image _____ de l'élégance.

(ancien) 4. Chaque jour, les enfants se retrouvaient dans une _____ église

_____ transformée en école. Dans la cour, l'un d'eux a déterré une

_____ médaille _____, semblable à celle que portait sa grand-

mère.

(grand) 5. Un homme de grande taille est un _____ homme _____, alors

qu'un homme ayant des qualités exceptionnelles est un _____ homme

_____, même s'il est de petite taille.

(bon) 6. Malgré son air sévère, le directeur n'a eu que des _____ paroles

_____ à votre égard. C'est un _____ homme _____,

au fond, qui ne ferait pas de mal à une mouche*.

(propre) 7. Soyez rassurés! Les enfants avaient les _____ mains _____ avant

de passer à table. Je l'ai vu de mes _____ yeux _____.

(brave) 8. Marc n'est pas très courageux mais c'est un _____ type _____, au

fond.

(prochain)   9. La _____ fois _____ que je vous verrai, ce sera probablement le

_____ mois _____, quand vous repasserez par Montréal.

(pur)   10. Ses enfants adorent le _____ air _____ de la campagne. C'est par

_____ paresse _____ qu'il ne les y emmène pas plus souvent.

(pauvre)   11. Cette _____ fille _____ était toujours mal à l'aise avec ses amis

parce que ses parents vivaient dans un _____ quartier _____.

(sale)   12. Avec son _____ caractère _____, Dominique est bien capable de

me laisser en plan* avec une montagne de _____ vaisselle _____.

Expressions idiomatiques et notes explicatives

Ne pas faire de mal à une mouche : être inoffensif.

Laisser en plan : abandonner.

Exercice IIb

Les adjectifs **drôle**, **certain** et **différent** présentent certaines particularités. Complétez les phrases en mettant l'adjectif donné à la place qui convient. Faites les accords qui s'imposent, ainsi que les transformations (omission de l'article **des**, ajout de la préposition **de**).

(drôle)   1. Quelle _____ attitude _____ pour un comique! Il refuse

systématiquement de rire si quelqu'un d'autre raconte une _____ histoire

_____.

(certain)   2. Avec une _____ expérience _____, des _____

personnes _____ obtiennent toujours un _____ résultat

_____ grâce à un _____ sourire _____.

(différent)   3. Des _____ personnes _____ ont souvent des _____

opinions _____ sans être ennemies pour autant.

(drôle)   4. Tu as un _____ air _____ ce matin! Est-ce que ça va bien?

(certain, drôle, 5. Des _____ jours _____, en regardant les gens dans le métro, j'ai la
différent)

_____ impression _____ qu'ils vivent sur une _____

planète _____, à mille lieues* de la Terre.

Expressions idiomatiques et notes explicatives

Une lieue : ancienne mesure de distance. *Vingt mille lieues sous les mers* est un roman de l'écrivain français Jules Verne.

Exercice III

Complétez les phrases avec des adverbes formés à partir des adjectifs donnés. Généralement, on ajoute -**ment** à la forme féminine de l'adjectif.

1. Même si vous êtes (naturel) _____ bon, ce n'est pas une raison pour vous laisser manger la laine sur le dos*!

2. En amour, comme le disait Montaigne, il faut (premier) _____ «savoir prendre le temps».

3. Il faut être (fou) _____ amoureux pour être aveugle à ce point!

4. Traitez-le (gentil) _____! Il n'est pas dans son assiette* depuis quelque temps.

5. Puisque vous y tenez tant, allons-y (gai) _____!

6. Après une intervention fort remarquée, Vincent a salué l'assemblée (poli) _____ et, sans plus attendre, il a quitté les lieux.

7. Je suis d'un naturel plutôt cynique, mais j'avoue avoir été (profond) _____ touché par sa lettre.

8. Je vous en prie, conduisez (prudent) _____ en rentrant. (Malheureux) _____, les fous ne sont pas tous à l'asile!

9. Je l'ai écoutée (attentif) _____, mais je ne vois (vrai) _____ pas où elle veut en venir*!

10. De grâce, allez plus (lent) _____! Je n'arrive (absolu) _____ pas à vous suivre. Vous oubliez que je ne parle pas encore (courant) _____ le français!

Expressions idiomatiques et notes explicatives

Se laisser manger la laine sur le dos : se faire exploiter.

Ne pas être dans son assiette : ne pas se sentir bien.

Je ne vois pas où elle veut en venir : je ne comprends pas ses intentions.

Exercice IV

Formez un adverbe à partir de l'adjectif donné et récrivez la phrase en le mettant à la place qui convient.

1. (probable) Il s'en tirera mieux* que vous ne le pensez, vous verrez!

   _____

2. (franc) Je ne vois pas ce qu'il pourrait vous reprocher.

   _____

3. (heureux) Quand tout sera terminé, vous pourrez vous reposer.

   _____

4. (bref) On s'est vus la semaine dernière, mais je suis sans nouvelles depuis.

   _____

5. (vrai) Vous avez eu de la chance de tomber sur quelqu'un d'aussi sympathique.

   _____

6. (patient) On les a quand même attendus pendant près d'une heure!

   _____

7. (doux) La route descendait vers la mer.

   _____

8. (mauvais) Tu as sûrement compris.

   _____

9. (bon) Elle a réussi à tous ses examens.

   _____

10. (récent) As-tu eu des problèmes de santé?

    _____

Expressions idiomatiques et notes explicatives

S'en tirer : se débrouiller, se sortir d'une mauvaise situation ou d'une situation difficile.

Exercice V

Récrivez la phrase en mettant l'adverbe donné à la place qui convient.

1. (mal) Ce n'est pas votre faute, on vous aura renseigné, voilà tout.

   _____

2. (beaucoup) Nous avons pensé à vous pendant votre absence.

   _____

3. (souvent) La première impression reste la meilleure.

   _____

4. (toujours, jamais) Claude a envie de parler, mais il n'a rien à dire.

   _____

5. (bien) Vous êtes-vous amusés au moins?

   _____

6. (plutôt) Pour ma part, j'ai trouvé qu'il nous avait répondu sèchement.

   _____

7. (peut-être) On était un peu trop fatigués.

   _____

8. (volontiers) Appelez le concierge! Il vous rendra ce service.

   _____

9. (surtout) Comme c'est un couche-tard, il ne faut pas lui téléphoner le matin.

   _____

10. (tout à coup) Comme le temps est imprévisible au Mexique! Il fait un soleil radieux et il se met à pleuvoir à boire debout*!

    _____

Expressions idiomatiques et notes explicatives

Pleuvoir à boire debout : expression très utilisée au Québec pour pleuvoir très fort, pleuvoir à verse.

Exercice VI

Complétez les comparaisons en mettant les adjectifs donnés entre parenthèses au comparatif de supériorité, d'infériorité ou d'égalité qui convient sans oublier l'accord. Ajoutez **que**, s'il y a lieu.

1. Le Canada est (grand) _____ les États-Unis.

2. Votre soeur aînée est (vieux) _____ vous.

3. Le ski de fond est (rapide) _____ le ski alpin.

4. Au moment des équinoxes, la nuit est (long) _____ le jour.

5. La tisane est une boisson (excitant) _____ le café.

6. Les grosses voitures sont (populaire) _____ auparavant à cause du coût élevé de l'essence.

7. Soyez (discret) _____ à l'avenir, si vous ne voulez pas nuire à votre réputation.

8. Le tennis est un sport (rapide) _____ le squash, mais tout (bon) _____ pour se tenir en forme.

9. À cause de leur charme particulier, les quatre saisons sont (beau) _____ les unes que les autres.

10. Nadia est trop polie pour être toujours (franc) _____ elle le voudrait.

Exercice VII

Faites une comparaison en utilisant le *nom* donné entre parenthèses.

1. En général, il y a (neige) _____ à Montréal qu'à New York.

2. Dans votre dernier devoir, il y avait (fautes) _____ que dans le précédent. Bravo!

3. Si tu mets (vinaigre) _____ que d'huile, ta vinaigrette sera trop acide.

4. Si on avait (argent) _____ que nos enfants ont d'énergie, on serait tous millionnaires.

5. Nathalie a fait (progrès) _____ que les autres étudiants de la classe parce qu'elle a séché trop de cours*.

Expressions idiomatiques et notes explicatives

Sécher un cours : manquer un cours exprès, volontairement.

Exercice VIII

Mettez les adjectifs donnés entre parenthèses au superlatif de supériorité ou d'infériorité qui convient, sans oublier l'accord. Notez l'usage du subjonctif dans la proposition introduite par **que** ou par **qui**.

1. Cet arbre centenaire est (vieux) _____ forêt.

2. Je suis déçue. C'est la pièce (original) _____ qu'il ait écrite.

3. La Chine est le pays (peuplé) _____ monde.

4. C'est la personne (merveilleux) _____ qui soit.

5. Essayez donc de me donner la réponse (ambigu) _____ possible.

Exercice IX

Complétez les phrases avec le comparatif de supériorité ou d'infériorité des adjectifs ou des adverbes donnés entre parenthèses. Faites les accords s'il y a lieu.

1. Les (bon) _____ vins ne sont pas nécessairement les plus chers.

2. Malgré ses efforts, ses derniers résultats sont (mauvais) _____ que les précédents.

3. Cette catastrophe écologique est encore (mauvais) _____ que celle de Tchernobyl.

4. Connaissez-vous un défaut (mauvais) _____ que l'indifférence?

5. Les choses ne vont pas (bien) _____ ; au contraire, elles semblent aller de mal en pis*.

6. (bien) _____ vaut être riche et en santé que pauvre et malade*!

7. Vous travaillez (bien) _____ depuis quelque temps; mais c'est normal, vous essayez de faire mille choses à la fois.

8. D'accord, ce film est nettement (mauvais) _____ que l'autre, mais c'est loin d'être un chef-d'oeuvre.

9. Espérons qu'il jouera (mal) _____ qu'hier soir à la répétition, sinon la pièce sera un fiasco total et ce sera tant pis pour lui*!

10. Le père de Gilles va (mal) _____ ; les médecins craignent qu'il ne passe pas la nuit*!

Expressions idiomatiques et notes explicatives

Aller de mal en pis : empirer, aller de plus en plus mal.

Mieux vaut être riche et en santé que pauvre et malade : déformation du dicton populaire *Mieux vaut être pauvre et en santé que riche et malade.*

Tant pis pour lui! : c'est dommage pour lui, mais c'est sa faute.

Ne pas passer la nuit : ne pas survivre; mourir, en parlant d'un grand malade.

Exercice X

Complétez les phrases avec le superlatif des adjectifs **bon** et **mauvais** et des adverbes **bien** et **mal**, selon le cas. Faites les accords qui s'imposent.

1. _____ qui puisse vous arriver, c'est que votre départ soit retardé de quelques jours. Il n'y a pas là de quoi faire un drame!

2. _____ chose à faire, c'est de travailler _____ possible afin de pouvoir partir la conscience tranquille*.

3. Cessez de vous faire du mauvais sang*! Il n'y avait pas de solution idéale et la décision que vous avez prise, sans être _____, était sûrement _____.

4. Quel naïf! Il persiste à croire que tout va pour _____ dans _____ des mondes possibles. Tant mieux pour lui*!

5. La chambre que vous m'avez donnée est peut-être _____ à bien des égards, mais à cause du bruit, c'est celle où on dort _____, si toutefois on arrive à dormir! J'y ai probablement passé _____ nuit de ma vie!

6. Ceux qui obtiennent _____ notes à l'école primaire ne sont pas nécessairement ceux qui se débrouillent _____ à l'université.

7. C'est souvent dans _____ circonstances qu'on mesure sa force de caractère.

8. Quelle ironie! C'est précisément l'appareil que j'ai payé le plus cher qui fonctionne _____. Pourquoi coûtait-il si cher? Je n'en ai pas la moindre idée.

Expressions idiomatiques et notes explicatives

La conscience tranquille : en n'ayant rien à se reprocher.

Se faire du mauvais sang : s'inquiéter, se faire du souci.

Tant mieux pour lui! : signifie qu'on est content pour lui (ici, c'est dit avec ironie). C'est le contraire de l'expression *Tant pis pour lui!*

Exercice XI

Écrivez l'adjectif donné entre parenthèses à la forme qui convient selon qu'il est employé comme adjectif ou comme adverbe.

1. La (nouveau) _____ eau de Cologne d'Yves Saint-Laurent sent très (bon) _____ .

2. Mes tourtières ne sont pas aussi (bon) _____ que celles de ma grand-mère.

3. Quel dommage que d'aussi (beau) _____ fleurs sentent si (mauvais) _____ .

4. La rubéole est une maladie (bénin) _____ , mais elle peut avoir des conséquences très (mauvais) _____ pour une femme enceinte.

5. Ta plaisanterie est sans doute bien (bon) _____ , mais elle n'est pas de (bon) _____ goût!

6. Ma (cher) _____ Véronique, je sens que cette (petit) _____ folie va te coûter (cher) _____ !

7. Pauline ne chante jamais (faux) _____ , même quand l'accompagnateur lui joue une (faux) _____ note.

8. Voyons! Chuchoter veut dire parler à voix (bas) _____ , et non parler (fort) _____ .

9. Sonia travaille (dur) _____ ; c'est pour ça qu'aux examens, elle est (dur) _____ à battre!

10. Elle a beau* avoir les yeux (clair) _____ , elle ne voit pas (clair) _____ sans ses lunettes!

Expressions idiomatiques et notes explicatives

Avoir beau (+ infinitif) : s'efforcer sans résultat. Ici, cela veut dire : même si elle a les yeux clairs.

Exercice XII

Complétez les phrases en utilisant **aussi** ou **autant** dans la construction qui s'impose. Ajoutez **de** ou **que** à **autant**, s'il y a lieu.

1. Paul a _____ talent que son père a d'argent.

2. Peut-être, mais il ne vit pas _____ bien.

3. Peu importe; si j'étais _____ intelligent que lui, je ne me ferais pas _____ soucis.

4. Mais l'ennui c'est qu'il est _____ paresseux que toi.

5. S'il a réussi à tous ses examens, tu dois sûrement pouvoir en faire _____.

6. Si vous n'avez pas compris _____ bien que d'habitude, c'est probablement parce que vous n'étiez pas _____ attentifs.

7. Vous semblez oublier que je n'ai plus _____ énergie après une longue journée de travail.

8. Je travaille _____ vous, et avouez que je suis au moins _____ efficace.

9. S'ils prennent _____ temps à se décider, c'est que la question n'est pas _____ simple que vous semblez le croire.

10. Louise n'est peut-être pas _____ catégorique que son mari, mais elle déteste les hypocrites _____ lui.

Exercice XIII
(sans corrigé)

Complétez le texte en remplissant chaque espace avec un adjectif ou un adverbe appropriés. Dans le cas des *adjectifs*, vous pouvez utiliser, entre autres, ceux de la liste suivante : **rieur, marin, humain, toxique, impitoyable, menacé, dorsal, intensif, massif, québécois, connu, vaste, beau, gros, important, épais, petit, sévère, immense, féroce, merveilleux, blanc, dangereux, cruel, considérable, joli.** Pour les *adverbes*, formez-les à partir des adjectifs donnés entre parenthèses.

Le béluga

Le béluga est un _____ mammifère _____ qui vit dans le golfe du fleuve Saint-Laurent et le long des côtes de la _____ baie d'Hudson. C'est une _____ baleine _____ qui a de(s) _____ dents et des yeux _____. C'est sans doute le plus _____ et le plus _____ de tous les cétacés.

Le béluga, qui ne possède pas de nageoire _____, se déplace plutôt (lent) _____ en émettant une _____ gamme de sons. Il consomme (quotidien) _____ environ 15 kilos de poisson, et cette consommation est encore plus _____ en hiver pour lui permettre de maintenir son _____ couche de gras sous-cutané.

Au Québec, le béluga est appelé plus (courant) _____ marsouin blanc. (Malheureux) _____, il a été l'objet d'une chasse _____ et _____, car les pêcheurs le considéraient comme un _____ prédateur du saumon. Ce massacre, manifestation

_____ de la bêtise _____, a entraîné une baisse _____ du nombre des

bélugas dans le golfe du Saint-Laurent. Depuis 1979, une réglementation _____ interdit de les tuer,

mais l'espèce n'en est pas moins _____ à cause de la contamination _____ des eaux du

Saint-Laurent par les déchets _____, tels les BPC.

Si vous voulez en savoir davantage sur les marsouins _____, allez voir le film *Pour la suite*

du monde, du cinéaste _____ Pierre Perrault. C'est une _____ illustration de la saga des

bélugas et de la vie des pêcheurs de l'Île-aux-Coudres.

Exercice XIV
(sans corrigé)

Dans le texte suivant, soulignez d'*un* trait les superlatifs et les comparatifs et de *deux* traits les adverbes. Relevez ensuite les adjectifs.

Le 14 mai 1984, Madame Jeanne Sauvé est devenue la première femme à accéder au poste de Gouverneur

général du Canada, poste qu'elle a occupé jusqu'en 1989. Cet événement historique est un témoignage éloquent

de l'évolution de notre société.

Quand on considère la brillante carrière de Madame Sauvé, on comprend facilement pourquoi cette

grande dame était la candidate toute désignée pour ce poste prestigieux. La petite francophone de la

Saskatchewan a été tour à tour une militante dynamique dans les mouvements de jeunesse d'avant-guerre, une

syndicaliste farouche à la Fédération canadienne du travail, l'une des meilleures journalistes de l'époque et

l'une des speakerines les plus réputées et les plus connues à la télévision française et anglaise de Radio-Canada

et du secteur privé.

Élue député en 1972, elle a été nommée ministre un mois plus tard et, avec le retour au pouvoir des

libéraux en 1980, elle est devenue, à l'âge de 58 ans, la première présidente de la Chambre des communes.

Madame Sauvé a toujours cru que le Canada avait un rôle immense à jouer sur la scène internationale,

une sorte de «vocation spirituelle» qui viserait à empêcher la technologie de se substituer à l'homme. Dans le

discours remarquable qu'elle a prononcé à l'occasion de son entrée en fonction comme Gouverneur général,

elle a invité tous les Canadiens à «fabriquer de nouveaux outils pour des mains nouvelles» afin de participer

activement à la reconstruction universelle dont l'objectif central doit être la paix.

À une époque où le monde est déchiré par des guerres sanglantes, où la justice est souvent remplacée par la violence, et où les droits fondamentaux de la personne sont constamment bafoués, un plus grand nombre de femmes, à l'instar de Jeanne Sauvé, devraient accéder à des postes de premier plan au sein des gouvernements et des entreprises afin d'y assurer un humanisme plus intégral.

Exercices d'exploitation orale et écrite

1. Faites la description

    a) d'une personne qui vous a beaucoup impressionné(e).
    b) d'un objet auquel vous tenez beaucoup.
    c) de votre animal préféré.
    d) d'un restaurant où vous aimez aller.

2. Préparez des annonces publicitaires et présentez-les à la classe.

3. Pour apprendre à utiliser les comparatifs et les superlatifs, utilisez-les pour comparer des personnes ou des choses connues de tout le monde.

    > Ex. : Nicole Kidman et Meryl Streep
    > Le ski alpin et le ski de fond
    > Le riz brun et le riz blanc
    > Le Canada et les Etats-Unis
    > L'Europe et l'Amérique
    > Les animaux entre eux
    > La cuisine française et la cuisine italienne
    > L'anglais et le français

4. Choisissez parmi des personnages fictifs ceux qui seraient les plus aptes à rebâtir la société, si tout était détruit par un cataclysme. Formez des groupes où chaque étudiant joue un des personnages et essaie de convaincre les autres qu'il ou qu'elle est indispensable. A la fin, chacun vote pour un personnage autre que le sien. On compile et on commente les résultats.

    > Ex. : a) Médecin; femme 50 ans
    > b) Prêtre; 65 ans
    > c) Musicien; 25 ans; très beau; stérile
    > d) Ingénieur; 35 ans; mauvais caractère
    > e) Jeune fille de 15 ans; aveugle

5. Vous choisissez deux films, deux journaux, deux modes de vie (le mariage ou le célibat), ou deux personnes qui ont marqué l'histoire de l'humanité (Gandhi, le Christ, Mandela, Charlemagne, Mère Térésa). La classe est divisée en deux ou quatre équipes : chacune doit défendre son film, son journal, son mode de vie, etc.

6. Organisez un débat sur des sujets plus vastes afin d'intégrer les comparaisons à une discussion plus poussée. Les étudiants doivent se préparer à l'avance en faisant des recherches sur Internet.

    > Ex. : a) Pour ou contre les voitures au centre-ville.
    > b) Pour ou contre la reproduction des cellules souche.

Corrigé des exercices

Exercice I

1. une <u>petite</u> maison <u>blanche</u> aux volets <u>vert foncé</u>
2. de <u>jolis</u> balcons <u>fleuris</u>; dans les <u>vieilles</u> rues <u>pittoresques</u>
3. cette <u>grande jeune</u> fille <u>rousse</u>; ma soeur <u>aînée</u> <u>préférée</u>
4. les <u>deux premières</u> chansons du <u>dernier</u> disque; un rythme <u>gai et entraînant</u>; ses <u>nouvelles</u> idées

5. un <u>bon petit</u> cidre <u>pétillant et bien frappé</u>
6. une <u>grosse</u> chatte <u>maligne</u> aux <u>longues</u> griffes <u>acérées</u> / aux griffes <u>longues et acérées</u>
7. la voix <u>douce et chaleureuse</u> / la <u>douce</u> voix <u>chaleureuse</u>
8. ce <u>bel</u> enfant <u>blond</u>; avec ses <u>grands</u> yeux <u>malicieux</u> et son sourire <u>moqueur</u>

9. une <u>longue et humide</u> journée d'été / une journée d'été <u>longue et humide</u>; quelle joie <u>enchanteresse</u>; une brise <u>fraîche et vive</u>; la chaleur <u>étouffante</u>
10. <u>gentille / gentil</u>; sa réponse <u>brève et sèche</u>

Exercice IIa

1. La semaine dernière; la dernière fois
2. Une femme seule; une seule imprudence
3. les mêmes vêtements; l'image même
4. une ancienne église; une médaille ancienne

5. un homme grand; un grand homme
6. de bonnes paroles; un homme bon
7. les mains propres; mes propres yeux
8. un brave type

9. La prochaine fois; le mois prochain
10. l'air pur; pure paresse
11. cette pauvre fille; un quartier pauvre
12. son sale caractère; vaisselle sale

Exercice IIb

1. drôle d'attitude; une histoire drôle
2. une certaine expérience; certaines personnes; un résultat certain; certain sourire

3. différentes personnes; des opinions différentes
4. un drôle d'air
5. certains jours; la drôle d'impression; une planète différente

Exercice III

1. naturellement
2. premièrement
3. follement
4. gentiment

5. gaîment / gaiement
6. poliment
7. profondément

8. prudemment; Malheureusement
9. attentivement; vraiment
10. lentement; absolument; couramment

Exercice IV

1. Il s'en tirera probablement mieux que vous ne le pensez, vous verrez!
2. Je ne vois franchement pas ce qu'il pourrait vous reprocher. / Franchement, je ne vois pas ce qu'il pourrait vous reprocher.
3. Heureusement, quand tout sera terminé, vous pourrez vous reposer.
4. On s'est vus brièvement la semaine dernière, mais je suis sans nouvelles depuis.
5. Vous avez vraiment eu de la chance de tomber sur quelqu'un d'aussi sympathique.
6. On les a quand même attendus patiemment pendant près d'une heure!
7. La route descendait doucement vers la mer.
8. Tu as sûrement mal compris.
9. Elle a bien réussi à tous ses examens.
10. As-tu eu des problèmes de santé récemment?

Exercice V

1. Ce n'est pas votre faute, on vous aura mal renseigné, voilà tout.
2. Nous avons beaucoup pensé à vous pendant votre absence.
3. La première impression reste souvent la meilleure.
4. Claude a toujours envie de parler, mais il n'a jamais rien à dire.
5. Vous êtes-vous bien amusés au moins?
6. Pour ma part, j'ai trouvé qu'il nous avait répondu plutôt sèchement.
7. On était peut-être un peu trop fatigués. / Peut-être qu'on était un peu trop fatigués. / Peut-être était-on un peu trop fatigués.
8. Appelez le concierge! Il vous rendra volontiers ce service. / Il vous rendra ce service volontiers.
9. Comme c'est un couche-tard, il ne faut surtout pas lui téléphoner le matin.
10. Comme le temps est imprévisible au Mexique! Il fait un soleil radieux et, tout à coup, il se met à pleuvoir à boire debout.

Exercice VI

1. plus grand que
2. plus vieille que
3. moins rapide que
4. aussi longue que
5. moins excitante que
6. moins populaires qu'
7. plus discret(s) / plus discrète(s)
8. moins rapide que; aussi bon
9. aussi belles
10. aussi franche qu'

Exercice VII

1. plus de neige
2. moins de fautes
3. plus de vinaigre / autant de vinaigre
4. autant d'argent / plus d'argent
5. moins de progrès

Exercice VIII

1. le plus vieux de la forêt
2. la moins originale
3. le plus peuplé du monde
4. la plus merveilleuse
5. la moins ambiguë

Exercice IX

1. meilleurs
2. pires / plus mauvais
3. pire
4. pire
5. mieux
6. Mieux
7. moins bien
8. moins mauvais
9. moins mal
10. plus mal

Exercice X

1. Le pire
2. La meilleure; le mieux
3. la meilleure; la moins mauvaise
4. le mieux; le meilleur
5. la meilleure; le plus mal / le moins bien; la plus mauvaise / la pire
6. les meilleures; le mieux
7. les pires
8. le plus mal / le moins bien

Exercice XI

1. nouvelle; bon
2. bonnes
3. belles; mauvais
4. bénigne; mauvaises
5. bonne; bon
6. chère; petite; cher
7. faux; fausse
8. basse; fort
9. dur; dure
10. clairs; clair

Exercice XII

1. autant de
2. aussi
3. aussi; autant de
4. aussi
5. autant
6. aussi; aussi
7. autant d'
8. autant que; aussi
9. autant de; aussi
10. aussi; autant que

Chapitre 4

Les prépositions

Aide-mémoire

Une préposition possède certaines caractéristiques qui vous permettent de la repérer facilement dans une phrase. La préposition est **invariable**; elle **relie** deux mots; elle établit un **rapport** entre ces mots.

Ex. : Le marteau est dans le coffre à outils.

  à : • invariable, n'est pas affecté par le mot *coffre* (masc. sing.) ni par le mot *outils* (masc. plur.);
  • relie le mot *coffre* au mot *outils* pour compléter l'idée que nous avons des coffres;
  • exprime un rapport d'usage, *un coffre à outils* plutôt qu'*un coffre à jouets*.

Le choix de la préposition ne présente pas de difficulté quand celle-ci indique clairement le rapport qu'elle établit.

Ex. : La voiture est **devant** la maison.   (rapport de lieu)
  Ils sortent **après** la représentation.   (rapport de temps)
  Elle est arrivée **en** courant.   (rapport de manière)
  Elle met ses lunettes **pour** lire.   (rapport de but)

Mais il n'en va pas de même pour les prépositions **à** et **de**. C'est pourquoi une bonne partie des exercices de ce chapitre portent sur leur emploi. Les prépositions **à** et **de** sont complexes parce qu'elles peuvent, d'une part, exprimer plusieurs rapports différents.

Ex. : Je rentre à Montréal.   (rapport de lieu)
  Je rentre à 17 heures.   (rapport de temps)
  Je rentre à pied.   (rapport de manière)
  Il sort **de** la classe.   (rapport de lieu)
  Il travaille **de** 9 heures à 17 heures.   (rapport de temps)
  Il marche **d'**un pas alerte.   (rapport de manière)

D'autre part, lorsque ces deux prépositions relient un verbe à un autre verbe, elles n'expriment aucun rapport précis.

Ex. : Tout ça m'aide **à** comprendre.
  mais
  Tout ça m'empêche **de** comprendre.

Pourquoi à dans un cas et **de** dans l'autre? Il n'y a aucun rapport logique; c'est pourquoi, dans le cas de ces verbes, il est essentiel de les apprendre avec leur construction. Pour vous y aider, un tableau des verbes les plus courants est annexé à ce chapitre. L'originalité de ce tableau est de mettre en évidence le lien qui existe entre le complément du verbe (COD et COI) et le fait d'utiliser ou non une préposition dans la construction du verbe. La disposition du tableau permet de voir clairement quels verbes prennent **à**, quels verbes prennent **de** et dans quelles constructions.

Pour bien comprendre la préposition, il faut faire appel à certaines connaissances grammaticales :

1. La préposition est faite d'un seul mot : **à**, **de**, **sur**, **devant**, **avec**, **malgré**, etc. Lorsque la préposition est composée de deux mots ou plus, on l'appelle une *locution prépositive* : **en arrière de**, **grâce à**, **de peur de**, **en dépit de**, etc.

2. La préposition introduit toujours *un complément*. Le complément est un mot qu'on ajoute à un autre pour en compléter le sens.

  Ex. : Du papier **à lettre**, du papier **de soie**.
    Un verre **sur pied**, un verre **de vin**, un verre **à vin**.

Le complément vient donc préciser le sens du mot auquel il s'ajoute.

3. Les noms, les adjectifs et les verbes peuvent avoir des compléments :

   Ex. : Du **pain** de seigle, elle est **belle** à croquer, **rouge** de honte, **crier** à tue-tête, **parler** à son ami, **avoir besoin** d'argent.

   Le complément qui est associé à un nom est *un complément du nom* (parfois appelé *complément déterminatif*).

   Le complément associé à un adjectif est un *complément de l'adjectif*.

   Le complément associé à un verbe s'appelle *complément du verbe*.

   Vous aurez l'occasion de vous familiariser avec ces notions en faisant l'exercice I.

4. Les compléments peuvent être des
   - *noms* (un rouge à *lèvres*, une maison de *campagne*, s'inscrire à *un cours*, etc.);
   - *verbes* (un fer à *repasser*, un permis de *conduire*, chercher à *comprendre*, avoir besoin de *se reposer*, travailler *en mangeant*, reprendre après *s'être reposé*, etc.);

     N.B. Un verbe qui suit une préposition se met généralement à l'infinitif. Toutefois, la préposition **après** est suivie d'un infinitif passé et la préposition **en** est suivie du gérondif, qui est formé sur le participe présent du verbe.

   - *adjectifs*, quand ceux-ci qualifient des pronoms indéfinis (quelqu'un de *gentil*, quelque chose de *beau*, personne d'*agréable*, rien d'*intéressant*, etc.), mais dans ce cas vous remarquerez que l'adjectif est toujours masculin singulier et précédé de la préposition **de**.

5. Enfin, pour ce qui est des compléments du verbe, les notions de *complément d'objet direct (COD)* et de *complément d'objet indirect (COI)* sont indispensables. Ce qu'il faut retenir, c'est que ces types de compléments sont nécessaires pour préciser le sens du verbe et qu'ils font donc partie de sa construction.

   a) Certains verbes ont un sens complet sans avoir besoin d'un complément :

      Ex. : Je **marche**. Le soleil **brille**, mais tout à l'heure il **pleuvait**. Cessez de **fumer**.

   b) D'autres verbes, par contre, ne peuvent pas être compris sans qu'un complément précise leur sens. Ainsi, leur construction exige un complément.

      Ex. : Je veux… **quoi? un travail? de bonnes notes? réussir? partir?**

   Si vous pouvez poser la question *qui?* ou *quoi? directement après le verbe*, cela signifie que vous avez un COD.

   Si vous devez poser la question *qui?* ou *quoi? indirectement*, c'est-à-dire à l'aide de la préposition **à** ou **de**, alors vous avez un COI :

   Ex. : Cette maison a besoin… **de** quoi? Elle a besoin **de** peinture.
   Les chatons ont encore besoin… **de** qui? Ils ont besoin **de** leur mère.
   Dès qu'il va sous la douche il se met… **à** quoi? Il se met **à** chanter.
   Frédéric ressemble… **à** qui? Il ressemble **à** son père.

   Un COI est nécessairement introduit par la préposition **à** ou **de**. Dans ce cas, la préposition fait partie de la construction du verbe.

   Particularité :

   Avec certains verbes, il arrive toutefois que l'infinitif COD soit introduit par la préposition **à** ou **de**. Voyez les séries 3, 4 et 5 du tableau des verbes. Dans ce cas, la préposition est dite «vide», car elle n'a aucune fonction grammaticale, contrairement à la préposition qui introduit un COI. D'ailleurs, vous pouvez facilement constater que si on remplace le verbe complément par un nom complément, la préposition disparaît. Que vous ayez un COD verbe ou non, c'est toujours la question **qui?** ou **quoi?** que l'on pose directement après le verbe. Les exercices III et IV traitent de ces verbes.

> Ex. : Louise m'apprend (quoi?) **le patin.**
> Louise m'apprend (quoi?) **à patiner.**
> Cela me demande (quoi?) **une réaction immédiate.**
> Cela me demande (quoi?) **de réagir immédiatement.**

6. Les prépositions **à** et **de** peuvent également introduire un autre type de complément, le *complément circonstanciel (CC).* Celui-ci n'est pas nécessaire au sens du verbe mais y ajoute une information *circonstancielle.*

   Le CC répond aux questions où? quand? comment? pourquoi? etc.

   > Ex. : Hier soir (quand?) je suis passé chez Mireille (où?) en vitesse (comment?) pour lui laisser mes documents (pourquoi?).

   Il peut être introduit par **à** ou **de** ainsi que *par toutes les autres prépositions.*

   > Ex. : Martin est allé… **à** la maison, **au** cinéma, **jusqu'à** la porte, **sur** le toit, **dans** le garage, etc.
   > Il a placé son sac **sur** la tablette, **dans** l'armoire, **sous** le lit, **derrière** le fauteuil, **contre** la porte, etc.
   > Il parle fort. Il parle **à** voix haute. Je lui ai parlé **de** vive voix.

7. Résumons la notion de *construction du verbe.*

   a) Un même verbe, selon qu'il a un complément ou non, introduit ou non par une préposition, change de sens chaque fois qu'il se retrouve dans une construction différente.

   > Ex. : Taisez-vous, c'est moi qui **parle.** (prends la parole)
   > Pour se comprendre, ce Français et ce Chinois **parlaient l'anglais.** (s'exprimaient dans cette langue)
   > C'est une vedette, il aime faire **parler de lui.** (être le sujet de conversation)
   > On ne **parle** pas **aux étrangers.** (n'adresse pas la parole à quelqu'un)
   > Mon patron était fâché et il **parlait fort.** (criait)

   b) Des verbes différents, mais qui ont le même sens, peuvent avoir une construction différente.

   > Ex. : Il se sert **de** <u>son ordinateur</u>. (de quoi? COI)
   > Il utilise <u>son ordinateur</u>. (quoi? COD)
   >
   > J'appellerai <u>Michel</u> ce soir. (qui? COD)
   > Je téléphonerai **à** <u>Michel</u> ce soir. (à qui? COI)

Toutes ces notions vous seront également utiles dans les chapitres 5, 6 et 11 dans lesquels on aborde les pronoms. En effet, la forme des pronoms varie selon qu'ils sont sujet ou complément. Elles vous serviront également aux chapitres 7 et 8 dans lesquels il est question, entre autres, du participe passé. L'accord du participe passé dépend dans certains cas de la fonction et de la place du complément.

Pré-test

Mettez, s'il y a lieu, la préposition qui s'impose et faites les contractions qui s'imposent.

Il faut que jeunesse se passe*

Mme Ixe : Docteur, mon fils est très malade. _____ [1] une semaine, il n'est plus le même.

Le médecin :	Est-ce que vous pouvez _____ ² me décrire son comportement?
Mme Ixe :	Il refuse _____ ³ travailler; il a souvent envie _____ ⁴ pleurer; quand il est fatigué

_____ ⁵ se plaindre, il éprouve le besoin _____ ⁶ dormir. Parfois, _____ ⁷ le

matin, il se met _____ ⁸ chanter. Quand je lui demande _____ ⁹ m'expliquer ce

qui lui prend*, il commence _____ ¹⁰ crier, puis il me supplie _____ ¹¹ le laisser

tranquille. Il a peur _____ ¹² répondre _____ ¹³ le téléphone; il préfère

_____ ¹⁴ le laisser sonner. Si je l'oblige _____ ¹⁵ faire quelque chose _____ ¹⁶

la maison, il met des heures _____ ¹⁷ obéir. S'il continue _____ ¹⁸ agir ainsi, je

pense que je vais devenir folle!

Le médecin :	Est-ce qu'il aime _____ ¹⁹ rester seul _____ ²⁰ sa chambre?
Mme Ixe :	Oui. C'en est même inquiétant.
Le médecin :	Est-ce qu'il oublie _____ ²¹ fermer sa porte?
Mme Ixe :	Oh non! Jamais!
Le médecin :	Est-ce qu'il a l'air _____ ²² attendre _____ ²³ quelque chose?
Mme Ixe :	À vrai dire, il semble _____ ²⁴ s'attendre _____ ²⁵ ce que la terre s'arrête

_____ ²⁶ tourner parce qu'il n'est pas dans son assiette*! Je suis souvent obligée

_____ ²⁷ lui rappeler qu'il n'est pas le seul _____ ²⁸ se sentir déprimé

_____ ²⁹ l'occasion.

Le médecin :	Vous avez peut-être tort _____ ³⁰ le contrarier. Si vous insistez, il pourrait bien

essayer _____ ³¹ quitter la maison.

Mme Ixe :	Mais justement, il a déjà menacé _____ ³² le faire plusieurs fois. Il dit qu'il est capable

_____ ³³ se débrouiller tout seul. Je suis presque habituée _____ ³⁴ cette idée

maintenant.

Le médecin :	Alors, seriez-vous prête _____ ³⁵ le laisser partir?
Mme Ixe :	Vous devez _____ ³⁶ plaisanter, docteur! Il vient à peine _____ ³⁷ avoir quinze

ans!

Le médecin :	Je m'en doutais*. À cet âge, il vaut mieux _____ ³⁸ laisser les adolescents tranquilles.

Plus vous vous montrez disposé _____ ³⁹ les comprendre, plus vous essayez

_____ ⁴⁰ être patient, moins ils acceptent _____ ⁴¹ vous écouter. Ils sont déterminés _____ 42 vous démontrer que vous avez tort. Ils sont toujours sûrs _____ 43 tout ce qu'ils affirment et enchantés _____ 44 l'effet qu'ils produisent invariablement. Vous pourriez _____ 45 pleurer, vous fâcher _____ 46 votre fils, menacer, _____ 47 votre tour, _____ 48 le mettre _____ 49 la porte*, ou encore _____ 50 l'envoyer gentiment _____ 51 les roses*, _____ 52 le diable ou _____ 53 le bonhomme, sans que cela ne produise aucun effet sur son humeur du moment.

Mme Ixe :	Charmante perspective! Et combien _____ 54 temps cette petite crise _____ 55 adolescence va-t-elle durer?
Le médecin :	On ne peut pas savoir exactement. Elle pourrait être finie _____ 56 quelques mois, mais elle peut aussi traîner _____ 57 des années. J'en connais même qui, _____ 58 quarante ans… Mais revenons _____ 59 votre fils. _____ 60 ce moment, si vous insistez _____ 61 intervenir, vous risquez _____ 62 aggraver inutilement la situation.
Mme Ixe :	Qu'est-ce que vous me conseillez _____ 63 faire alors?
Le médecin :	Je suis désolé _____ 64 n'avoir aucune solution miracle _____ 65 vous proposer. Que penseriez-vous _____ 66 aller voir un bon film et _____ 67 cesser _____ 68 y penser _____ 69 quelques heures?
Mme Ixe :	Facile _____ 70 dire! Je voudrais bien _____ 71 vous y voir*!
Le médecin :	Mais je suis le premier _____ 72 admettre qu'il est très difficile _____ 73 comprendre et _____ 74 supporter les sautes d'humeur* des adolescents. Je suis d'ailleurs ravi _____ 75 en avoir terminé* avec mes propres enfants.
Mme Ixe :	Alors il n'y a vraiment rien _____ 76 autre _____ 77 faire?
Le médecin :	J'ai bien peur que non. _____ 78 les symptômes que vous me décrivez, votre fils vit peut-être sa première peine d'amour, ou alors il est en train _____ 79 se préparer _____ 80 ses examens finals.

Expressions idiomatiques et notes explicatives

Il faut que jeunesse se passe : proverbe qui veut dire qu'il faut être indulgent pour les fautes, les folies de la jeunesse.

Qu'est-ce qui te prend? : se dit à une personne dont l'attitude est inattendue ou déplacée.

Ne pas être dans son assiette : ne pas se sentir bien, ne pas être en forme.

Je m'en doutais : c'est bien ce que je pensais, ce que je soupçonnais. Ne pas confondre *se douter de quelque chose* (soupçonner quelque chose) et *douter de quelque chose* (remettre en question).

Mettre à la porte : ici, renvoyer de la maison.

Envoyer quelqu'un sur les roses : repousser quelqu'un avec colère ou impatience, l'envoyer au diable; au Québec, on dit aussi *l'envoyer chez le bonhomme* ou *chez le diable*.

Je voudrais bien vous y voir : je voudrais vous voir à ma place, je voudrais voir ce que vous feriez à ma place.

Supporter les sautes d'humeur : tolérer les brusques changements d'humeur.

En avoir terminé avec quelqu'un ou quelque chose : s'être acquitté d'une tâche, avoir terminé un projet.

Corrigé du pré-test

1. Depuis	28. à	55. d'
2. —	29. à	56. dans
3. de	30. de	57. pendant / durant
4. de	31. de	58. à
5. de	32. de	59. à
6. de	33. de	60. En
7. —	34. à	61. pour
8. à	35. à	62. d'
9. de	36. —	63. de
10. à	37. d'	64. de
11. de	38. —	65. à
12. de	39. à	66. d'
13. au	40. d'	67. de
14. —	41. de	68. d'
15. à	42. à	69. pendant / durant
16. à / dans	43. de	70. à
17. à	44. de	71. —
18. à / d'	45. —	72. à
19. —	46. contre	73. de
20. dans	47. à	74. de
21. de	48. de	75. d'
22. d'	49. à	76. d'
23. —	50. —	77. à
24. —	51. sur	78. D'après / Selon
25. à	52. au / chez	79. de
26. de	53. chez	80. pour / à
27. de	54. de	

Barème
76/80 . . . . 95%
69/80 . . . . 85%
61/80 . . . . 75%
54/80 . . . . 65%
46/80 . . . . 55%

Exercice I

Mettez le verbe souligné à la forme qui convient après chaque préposition.

1. Pour que tu <u>réussisses</u>, il faudrait d'abord que tu te détendes.

    Pour _____, il faudrait d'abord que tu te détendes.

2. Si tu <u>t'énerves</u>, tu ne régleras pas ton problème.

    Ce n'est pas en _____ que tu régleras ton problème.

3. Je <u>verrai</u> le dernier candidat, puis je déciderai.

    Je déciderai après _____ le dernier candidat.

4. Elle n'<u>a</u> pas <u>dit</u> toute la vérité, mais elle n'a pas menti.

    Sans _____ toute la vérité, elle n'a pas menti.

5. Quand elle <u>a appris</u> la nouvelle, elle a éclaté de rire.

    En _____ la nouvelle, elle a éclaté de rire.

6. Lisez le mode d'emploi, puis <u>servez-vous</u> de votre magnétoscope.

    Lisez le mode d'emploi avant de _____ de votre magnétoscope.

7. <u>Placez</u> les chaises en demi-cercle et vous aurez plus d'espace.

    Vous aurez plus d'espace en _____ les chaises en demi-cercle.

8. On ne fera aucune recommandation si on <u>n'a pas examiné</u> tous les dossiers.

    On ne fera aucune recommandation avant de _____ tous les dossiers.

9. Toutes les fins de semaine, nous <u>étudions</u> à la bibliothèque.

    Toutes les fins de semaine, nous allons à la bibliothèque pour _____.

10. Il <u>s'est levé</u> brusquement et a quitté la salle.

    Il a quitté la salle après _____ brusquement.

Exercice IIa

Dans le texte qui suit, certaines prépositions sont en caractères gras. Indiquez quel type de complément elles introduisent en soulignant d'un trait les compléments du nom, de deux traits les compléments de l'adjectif et en encadrant les compléments du verbe.

Gare aux virus!

En mai 2000, le virus ILOVEYOU s'est transmis **à** toute la planète par le moyen du courrier électronique. Depuis, la prévention est à l'ordre du jour. Pour protéger votre ordinateur, voici quelques conseils essentiels et faciles **à** suivre.

1. D'abord, si vous recevez un fichier inconnu, supprimez-le immédiatement en évitant **de** l'ouvrir.

2. Équipez votre ordinateur **d'**un bon logiciel anti-virus.

3. Il est recommandé **d'**inspecter (ou de scanner) son ordinateur une fois **par** semaine.

4. Soyez sûr **de** maintenir votre logiciel anti-virus à jour.

5. Effectuez régulièrement une copie **de** sauvegarde **de** vos données.

6. Préparez une disquette **de** secours qui vous permettra **de** redémarrer votre ordinateur et **de** réparer les fichiers corrompus.

7. Assurez-vous **d'**installer les versions les plus récentes **de** votre système **d'**exploitation et **de** vos logiciels.

8. Si vous vous servez **d'**une connexion **à** haute vitesse, ayez un système doté **d'**un garde-barrière (ou coupe-feu) capable **de** bloquer les attaques les plus virulentes.

9. Restez attentif **aux** informations qui circulent sur le sujet.

10. Renseignez-vous, n'hésitez pas **à** consulter les sites et magazines sur le piratage informatique.

Exercice IIb

Dans le texte suivant, certains compléments sont en caractères gras. Soulignez d'un trait les COD, de deux traits les COI et encadrez les CC. Identifiez d'un astérisque (*) le COD introduit par une préposition vide.

Grosse-Île : gardienne de l'Amérique

Grosse-Île se situe **au coeur d'un archipel de vingt et une îles au milieu du fleuve Saint-Laurent**, à environ 50 km à l'est de Québec. **Sur son site** se sont déroulés des événements tragiques.

Au cours des années 1830, une vague d'immigration massive amena **au pays des Européens** frappés **par de graves maladies infectieuses**. Cela obligea **les autorités à établir** un lieu de quarantaine. C'est ainsi que l'île accueillit entre 1845 et 1847 **des milliers d'Irlandais**. Ils s'étaient embarqués **sur des bateaux** pour échapper à **la grande famine** qui s'était abattue **sur leur pays**. À leur arrivée, on les fit séjourner **à Grosse-Île** où, malheureusement, leur migration désespérée n'a pas empêché **la grande majorité** d'entre eux **de mourir**.

Entre 1937 et 1957, la peur d'une guerre bactériologique poussa **les armées canadiennes et américaines** à **entreprendre** sur les lieux des expériences secrètes. Finalement, à partir de 1957, tous les animaux importés **au Canada et aux États-Unis** devaient passer **par Grosse-Île**. Cela a permis **de mettre sur pied** un centre international de recherche vétérinaire.

Exercice III

Lorsque le complément du verbe est un autre verbe à l'infinitif, il est introduit soit directement (sans préposition), soit indirectement par la préposition **à** ou **de**. Dans l'exercice qui suit, mettez, s'il y a lieu, la préposition **à** ou **de**. Vous noterez que tous les verbes conjugués sont tirés des séries 1, 3 et 4 du tableau des verbes.

1. Commencez tout de suite _____ consulter votre tableau des verbes.

2. J'aimerais bien _____ pouvoir _____ vous faciliter la tâche.

3. Évitez surtout _____ vous décourager et n'oubliez pas _____ noter, pour chaque verbe, s'il se construit avec un complément d'objet direct ou avec un complément d'objet indirect.

4. Alexis regrette _____ avoir raté ta conférence. Comme il ne se sentait pas bien, il a préféré _____ rester chez lui.

5. Je voudrais bien _____ apprendre _____ conduire, mais je refuse _____ payer un prix aussi élevé pour des leçons.

6. Est-ce que tu comptes _____ acheter une voiture quand tu auras ton permis?

7. Bien sûr, si je réussis _____ mettre assez d'argent de côté.

8. Essaie _____ te faire rembourser le plus rapidement possible; sinon, tu risques _____ te retrouver sans le sou*.

9. Comme il espère _____ être muté à Tokyo, il a décidé _____ suivre des cours de japonais.

10. Les Giroux détestent _____ assister à ce genre de soirée. D'habitude, ils savent très bien _____ trouver une bonne excuse pour ne pas y aller.

11. Cessez _____ parler tous en même temps! Je n'ai pas choisi _____ vous réunir pour aggraver le problème. Il faudrait plutôt _____ trouver une solution qui plaise à tout le monde.

12. Quelle étourderie! Comment ai-je pu négliger _____ relire ce texte avant de le faire imprimer! Si je continue _____ être aussi distraite, on arrêtera _____ m'offrir de nouveaux contrats.

Expressions idiomatiques et notes explicatives

Sans le sou : sans argent.

Exercice IV

Dans l'exercice suivant, le complément du verbe est toujours un COD, qu'il s'agisse d'un nom ou d'un infinitif (voir la série 4 du tableau des verbes). Mettez, s'il y a lieu, la préposition **de**.

1. Julien! Tu n'as pas fini _____ ton repas tant que tu n'as pas fini _____ boire ton lait!

2. J'accepte _____ ton invitation, mais je n'accepte pas _____ te laisser tout préparer toute seule.

3. Je veux bien essayer _____ ta nouvelle tondeuse à gazon, mais n'essaie pas _____ me faire tondre la pelouse à ta place!

4. Tout le monde a arrêté _____ danser quand on a arrêté _____ la musique.

5. Oublier _____ son livre, c'est excusable, mais oublier _____ venir en classe, c'est impardonnable!

Exercice Va

Complétez avec **à** ou **de**. Consultez, au besoin, les séries 6 et 8 du tableau des verbes. Faites les contractions s'il y a lieu.

1. Téléphone _____ l'agence de voyage pour faire tes réservations.

2. Si vous voulez une solution-vacances pour toute la famille, adressez-vous _____ Tourisme Québec.

3. Heureusement, dès que nous sommes sortis, il s'est arrêté _____ pleuvoir et il s'est mis _____ faire beau.

4. Soyez sans crainte; il finira bien par s'excuser _____ son impertinence.

5. L'enfant doit obéir _____ ses parents et _____ les règlements de la maison.

6. On ne peut se fier _____ n'importe qui, mais il ne faut pas non plus se méfier _____ tout le monde.

7. La vie qu'on a dépend souvent _____ l'enfance qu'on a eue.

8. Vous souvenez-vous _____ l'époque de la machine à écrire, l'ancêtre de l'ordinateur?

9. À vingt ans, on pense _____ l'avenir; à quatre-vingts ans, on parle _____ ses belles années.

Exercice Vb

Mettez **à** ou **de** en consultant, si nécessaire, les séries 6 et 8 du tableau des verbes.

1. Un jour, si vous persévérez, vous arriverez _____ utiliser correctement les prépositions.

2. Dépêche-toi _____ t'habiller, on va être en retard!

3. Dès que sa mère est arrivée, il s'est arrêté _____ pleurer et s'est remis _____ jouer sagement.

4. Quelle bonne surprise! Je ne m'attendais pas _____ vous revoir avant le mois prochain. Comment êtes-vous parvenu _____ vous libérer?

5. Jean-Pierre s'est enfin décidé _____ donner sa démission.

6. On l'avait déjà, à plusieurs reprises, menacé _____ le mettre à la porte.

7. Carol-Ann nous supplie _____ ne pas lui téléphoner le samedi matin : c'est une couche-tard*, pas une lève-tôt! *

Expressions idiomatiques et notes explicatives

Couche-tard : personne qui aime rester éveillée la nuit.

Lève-tôt : personne qui aime se lever de bonne heure.

Exercice Vc

Mettez **à** ou **de**, s'il y a lieu.

1. Est-ce que vous accusez _____ Marie _____ avoir cassé vos lunettes exprès?

2. Il est furieux, vous savez! Il a d'ailleurs obligé _____ tout le monde _____ lui faire des excuses.

3. — Qu'est-ce qui a décidé _____ Cécile _____ se faire couper les cheveux?

— Je ne sais pas, mais c'est moi qui ai empêché _____ Irène _____ faire la même chose.

4. Roch a aidé _____ Hélène et Filippo _____ déménager dans leur nouvelle maison.

5. As-tu finalement persuadé _____ ton patron _____ te donner une augmentation de salaire?

6. Le comité a forcé _____ le directeur _____ démissionner.

7. C'est parce qu'il tient _____ sa réputation qu'il ne tient pas _____ rester dans cette compagnie.

8. La publicité encourage _____ les consommateurs _____ acheter des tas de produits dont ils n'ont pas vraiment besoin.

Exercice VI

Mettez **à** ou **de**. Quels sont les verbes qui n'appartiennent pas à la série 5 du tableau des verbes? À quelle série appartiennent-ils?

1. Le médecin a défendu _____ Jean _____ fumer, mais il ne lui a pas interdit _____ boire, par exemple*!

2. Le professeur enseigne _____ ses étudiants _____ utiliser correctement les prépositions en français.

3. Ils ont dit _____ tout le monde _____ se taire.

4. Christophe a demandé _____ Marie _____ lui prêter sa bicyclette.

5. Vous devriez apprendre _____ vos enfants _____ nager quand ils sont encore très jeunes.

6. Écrivez _____ votre cousin _____ nous attendre à la gare.

7. Le juge a ordonné _____ l'accusé _____ rester debout pendant l'interrogatoire.

8. Jules et Julie ont promis _____ leurs enfants Julien et Juliette _____ jouer aux cartes avec eux.

9. On leur a conseillé _____ poser leur candidature le plus tôt possible.

10. Je permets _____ tous les hommes beaux et spirituels _____ me faire la cour*. Je serais la dernière à leur reprocher _____ trop insister.

11. Hélène m'a offert _____ garder les enfants jeudi soir prochain.

12. Pas étonnant qu'elle soit fière de ta médaille d'or, c'est elle qui t'a appris _____ faire de la gymnastique.

Expressions idiomatiques et notes explicatives

Par exemple : expression familière, utilisée pour marquer la désapprobation (*Il fume, mais il ne boit pas, par exemple!*) ou pour marquer la surprise ou l'incrédulité (*Ah ça! par exemple!*).

Faire la cour à quelqu'un : se montrer empressé(e), plein(e) d'attentions pour plaire à quelqu'un afin d'obtenir ses faveurs.

Exercice VII

Mettez, s'il y a lieu, la préposition qui convient. Notez que, souvent, le même verbe change de sens en changeant de préposition.

1. Quoi qu'on dise, je n'accepterai jamais de manquer _____ ma parole*.

2. Les astronautes ne manquent certes pas _____ audace pour se lancer à la conquête de l'espace.

3. Quel manque de chance! Je suis arrivé cinq minutes trop tard à la gare et, bien entendu*, j'ai manqué _____ mon train.

4. Ne manquez pas _____ profiter de chaque occasion pour parler français.

5. Quand Annie part en tournée, elle manque _____ son mari.

6. Quand Jeanne s'est finalement décidée _____ prendre des vacances, Maurice avait décidé _____ ne plus partir.

7. Ça ne sert à rien de vouloir forcer Thomas _____ manger des épinards; plus tu t'efforceras _____ lui en faire manger, plus il résistera.

8. Je ne m'attends plus _____ recevoir des nouvelles de Robert. Cela fait déjà trois mois que j'attends _____ la lettre qu'il m'avait promise.

9. Je compte _____ m'absenter pour une semaine pendant les vacances de Noël. Est-ce que je peux compter _____ toi pour venir arroser mes plantes et nourrir mon chat?

10. On ne peut vraiment pas faire confiance _____ Stéphane; il est tellement dans la lune* qu'on ne peut pas avoir confiance _____ lui pour ce genre de choses.

11. Cherchez _____ un meilleur alibi. Si vous cherchiez _____ me convaincre avec celui-ci, c'est complètement raté.

12. Quand l'accusé a eu fini _____ exposer à la cour les circonstances du drame, le jury a fini _____ comprendre les vrais mobiles du crime.

13. _____ quoi sert cet appareil? Il sert _____ hacher les légumes. Depuis que je l'ai, je ne me sers

plus _____ mon vieux couteau de cuisine.

14. Qu'est-ce que vous pensez _____ ce jeune pianiste? Pensez-vous _____ assister au récital qu'il va

donner à la Place des Arts*? Si oui, il faudrait que vous pensiez _____ réserver des billets le plus vite

possible. Vous pourriez alors me dire ce que vous pensez _____ son interprétation de Brahms.

15. Quelle drôle de soirée! Luc parlait _____ Marie _____ ses voyages et _____ ses amours. Gilles

parlait _____ le téléphone _____ son frère : depuis quelque temps ils parlent _____ se rendre

visite. Jean-Louis me parlait _____ son fils qui lui cause du souci*. Et comme d'habitude, Florine

parlait _____ ne rien dire. Vers minuit, tous ces beaux parleurs* ont enfin parlé _____ partir.

Expressions idiomatiques et notes explicatives

Manquer à sa parole : ne pas tenir une promesse.

Bien entendu : évidemment, naturellement.

Être dans la lune : être très distrait(e), rêvasser.

La Place des Arts : cet édifice, situé à Montréal, comprend plusieurs salles où sont présentés concerts, pièces de théâtre et spectacles de variétés.

Causer du souci : rendre inquiet, alarmer, tracasser.

Un beau parleur : personne qui aime faire de belles phrases pour impressionner son auditoire.

Exercice VIII

Mettez **à** ou **de**. Essayez de regrouper les adjectifs par catégories. Vous remarquerez les adjectifs qui sont suivis de la préposition **à**. En général, ils marquent une attitude _active_ par rapport à quelqu'un ou à quelque chose plutôt qu'un sentiment ou un état.

1. Mary-Lou est vraiment enchantée _____ ses progrès en français.

2. Tant mieux! Elle était vraiment déterminée _____ réussir.

3. Pour être capable _____ obtenir de bons résultats, il faut être disposé _____ travailler avec

acharnement.

4. Êtes-vous satisfait _____ votre travail?

5. Diane est très contente _____ sa nouvelle voiture qui est dotée _____ tous les gadgets

    imaginables.

6. Quand vous serez prêtes _____ partir, faites-moi signe*.

7. Jacques est très sûr _____ lui, mais il n'est pas préparé _____ ce genre d'expérience.

8. Je suis vraiment fatigué _____ toutes ces histoires.

9. Il est complètement fou _____ se croire plus fin que les autres.

10. Aujourd'hui, les jeunes sont libres _____ faire tout ce qu'ils veulent.

11. Je suis vraiment curieux _____ savoir qui m'a joué ce sale tour*.

12. Ouf! Je ne suis pas fâché _____ me reposer un peu.

13. Soyez bien attentif _____ ce que je vais vous dire.

14. Si vous avez des commentaires, venez me voir; je suis ouvert _____ toutes les suggestions.

15. Mais enfin, il doit bien y avoir quelqu'un de sympathique _____ ma cause!

Expressions idiomatiques et notes explicatives

Faites-moi signe : avertissez-moi, faites-le moi savoir.

Un sale tour : une mauvaise plaisanterie.

Exercice IX

Mettez **à** ou **de**. Attention : la préposition varie selon que l'infinitif a un sens actif (Ex. : Elle est contente **de** partir : *elle* est le sujet de *est contente* et de *partir*) ou un sens passif (Ex. : Le spectacle était horrible **à** voir : le sujet de *voir* est différent du sujet de *était horrible*).

1. Tu es bien méchant _____ rire derrière mon dos.

2. Elle est encore obligée _____ déménager, tu sais.

3. Comme ce paysage est beau _____ regarder!

4. Julien n'est pas un enfant toujours commode _____ garder.

5. Ton directeur est cinglé _____ te demander cela. Ce travail est tout simplement impossible _____

    faire.

6. Les cadeaux de Noël que l'on fait soi-même sont amusants _____ concevoir, mais parfois un peu longs _____ confectionner.

7. Je suis vraiment désolé _____ vous avoir dérangé.

8. C'est triste _____ dire, mais c'est comme ça.

9. Ce roman est vraiment passionnant _____ lire.

10. Ce serait plus raisonnable _____ renoncer à cette folie de 3000 $.

11. Ce manteau de chat sauvage* est bien chaud; par contre, il est très lourd _____ porter.

12. Son alibi est difficile _____ vérifier, il a été très rusé _____ y avoir pensé.

13. Je te trouve bien courageuse _____ travailler à temps plein et _____ suivre des cours du soir en même temps.

14. Tu es bien aimable _____ me donner un coup de main*.

15. Quelle musique agréable _____ écouter! C'est tout simplement merveilleux _____ se détendre ainsi.

Expressions idiomatiques et notes explicatives

Un manteau de chat sauvage : se dit au Québec pour un manteau de raton laveur.

Donner un coup de main à quelqu'un : aider quelqu'un.

Exercice X
(pour les mordus*)

Complétez les phrases avec **il** ou **ce** et **à** ou **de**. Attention : la construction impersonnelle **il est + adjectif** est toujours suivie de **de**. Par contre, avec **c'est + adjectif**, le choix entre **à** et **de** est déterminé par la place qu'occupe le sujet réel de la construction impersonnelle. Quand le sujet réel est placé après, on met **de**; quand il est placé avant, on met **à**.

Ex. : C'est agréable **de** partir en vacances, *mais* : Partir en vacances, c'est agréable **à** imaginer.

1. Arrêter de fumer, _____ est facile _____ dire, mais pas facile _____ faire.

2. _____ n'est pas normal _____ s'emporter pour des choses pareilles.

3. _____ n'est vraiment pas compliqué _____ réussir cette tarte aux pommes.

4. _____ est interdit _____ dépasser une autre voiture quand il y a une ligne continue.

5. _____ n'est plus possible _____ changer maintenant.

6. _____ est un travail très agréable _____ faire, je t'assure.

7. Il prétend qu'il a parlé à des extra-terrestres, mais _____ est difficile _____ croire.

8. _____ est important _____ bien comprendre la consigne, si vous voulez bien faire cet exercice.

9. Il y aura une série de concerts de musique médiévale à la Faculté de musique; _____ est bon

   _____ savoir.

10. _____ n'est pas beau _____ dire des gros mots*.

Expressions idiomatiques et notes explicatives

Les mordus : personnes qui ont un goût ou un intérêt très marqué pour quelque chose, les amateurs.

Un gros mot : une grossièreté.

Exercice XI

Aux adjectifs déjà vus, cet exercice en ajoute d'autres dont le complément indique une cause (Ex. : rouge de colère) ou un effet produit sur quelqu'un (Ex. : laid à faire peur), des adjectifs de comparaison, des adjectifs numéraux ordinaux et quelques cas isolés (Ex. : un drôle de nez, le seul à comprendre, le dernier à partir). Mettez **à** ou **de**.

1. Michelle est toujours la dernière _____ arriver le matin.

2. Pendant le film, j'étais glacé _____ horreur.

3. Quel prétentieux! Il se croit supérieur _____ nous toutes, mais bien que nous soyons différentes

   _____ lui, nous avons des compétences tout à fait comparables _____ les siennes.

4. Déjà midi! Je suis mort _____ faim.

5. Écoute, ma voiture fait un drôle _____ bruit.

6. Charles est fou _____ joie à l'idée de m'épouser, mais je serais folle _____ lier* si j'acceptais.

7. Ses parents sont bien les seuls _____ pouvoir l'endurer.

8. Coco Chanel a été la première femme _____ bouleverser le monde de la mode.

9. Connaissez-vous le plus ancien _____ tous les fossiles?

10. Ce matin, je me sens capable _____ tout.

11. Ce téléroman est ennuyeux _____ mourir.

12. Sa patience est égale _____ sa bonne humeur… aussi limitée!

13. Je suis incapable _____ me concentrer en ce moment.

14. Quoi! tu n'es pas sûr _____ avoir éteint le four avant de partir?

15. Jacques est sérieux _____ faire peur.

16. Ce poulet est bon _____ s'en lécher les doigts*.

17. Dans cette histoire larmoyante, les personnages meurent _____ chagrin les uns après les autres.

18. Je n'aime pas ces histoires tristes _____ pleurer.

19. Alors, tu veux une veste exactement pareille _____ la mienne?

20. Tu aurais dû la voir; elle était verte _____ jalousie.

Expressions idiomatiques et notes explicatives

Fou à lier : complètement fou.

Bon à s'en lécher les doigts : très savoureux, succulent.

Exercice XII

En général, les locutions verbales sont suivies de la préposition **de** (Ex. : avoir honte / envie / hâte **de**), mais il y a des exceptions (Ex. : avoir du mal **à** / passer du temps **à**). Complétez les phrases en mettant **à** ou **de**.

1. As-tu l'intention _____ faire du pouce*?

2. Marielle a de la chance _____ mener une vie aussi active.

3. Tu as raison _____ baisser le volume de la radio; on avait du mal _____ s'entendre parler ici.

4. J'ai mis un temps fou* _____ me rendre au bureau à cause de la circulation.

5. Elle avait l'air _____ comprendre, mais est-ce qu'elle comprenait vraiment?

6. Vous avez peut-être eu tort _____ lui parler sur ce ton*.

7. Tiens*! vous avez eu du mal _____ trouver la route! C'était bien indiqué pourtant.

8. J'ai peur _____ le déranger en lui téléphonant tout de suite. Mais j'ai tellement hâte _____ avoir de ses nouvelles.

9. Julien avait honte _____ montrer son dernier bulletin. Heureusement, il a encore le temps _____ se reprendre. Il a l'air _____ en avoir vraiment l'intention; il n'a surtout pas envie _____ être recalé.

10. Louise a passé beaucoup de temps _____ m'expliquer la règle, mais j'ai encore de la difficulté _____ faire les exercices.

Expressions idiomatiques et notes explicatives

Faire du pouce : se dit au Québec pour faire de l'auto-stop.

Un temps fou : beaucoup de temps. *Un mal fou* : beaucoup de difficulté. (*J'ai eu un mal fou* à les convaincre.)

Sur ce ton : de cette manière désobligeante.

Tiens! : expression familière utilisée pour marquer l'étonnement, la surprise.

Exercice XIII

En général, lorsqu'un infinitif est complément d'un nom, on emploie **de** (Ex. : une raison de vivre), mais si cet infinitif, comme pour l'adjectif, a un sens passif ou décrit une réaction, on emploie **à** (Ex. : une erreur à éviter / une histoire à dormir debout). Complétez les phrases en mettant **à** ou **de**.

1. Sébastien a reçu la permission _____ piloter seul un avion pour la première fois.

2. Il y a beaucoup de maisons _____ vendre en ce moment, les prix baissent!

3. C'est une mauvaise habitude que celle _____ fumer au lit.

4. Ça me décourage de voir qu'il reste encore toutes ces affaires _____ ranger.

5. Rassurez-vous, ce n'est pas la mer _____ boire*!

6. Nous n'avons pas souvent eu la chance _____ nous parler.

7. L'idée _____ quitter mon emploi me trotte dans la tête*.

8. Te regarder manger me donne le goût _____ grignoter.

9. Nous avons une composition _____ rendre pour lundi.

10. Hier soir il faisait un vent _____ écorner les boeufs*.

11. Un instant, j'ai le droit _____ parler moi aussi!

12. Qu'est-ce que c'est que cette manière _____ dévisager les gens?

13. La soirée chez les voisins a dû être réussie; j'ai entendu des éclats _____ rire jusqu'à trois heures du matin.

14. Je vais au bureau de poste, as-tu des lettres _____ poster?

15. Les vieux films de Louis de Funès sont des classiques, ils demeurent des comédies truculentes _____ se tordre de rire.

Expressions idiomatiques et notes explicatives

Ce n'est pas la mer à boire : ce n'est pas très difficile.

Ça me trotte dans la tête : j'y pense depuis un certain temps, ça me préoccupe depuis quelque temps.

Un vent à écorner les boeufs : au Québec, expression familière pour *un vent très fort*. *Écorner* : dégarnir de ses cornes. Ailleurs, on utilise l'expression *un vent à décorner les boeufs*.

Exercice XIV

Mettez **à** ou **de**. Attention : la nature du complément doit vous guider dans votre choix.

1. Alors*, raconte-nous ce que tu as fait _____ bon pendant tes vacances.

2. Il n'y avait personne _____ amusant à cette soirée.

3. Les enfants! Trouvez-vous donc quelque chose _____ faire.

4. J'ai vu bien des jouets à cette exposition, mais aucun _____ assez stimulant pour un enfant de cinq ans.

5. As-tu quelque chose _____ ajouter?

6. Va chez Mobilibec, tu y trouveras ce qu'il y a _____ mieux en fait de meubles québécois.

7. Vous n'avez vraiment rien _____ plus excitant _____ me proposer?

8. Viens! J'ai quelqu'un _____ épatant _____ te présenter.

Expressions idiomatiques et notes explicatives

Alors : s'emploie ici pour signifier qu'on attend une explication ou un renseignement.

Exercice XV
(sans corrigé)

Mettez **à** ou **de** selon le cas.

1. J'ai un travail _____ terminer d'ici lundi et je n'ai pas encore eu le temps _____ m'y mettre*.

2. Penses-tu avoir le temps _____ y travailler en fin de semaine?

3. Je serai bien obligé _____ le faire, même si c'est ennuyeux _____ s'en taper la tête contre les murs*.

4. Si tu n'avais pas perdu autant de soirées _____ écouter du jazz, tu n'en serais pas réduit _____ travailler pendant que tout le monde s'amuse et tu serais libre _____ faire ce que tu veux.

5. J'ai bien hâte _____ être en vacances, j'ai tellement besoin de repos, et puis j'ai envie _____ un peu de soleil pour changer.

6. Bernard? Ça c'est quelqu'un _____ formidable!

7. L'ascenseur était plein _____ craquer… ce n'était vraiment pas le moment qu'il tombe en panne*!

8. C'est un vrai plaisir _____ jaser* avec toi.

9. Quand elle veut qu'on s'occupe d'elle, tu l'entends pousser des soupirs _____ fendre l'âme*.

10. C'est difficile _____ imaginer une vie sans amour, n'est-ce pas?

11. Ce problème a l'air bien compliqué _____ résoudre.

12. Ils ont l'air satisfaits _____ leur expérience de travail.

13. Surveille ton langage! Ce ne sont pas des mots _____ utiliser.

14. Les termes du contrat sont difficiles _____ respecter.

15. Sacré* Guillaume! Je parie qu'il a encore une de ses histoires farfelues _____ nous raconter.

16. Je suis capable _____ en faire autant, vous savez!

17. La généalogie de sa famille, c'est vraiment un domaine passionnant _____ explorer.

18. Ce n'est pas gai _____ être forcé _____ rester au lit parce qu'on est malade.

19. Le dernier _____ se faire saluer, c'est moi. Le seul _____ ne pas compter parmi vos amis, c'est encore moi. Essayez-vous de me faire comprendre que je suis différent _____ vous? Que vous êtes supérieur _____ moi?

Expressions idiomatiques et notes explicatives

S'y mettre : commencer à faire quelque chose.

Ennuyeux à s'en taper la tête contre les murs : extrêmement ennuyant.

Tomber en panne : cesser de fonctionner.

Jaser : se dit au Québec pour bavarder.

Des soupirs à fendre l'âme : de très gros soupirs.

Sacré (+ nom d'une personne) : expression familière marquant une nuance d'admiration, d'ironie ou d'affection.

Exercice XVI

Chaque préposition établit un rapport entre un mot et son complément. Complétez les dialogues avec les prépositions de temps qui conviennent et l'expression **il y a** quand c'est nécessaire.

Retrouvailles au téléphone

Luc :   Marie-Claire, quelle bonne surprise! _____ **1** quand es-tu à Montréal?

Marie-Claire :   Je suis arrivée _____ **2** deux jours.

Luc :   Et tu es là _____ **3** combien de temps?

Marie-Claire :   Je repars _____ **4** trois jours.

Luc :   Alors, pas de temps à perdre. Es-tu libre ce soir?

Marie-Claire :   Mais oui. Et j'ai bien hâte de te revoir.

Luc :   Peux-tu être prête _____ **5** une demi-heure? Je viens te prendre et on passe la

soirée ensemble.

Marie-Claire :   D'accord! À tout à l'heure.

Tu peux toujours courir*

Hélène :   Tu sais quoi? Louis a décidé de participer au marathon de Boston le mois prochain.

Carole :   Ah oui? _____ **6** quand est-ce qu'il s'entraîne à courir?

Hélène :   Je pense qu'il a commencé _____ **7** deux ans.

Carole :   _____ **8** combien de temps est-ce qu'il court chaque jour?

Hélène :   Environ deux heures, je crois. Il espère courir les 26 milles _____ **9** moins de

quatre heures.

Carole :	Sans blague*! Il est vraiment mordu*, hein?
Hélène :	Il se garde en forme, voilà tout. Tu devrais l'imiter d'ailleurs et venir t'inscrire à un cours de *kick-boxing* avec moi. Ça commence _____ [10] deux jours au Centre des loisirs.
Carole :	Tu plaisantes! Ça me fatigue rien que d'y penser! Me prends-tu pour* une masochiste?

Expressions idiomatiques et notes explicatives

Tu peux toujours courir! : expression familière qu'on utilise pour refuser quelque chose, pour dire à quelqu'un qu'il n'arrivera pas à nous convaincre.

Sans blague! : Tu plaisantes! Tu veux rire!

Être mordu de quelque chose : avoir un goût très marqué pour quelque chose, être un peu fanatique.

Me prends-tu pour… : Crois-tu que je suis…

Exercice XVII
(sans corrigé)

Complétez en mettant, s'il y a lieu, la préposition qui convient : **dans, sur, autour, de, entre, pendant, sous, devant, derrière, à, jusqu'à, chez, en, près, loin de** ou **pour**.

1. Les jeudis et vendredis, les magasins sont ouverts _____ 21 h.

2. Je cherche _____ quelque chose de beau, bon et pas cher; est-ce que ça existe?

3. Il y avait tellement de monde _____ l'autobus que j'ai dû rester debout _____ tout le trajet.

4. Pardon mademoiselle, est-ce que vous attendez _____ quelqu'un?

5. À cet âge, ils peuvent rester pendus* _____ le téléphone _____ des heures.

6. Ils sont partis _____ trois mois, mais ça m'étonnerait qu'ils restent absents aussi longtemps.

7. As-tu regardé le match de hockey _____ la télé jeudi soir?

8. Si vous aimez le homard, allez passer vos vacances _____ les Provinces maritimes, _____ l'Île-du-Prince-Édouard par exemple.

9. Ne t'assieds pas _____ cette chaise; tu seras tellement mieux _____ ce fauteuil.

10. S'il te plaît, Mario, regarde _____ toi quand tu conduis!

11. S'il n'y a personne _____ la maison, tu trouveras la clé _____ le paillasson. Entre et fais comme _____ toi.

12. «Être assis _____ deux chaises» signifie être dans une situation délicate.

13. Ce n'est pas la peine de te cacher _____ la porte, Claudine, tout le monde sait que tu es là.

14. En Alberta, les tours de forage surgissent _____ pleine nature.

15. Comme je dois partir avant la fin du spectacle, je vais m'asseoir _____ la porte.

16. Je préfère me lever tôt _____ le matin pour profiter de la journée.

17. Regarde un peu _____ toi; tu n'es pas le seul à être sans emploi par les temps qui courent*.

18. Je ne veux pas aller travailler _____ la baie James* parce que je m'ennuierais trop si j'étais aussi _____ toi.

19. — Combien d'heures faut-il pour aller _____ Montréal _____ Fredericton _____ Nouveau-Brunswick?

    — Ça dépend _____ la vitesse à laquelle vous conduisez.

Expressions idiomatiques et notes explicatives

Rester pendu au téléphone : parler pendant des heures au téléphone.

Par les temps qui courent : en ce moment, ces temps-ci.

La baie James : grande baie située au nord du Québec et qui est exploitée pour ses ressources hydro-électriques. Ses barrages sont parmi les plus grands au monde.

Exercice XVIII

Comme nous l'avons dit, les prépositions établissent un rapport de sens entre un mot et son complément. Faites l'exercice suivant en utilisant **à** ou **de**. Les phrases sont présentées par groupes de trois pour vous aider à saisir les rapports exprimés. Attention aux contractions.

1. C'est commode d'avoir une machine _____ laver.

   Je ne me sers plus de ma machine _____ écrire.

   As-tu vu le fer _____ repasser?

2. Passe-moi mon étui _____ lunettes.

   Il est joli ce coffret _____ bijoux.

   Ce verre _____ vin est fêlé.

3. Donne-lui donc un verre _____ lait.

    Le prix du baril _____ pétrole va encore augmenter.

    J'ai acheté une bonne bouteille _____ vin!

4. Je vais souvent _____ bicyclette.

    Ce n'est pas loin; tu peux y aller _____ pied.

    Dans l'île de Santorin, en Grèce, on peut encore se promener _____ dos d'âne.

5. Il faut laver ce chandail de laine _____ l'eau froide.

    Écrivez votre brouillon _____ le crayon.

    Cette tuque* a été tricotée _____ la main.

6. Qu'est-ce que tu penses de l'article _____ Lysiane Gagnon?

    La voiture _____ les Desjardins a été volée.

    Ce sont les lunettes _____ Françoise, je crois.

7. Les enfants jouent toujours dans la salle _____ jeu.

    Tous les édifices publics ont un escalier _____ secours.

    Il faut sortir les bottes _____ hiver, une fois de plus.

8. Passe-moi un bout _____ papier.

    L'été, je porte des robes _____ coton, c'est plus frais.

    J'ai perdu mes beaux gants _____ cuir.

9. Ralph est un petit chien _____ poil long.

    Donne-moi le rasoir _____ lame double.

    Il portait une chemise _____ carreaux.

10. Il a une drôle de façon _____ nous regarder.

    Tu t'exprimes _____ une manière déplorable.

    J'ai essayé _____ toutes mes forces.

11. Il y a eu un rassemblement _____ citoyens à l'hôtel de ville.

    C'est une vraie famille _____ fous!

    Elle a beaucoup _____ ennuis avec sa voiture.

12. Chez grand-maman, il y avait un poêle _____ bois.

Don Quichotte s'est battu contre des moulins _____ vent.

Qui a inventé le moteur _____ pistons?

13. Ils se sont battus _____ coups de poing.

Tu finiras ça _____ tête reposée*.

La voiture filait _____ vive allure.

14. Le chef des pirates s'écria : «_____ l'abordage!»

C'est ça, _____ un de ces jours!

Il faut boire _____ nos amours.

Expressions idiomatiques et notes explicatives

Une tuque : se dit au Québec pour un bonnet de laine.

À tête reposée : en prenant le temps de réfléchir.

Exercice XIX
(sans corrigé)

Mettez, s'il y a lieu, la préposition qui convient et faites les contractions nécessaires. À l'occasion, vous aurez à ajouter une préposition qui n'a pas encore été vue dans le chapitre. Servez-vous de votre intuition pour sentir le rapport exprimé.

Le chat botté (d'après un conte _____ [1] Charles Perrault*)
(Pour des raisons stylistiques, le passé simple a été employé au lieu du passé composé.)

Il était une fois un très vieux meunier qui avait trois fils. Quand enfin il mourut _____ [2] vieillesse, il laissa

le moulin _____ [3] vent _____ [4] son fils aîné. Le cadet reçut un âne _____ [5] poil gris et le plus jeune

_____ [6] les trois dut se contenter _____ [7] un chat.

Le jeune homme ne finissait pas _____ [8] se plaindre _____ [9] son triste sort : «Ils sont chanceux,

mes frères, mais moi, _____ [10] avoir mangé mon chat et m'être fait un chapeau _____ [11] sa fourrure, je

mourrai _____ [12] faim!» Le chat, qui entendait ce que son maître disait _____ [13] lui, hésitait

_____ [14] lui parler. Mais un beau matin, il se décida _____ [15] le faire. Il prit son courage _____ [16]

deux mains et il lui dit _____ [17] un air sérieux : «Mon maître, donnez-moi un sac et faites-moi faire une paire _____ ¹⁸ bottes _____ ¹⁹ aller me promener _____ ²⁰ les champs et vous verrez que vous avez

eu bien plus _____ ²¹ chance que vos deux frères.» Le jeune homme n'était pas trop sûr _____ ²² ce

que son chat lui proposait, mais comme il n'avait rien _____ ²³ perdre, il décida _____ ²⁴ lui donner

carte blanche*.

Une fois chaussé _____ ²⁵ ses bottes, le chat prit son sac et se dirigea _____ ²⁶ une petite forêt.

Là, il s'étendit _____ ²⁷ terre et fit semblant _____ ²⁸ être mort. Il n'était pas là _____ ²⁹ longtemps

lorsqu'un jeune lapin, attiré _____ ³⁰ la nourriture que le chat avait mise _____ ³¹ le sac, y entra et s'y

trouva pris. Heureux _____ ³² sa prise, le chat s'en alla aussitôt _____ ³³ le roi. Quand il se trouva

_____ ³⁴ le roi, il lui fit une grande révérence et lui dit : «Voilà, Sire, un lapin que M. le marquis

_____ ³⁵ Carabas (c'était le nom qu'il avait décidé _____ ³⁶ donner _____ ³⁷ son maître) m'a

demandé _____ ³⁸ vous offrir _____ ³⁹ sa part.» Fort content, le roi lui répondit _____ ⁴⁰ aller vite

remercier son maître _____ ⁴¹ son amabilité.

Le chat continua ce manège _____ ⁴² deux ou trois mois, _____ ⁴³ le jour où il apprit que le roi

allait se promener _____ ⁴⁴ le bord _____ ⁴⁵ la rivière _____ ⁴⁶ sa fille, la plus belle princesse

_____ ⁴⁷ le monde. Il alla vite trouver son maître et lui dit gravement : «Mon maître, si vous acceptez

_____ ⁴⁸ faire tout ce que je vous recommande _____ ⁴⁹ faire, je vous promets _____ ⁵⁰ faire votre

fortune.» Il lui conseilla _____ ⁵¹ aller se baigner _____ ⁵² attendant son retour, car il devait s'absenter

un moment. Le jeune homme alla se baigner _____ ⁵³ poser trop _____ ⁵⁴ questions et le chat alla se

cacher _____ ⁵⁵ un buisson, tout _____ ⁵⁶ prenant soin _____ ⁵⁷ emporter _____ ⁵⁸ lui les

vêtements _____ ⁵⁹ son maître.

Quand le roi passa _____ ⁶⁰ là, le chat se mit _____ ⁶¹ crier _____ ⁶² tue-tête* :

«_____ ⁶³ secours! _____ ⁶⁴ l'aide! M. le marquis est en train _____ ⁶⁵ se noyer!» Le roi regarda

_____ ⁶⁶ la fenêtre _____ ⁶⁷ son carrosse et reconnut le chat qui était si souvent venu le voir : Il

ordonna _____ ⁶⁸ ses gardes _____ ⁶⁹ aller sortir le marquis _____ ⁷⁰ la rivière. Le chat en profita

_____ ⁷¹ expliquer _____ ⁷² le roi que, _____ ⁷³ la baignade de son maître, des voleurs étaient

partis _____ ⁷⁴ ses habits. Le roi n'hésita pas _____ ⁷⁵ lui faire apporter des habits. Une fois bien

habillé, le jeune homme avait vraiment l'air _____ ⁷⁶ quelqu'un _____ ⁷⁷ très important. Et comme, en

plus, il était beau et spirituel, la princesse tomba immédiatement amoureuse _____ ⁷⁸ lui. Le roi invita le

marquis _____ ⁷⁹ monter _____ ⁸⁰ son carrosse.

Voyant qu'il allait réussir _____ [81] réaliser ses projets, le chat s'empressa _____ [82] devancer le carrosse. _____ [83] le chemin, il rencontra des paysans et il les menaça _____ [84] les décapiter s'ils ne disaient pas que les terres où ils travaillaient appartenaient _____ [85] son maître. Les paysans, sachant que leur tête dépendait _____ [86] ce chat très puissant, eurent très peur _____ [87] sa menace. Ainsi, quand le roi arriva et demanda _____ [88] qui étaient toutes ces belles terres, ils lui répondirent que c'était celles _____ [89] le marquis.

Tout _____ [90] là, il y avait un château où habitait un ogre. Quand le chat se fut présenté, il dit à l'ogre : «Il paraît, messire l'Ogre, que vous pouvez, si vous le voulez, vous transformer _____ [91] lion. Cela est sans doute possible, mais je refuse _____ [92] croire que vous puissiez devenir une souris.» L'ogre, qui était très susceptible et un peu bête*, se mit _____ [93] colère et, _____ [94] même temps, il se changea _____ [95] une souris qui se mit _____ [96] courir _____ [97] le plancher. Le chat l'attrapa et n'en fit qu'une bouchée*. Ensuite, il alla vite accueillir son maître et ses amis _____ [98] la porte du château. Il déclara _____ [99] le roi que le marquis était très riche et que le château faisait partie _____ [100] ses biens.

Le roi, visiblement ravi, déclara illico* qu'il était disposé _____ [101] accorder la main _____ [102] sa fille _____ [103] le marquis, si celle-ci était prête _____ [104] lui accorder son coeur. Le marquis, qui était bien le dernier _____ [105] espérer une telle fortune et un tel bonheur, le tout _____ [106] si peu de temps, faillit perdre* la tête*. Il ne perdit finalement que sa liberté, car il épousa la princesse l'après-midi même. Ils eurent beaucoup _____ [107] enfants et vécurent heureux _____ [108] la fin _____ [109] leurs jours.

Expressions idiomatiques et notes explicatives

Charles Perreault (1628–1703) : écrivain français du XVIIe siècle à qui nous devons certains des plus beaux contes qui ont bercé notre enfance; *Le chat botté, Le petit chaperon rouge, Peau d'âne, Barbe-Bleue* sont quelques-uns des titres du recueil *Contes de ma Mère l'Oye.*

Donner carte blanche à qqn : laisser qqn libre de faire ce qu'il veut.

Crier à tue-tête : crier très fort, hurler.

Bête : au sens propre, signifie *animal;* au sens figuré, signifie *stupide.* Ici, il y a un jeu sur les deux sens du mot *bête,* l'ogre étant à la fois stupide et un peu animal, vu ses transformations.

Ne faire qu'une bouchée de quelque chose : manger quelque chose gloutonnement, avaler quelque chose tout rond, c'est-à-dire sans mastiquer.

Illico : sur le champ, immédiatement (familier).

Il a failli perdre (faillir + infinitif) : il a presque perdu.

Perdre la tête : devenir fou.

Exercices d'exploitation orale et écrite

Le tableau des verbes annexé à ce chapitre vous permet de voir clairement, pour chaque verbe, laquelle des deux prépositions, **à** et **de,** doit s'employer selon le type de construction.

1. À tour de rôle, inventez des phrases en suivant les indications du tableau pour chaque série de verbes.

> Ex. : Série 1 : En utilisant un maximum de verbes possibles, expliquez vos projets pour la soirée, le week-end, les vacances, l'avenir…
> *Je compte aller au cinéma donc j'espère y aller avec des amis que j'aimerais inviter à la maison après le film. Etc.*
>
> Série 2 : Mieux vaut donner que recevoir.
> *Quand je veux offrir un cadeau à un ami…*
>
> Série 3 : Comment on développe une habileté particulière.
> *Quand j'étais petit, mon père m'a enseigné à faire du ski. Au début,…*
>
> Série 4 : Vous êtes devant un choix difficile et vous analysez les pour et les contre…
> *Si j'accepte ce travail, ça veut dire que j'accepte de m'engager pour l'été. Par contre,…*
>
> Série 5 : Vous partez? Laissez vos consignes au voisin, à votre co-locataire, à vos amis, etc.
> *Quand elle partait en vacances, Marguerite recommandait toujours à ses enfants de…*
>
> Série 6 : Comment aider les autres? Expliquez une expérience de bénévolat.
> *Comme bénévole, j'ai décidé d'aider les enfants en difficulté à faire leurs devoirs. Il est important d'encourager ces enfants à persévérer et parfois les forcer à…*
>
> Série 7 : Comment vaincre une mauvaise habitude ou une difficulté?
> *Quand j'étais jeune, j'avais du mal à me concentrer. Je mettais un temps fou à…*
>
> Série 8 : Quelle est la pire réaction que vous pourriez avoir à une mauvaise note ou à une mauvaise évaluation?
> *Lorsque je reçois une mauvaise note, je ne peux pas m'empêcher de me fâcher et d'accuser le prof de s'être trompé. Je veux le voir pour le persuader…*
>
> Série 9 : Folie des grandeurs. Expliquez un de vos rêves les plus fous.
> *J'ai parfois honte de le dire mais j'ai l'intention de prendre ma retraite à 35 ans. J'ai envie de vivre, moi,…*

2. **Pastiche :** En vous servant de l'exemple, suivant, présentez un objet anodin qui fait partie de votre quotidien mais que vous tenez pour acquis : les feux de circulation, le code à barres, les lames de rasoir, le stylo à bille, etc.

> **Le trombone**
>
> Un petit bout **de** fil **de** fer replié, semblable **à** l'instrument **de** musique dont il porte le nom. Il sert **à** retenir les feuilles ensemble. Cet objet ingénieux a été inventé **par** un Norvégien nommé Johan Vaaler, et a été breveté **en** Allemagne **en** 1900. Dites-moi franchement, pourriez-vous aujourd'hui vous passer **de** trombones? Pour ma part, je me sers **de** ces petits machins **des** dizaines **de** fois par jour.

Corrigé des exercices

Exercice I

1. Pour réussir
2. en t'énervant
3. après avoir vu
4. Sans avoir dit / Sans dire
5. En apprenant
6. avant de vous servir
7. en plaçant
8. avant d'avoir examiné
9. pour étudier
10. après s'être levé

Exercice IIa

à |toute la planète|

à <u>suivre</u>.

de |l'ouvrir|.

d' |un bon logiciel anti-virus|.

d' <u>inspecter (ou de scanner)</u> ; **par** <u>semaine</u>

de <u>maintenir votre logiciel anti-virus à jour</u>.

de <u>sauvegarde</u>; **de** <u>vos données</u>.

de <u>secours</u>; **de** |redémarrer votre ordinateur| et **de** |réparer les fichiers corrompus|.

d' |installer les versions les plus récentes| **de** <u>votre système</u> **d'**<u>exploitation</u> et

de <u>vos logiciels</u>.

d' |une connexion| **à** <u>haute vitesse</u>; **d'**<u>un garde-barrière (ou coupe-feu)</u>,

de <u>bloquer les attaques les plus virulentes</u>.

aux <u>informations qui circulent</u>.

à |consulter les sites et magazines sur le piratage informatique|.

Exercice IIb

|au coeur d'un archipel de 21 îles au milieu du fleuve Saint-Laurent|

|Sur son site|

|Au cours des années 1830|,

|au pays| des Européens

|par de graves maladies infectieuses|.

<u>les autorités</u>

à <u>établir</u>

<u>des milliers d'Irlandais</u>.

|sur des bateaux|

à <u>la grande famine</u>

|sur leur pays|

|à Grosse-Île|

<u>la grande majorité</u>

de <u>mourir</u>.

<u>les armées canadiennes et américaines</u>

à entreprendre

au Canada et aux États-Unis

par Grosse-Île.

de mettre sur pied*

Exercice III

1. à
2. —; —
3. de; de
4. d'; —

5. —; à; de
6. —
7. à
8. de; de

9. —; de
10. —; —
11. de; de; —
12. de; à / d'; de

Exercice IV

1. —; de
2. —; de

3. —; de
4. de; —

5. —; de

Exercice Va

1. à
2. à
3. de; à

4. de
5. à; aux
6. à; de

7. de
8. de
9. à; de

Exercice Vb

1. à
2. de
3. de; à

4. à; à
5. à

6. de
7. de

Exercice Vc

1. —; d'
2. —; à
3. —; à; —; de

4. —; à
5. —; de
6. —; à

7. à; à
8. —; à

Exercice VI

Enseigner et **apprendre** appartiennent à la série 3.

1. à; de; de
2. à; à (série 3)
3. à; de
4. à; de

5. à; à (série 3)
6. à; de
7. à; de
8. à; de

9. de
10. à; de; de
11. de
12. à (série 3)

Exercice VII

1. à
2. d'
3. —
4. de
5. à
6. à; de

7. à; de
8. à; —
9. —; sur
10. à; en
11. —; à

12. d'; par
13. À; à; de
14. de; —; à; de
15. à / avec; de; de; au; à / avec; de; de; pour; de

Exercice VIII

1. de	6. à	11. de
2. à	7. de; à	12. de
3. d'; à	8. de	13. à
4. de	9. de	14. à
5. de; de	10. de	15. à

Exercice IX

1. de	6. à; à	11. à
2. de	7. de	12. à; d'
3. à	8. à	13. de; de
4. à	9. à	14. de
5. de; à	10. de	15. à; de

Exercice X

1. c'; à; à	5. Il / Ce; de	8. Il / C'; de
2. Il / Ce; de	6. C'; à	9. c'; à
3. Il / Ce; de	7. c'; à	10. Il / Ce; de
4. Il / C'; de		

Exercice XI

1. à	8. à	15. à
2. d'	9. de	16. à
3. à; de; aux siennes	10. de	17. de
4. de	11. à	18. à
5. de	12. à	19. à
6. de; à	13. de	20. de
7. à	14. d'	

Exercice XII

1. de	5. de	8. de; d'
2. de	6. de	9. de; de; d'; d'
3. de; à	7. à	10. à; à
4. à		

Exercice XIII

1. de	6. de	11. de
2. à	7. de	12. de
3. de	8. de	13. de
4. à	9. à	14. à
5. à	10. à	15. à

Exercice XIV

1. de	4. d'	7. de; à
2. d'	5. à	8. d'; à
3. à	6. de	

Exercice XVI

1. Depuis
2. il y a
3. pour
4. dans
5. dans
6. Depuis
7. il y a
8. Pendant
9. en
10. dans

Exercice XVIII

1. à; à; à
2. à; à; à
3. de; de; de
4. à; à; à
5. à; au; à
6. de; des; de
7. de; de; d'
8. de; de; de
9. à; à; à
10. de; d'; de
11. de; de; d'
12. à; à; à
13. à; à; à
14. À; à; à

Tableau des verbes

La liste des verbes présentés dans ce tableau n'est pas exhaustive; nous avons choisi les plus courants. Chaque série du tableau illustre un type de construction qui sert de modèle.

Chaque verbe est présenté dans son sens le plus usuel et dans la structure où on l'utilise le plus souvent.

La présentation adoptée comporte plusieurs avantages.

1. Elle regroupe les verbes par séries, chacune illustrant une construction particulière.
2. Elle met en évidence la fonction des compléments, directs (COD) ou indirects (COI).
3. L'indication OU montre qu'il y a un choix à faire, le même verbe ne pouvant avoir plus d'un COD ou plus d'un COI.
4. Elle identifie ce que désigne le complément : personne (qqn), chose (qqch.) ou action (verbe à l'infinitif).

Dans le cas où le complément est un verbe à l'infinitif, le tableau est particulièrement utile, car il indique clairement si la préposition **à** ou **de**, précédant l'infinitif, introduit ou non un COI.

Ainsi, si la préposition **de** disparaît quand on remplace l'infinitif par un nom, c'est qu'elle fait partie du complément, qui n'en est pas moins un COD. Il s'agit d'une préposition vide.

Ex. : Je te promets d'être là. Je te le promets.
Je te promets la lune. Je te la promets.

Par contre, si la préposition **de** est maintenue quand on remplace l'infinitif par un nom, c'est qu'elle remplit sa véritable fonction, qui est d'introduire un COI.

Ex. : Je te remercie d'être là. Je t'en remercie.
Je te remercie de ta lettre. Je t'en remercie.

Verbes	Complément d'objet direct (COD)			Complément d'objet indirect (COI)
	Personne	ou Chose	ou Infinitif	
Série 1				
Appeler	qqn			
Attendre	qqn	qqch.		
Chercher	qqn	qqch.		
Savoir		qqch.	faire qqch.	
Compter			faire qqch.	
Devoir			faire qqch.	
Espérer			faire qqch.	
Pouvoir			faire qqch.	
Sembler			faire qqch.	
Aimer	qqn	qqch.	faire qqch.	
Désirer	qqn	qqch.	faire qqch.	
Détester	qqn	qqch.	faire qqch.	
Il faut (falloir)	qqn	qqch.	faire qqch.	
Préférer	qqn	qqch.	faire qqch.	
Vouloir	qqn	qqch.	faire qqch.	

Verbes	Complément d'objet direct (COD)			à +	Complément d'objet indirect (COI)
Série 2	**Personne**	**Chose**	**Infinitif**		**Nom de personne**
Acheter		qqch.			à qqn
Donner		qqch.			à qqn
Enlever		qqch.			à qqn
Envoyer	qqn	qqch.			à qqn
Faire	qqn	qqch.			à qqn
Montrer		qqch.			à qqn
Payer		qqch.			à qqn
Préparer	qqn	qqch.			à qqn
Prouver	qqn	qqch.			à qqn

(ou)

Verbes	Complément d'objet direct (COD)			à +	Complément d'objet indirect (COI)
Série 3	**Personne**	**Chose**	**À + Infinitif**		**Nom de personne**
Apprendre		qqch.	à faire qqch.		à qqn
Enseigner		qqch.	à faire qqch.		à qqn
(re) Commencer		qqch.	à faire qqch.		
Continuer		qqch.	à faire qqch.		
Réussir		qqch.	à faire qqch.		

(ou)

Verbes

Série 4

Verbes	Complément d'objet direct (COD)			Complément d'objet indirect (COI)
	Personne ou	**Chose** ou	**De + Infinitif**	
Accepter	qqn	qqch.	de faire qqch.	
Arrêter	qqn	qqch.	de faire qqch.	
Choisir	qqn	qqch.	de faire qqch.	
Craindre	qqn	qqch.	de faire qqch.	
Éviter	qqn	qqch.	de faire qqch.	
Négliger	qqn	qqch.	de faire qqch.	
Oublier	qqn	qqch.	de faire qqch.	
Regretter	qqn	qqch.	de faire qqch.	
Cesser		qqch.	de faire qqch.	
Décider			de faire qqch.	
Essayer		qqch.	de faire qqch.	
Finir		qqch.	de faire qqch.	
Refuser		qqch.	de faire qqch.	
Risquer		qqch.	de faire qqch.	

Série 5

Verbes	Complément d'objet direct (COD)			à + Nom de personne
	Personne ou	**Chose** ou	**De + Infinitif**	**Nom de personne**
(re) Commander	qqn	qqch.	de faire qqch.	à qqn
Conseiller	qqn	qqch.	de faire qqch.	à qqn
Défendre		qqch.	de faire qqch.	à qqn
Demander		qqch.	de faire qqch.	à qqn
Dire		qqch.	de faire qqch.	à qqn
Écrire		qqch.	de faire qqch.	à qqn
Interdire		qqch.	de faire qqch.	à qqn
Offrir		qqch.	de faire qqch.	à qqn
Ordonner		qqch.	de faire qqch.	à qqn
Permettre		qqch.	de faire qqch.	à qqn
Promettre		qqch.	de faire qqch.	à qqn
Proposer		qqch.	de faire qqch.	à qqn
Rappeler	qqn	qqch.	de faire qqch.	à qqn
Répondre	qqn	qqch.	de faire qqch.	à qqn
Reprocher		qqch.	de faire qqch.	à qqn
Souhaiter		qqch.	de faire qqch.	à qqn

Verbes		Complément d'objet direct (COD)			Complément d'objet indirect (COI) à +		
Série 6		**Personne**	**Chose**	**Infinitif**	**Personne**	**Chose**	**Infinitif**
	Aider	qqn					à faire qqch.
	Décider	qqn					à faire qqch.
	Encourager	qqn					à faire qqch.
	Forcer	qqn					à faire qqch.
	Habituer	qqn					à faire qqch.
	Inviter	qqn					à faire qqch.
	Obliger	qqn					à faire qqch.
	Parler				à qqn		
	Plaire				à qqn		
	S'adresser				à qqn		
	Téléphoner				à qqn		
	Obéir				à qqn	à qqch.	
	Penser				à qqn	à qqch.	à faire qqch.
	Ressembler				à qqn	à qqch.	
	Se fier				à qqn	à qqch.	à faire qqch.
	Servir				à qqn	à qqch.	à faire qqch.
	S'intéresser				à qqn	à qqch.	
	Tenir				à qqn	à qqch.	à faire qqch.
	Arriver					à qqch.	à faire qqch.
	Parvenir					à qqch.	à faire qqch.
	S'attendre					à qqch.	à faire qqch.
	Se décider					à qqch.	à faire qqch.
	Se mettre					à qqch.	à faire qqch.
	Chercher						à faire qqch.
	Hésiter						à faire qqch.

(ou ... ou)

Locutions verbales	Personne	Chose	Infinitif	Personne	Chose	Infinitif
Série 7						
Avoir	qqn					à voir
Avoir		qqch.				à faire
Avoir du mal						à faire qqch.
Mettre du temps						à faire qqch.
Passer du temps						à faire qqch.
Perdre du temps						à faire qqch.

Série 8

Verbes	Complément d'objet direct (COD) Personne	ou Chose	Infinitif	de + Complément d'objet indirect (COI) Personne	ou Chose	ou Infinitif
Accuser	qqn				de qqch.	de faire qqch.
Arrêter	qqn	qqch.				
Convaincre	qqn				de qqch.	de faire qqch.
Empêcher	qqn	qqch.			de qqch.	de faire qqch.
Excuser	qqn	qqch.				de faire qqch.
Féliciter	qqn				de qqch.	de faire qqch.
Menacer	qqn				de qqch.	de faire qqch.
Persuader	qqn				de qqch.	de faire qqch.
Supplier	qqn					de faire qqch.
Dépendre				de qqn	de qqch.	
Parler				de qqn	de qqch.	
S'arrêter						de faire qqch.
Se dépêcher						de faire qqch.
S'excuser					de qqch.	de faire qqch.
Se méfier				de qqn	de qqch.	
Se souvenir				de qqn	de qqch.	de faire qqch.

Série 9

Locutions verbales	de + Complément d'objet indirect (COI) Personne	ou Chose	ou Infinitif
Avoir besoin	de qqn	de qqch.	de faire qqch.
Avoir envie	de qqn	de qqch.	de faire qqch.
Avoir honte	de qqn	de qqch.	de faire qqch.
Avoir l'air	de qqn	de qqch.	de faire qqch.
Avoir l'intention			de faire qqch.
Avoir le temps			de faire qqch.
Avoir peur	de qqn	de qqch.	de faire qqch.
Avoir raison			de faire qqch.
Avoir tort			de faire qqch.

Chapitre 5

Les pronoms personnels

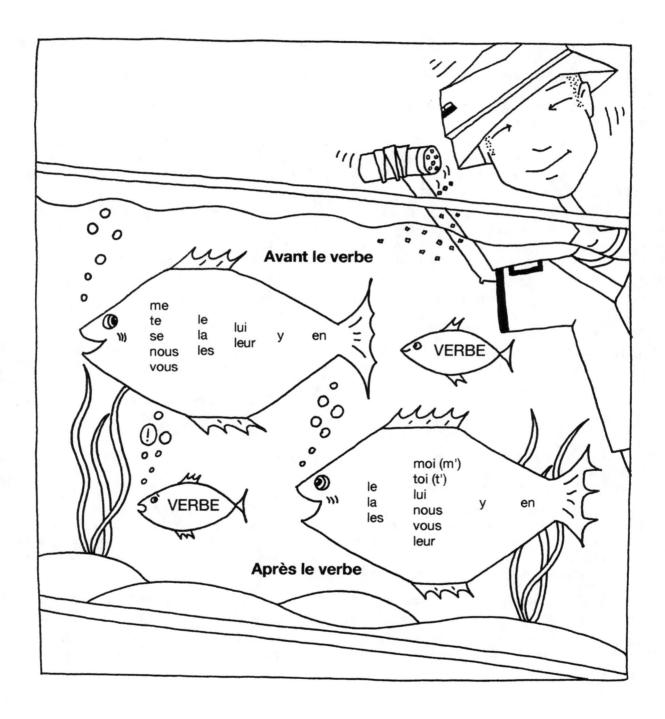

Aide-mémoire

Que faut-il savoir sur les pronoms personnels?

1. Comme son nom l'indique, le pronom personnel remplace un mot ou groupe de mots (pro-nom). Il doit donc nécessairement être précédé du mot qu'il remplace (son référent). De plus il faut que la phrase soit sans ambiguïté, sinon, on ne sait plus de quoi ou de qui on parle!

   Comparez ces trois exemples :

   Je viens d'engager un nouveau mécanicien. **Il** est très doué, j'ai confiance en **lui**, je **le** trouve débrouillard. Je suis sûr que je peux **lui** confier plusieurs responsabilités.

   Pour en finir avec les cris du bébé, Dina prit la petite Marie-Ange, **la** déposa sur la table, **lui** changea la couche et **la** jeta.

   Depuis un bon moment, Micheline s'acharnait sans succès à réparer la lumière du plafond. Je lui donc ai proposé de **la** remplacer.

   Aucune ambiguïté dans le premier exemple, mais dans le second, on se demande qui, du bébé ou de la couche, sera jeté! Quant au dernier exemple, va-t-on remplacer Micheline ou la lumière? L'économie de mots que permet l'usage du pronom n'est efficace que lorsqu'on peut immédiatement faire le lien entre le référent et le pronom personnel.

2. On l'appelle **personnel** car il a la même *personne grammaticale* que le mot qu'il remplace : au singulier ou au pluriel, *la première personne est celle qui parle* : je-me-moi, nous. *La deuxième personne est celle à qui l'on parle* : tu-te-toi, vous. Enfin, *la troisième personne est celle de qui on parle* : il(s) / elle(s)-le / la, les, lui, leur, eux. Bien qu'ils ne correspondent pas à une personne grammaticale, les pronoms **y** et **en** sont inclus dans le groupe des pronoms personnels.

3. Comme tout autre mot dans la phrase, le pronom personnel a une *fonction grammaticale*. À l'instar du nom, il peut être *sujet du verbe* ou *complément* (pour la notion de complément, référez-vous à l'aide-mémoire du chapitre 4, *Les prépositions*).

   a) Les pronoms personnels **sujets**, *je, tu, il / elle, nous, vous, ils / elles*, posent peu de problèmes parce qu'ils sont faciles à repérer ou à sélectionner. Vous les avez d'ailleurs bien assimilés en apprenant vos conjugaisons.

   N.B. Dans la langue parlée, le pronom indéfini *on* s'emploie souvent à la place de *nous; on* correspond à la troisième personne du singulier, mais l'accord du participe passé ou des attributs peut se faire au singulier ou au pluriel. Le pronom personnel disjoint qui renvoie à *on* est, selon le cas, *soi* ou *nous*.

   Ex. :   **On** le fait pour **soi** (ou pour **nous**).
   On est arrivés les premiers.
   On est restées bonnes amies.

   b) Par contre, les pronoms personnels **compléments** sont plus difficiles à employer de façon spontanée, car ils posent le double problème du choix du pronom et de sa place dans la phrase. Souvenez-vous cependant que la forme, la place et la fonction de ces pronoms compléments sont toujours liées à la construction du verbe. C'est pourquoi le tableau des pronoms personnels compléments (p. 107) reprend l'approche du tableau des verbes (chapitre 4) en y intégrant les différents pronoms.

Le tableau des pronoms personnels compléments associe l'usage des pronoms compléments à l'emploi des verbes. À l'aide du tableau vous pouvez faire les observations suivantes :

1. *Les pronoms COD* : *me, te, se / le / la, nous, vous, se / les*. Tous les pronoms personnels COD remplacent *des personnes*, mais les pronoms *le, la, les* peuvent également remplacer *des choses, des qualités, des idées, des actions*.

Ex. : Je **le** crains : Je crains *cet homme*. Je crains *de m'être trompé*. Je crains *qu'il m'ait trompé*. Je crains *le mauvais temps*.

N.B. Les pronoms *il(s)*, *elle(s)*, *le* et *la* de la troisième personne grammaticale sont les seuls à porter dans leur forme la marque du genre : ils sont féminins ou masculins, selon le genre du nom qu'ils remplacent. Mais c'est le pronom complément *le*, masculin singulier, qui remplace un adjectif ou une proposition.

Ex. : Pour être <u>fatiguées</u>, elles **le** sont!
«— Ah! <u>Si nous étions déjà en vacances!</u>
— Je **le** voudrais bien, moi aussi!»

La place du pronom personnel COD affecte *l'accord du participe passé* lorsque le verbe se conjugue avec l'auxiliaire *avoir*. C'est un aspect que vous pouvez travailler plus en profondeur au chapitre 7, portant sur les auxiliaires et les accords.

Ex. : J'**ai** acheté <u>une cartouche d'encre</u> pour mon imprimante, mais quand je **l'ai** install**ée**, j'ai vu qu'on **l'**avait abîm**ée** dans le transport.

Comme vous pouvez l'observer, quand le COD précède un verbe conjugué avec l'auxiliaire *avoir*, le participe passé s'accorde avec le COD. Autrement, le participe passé d'un verbe conjugué avec *avoir* ne s'accorde pas.

2. Les pronoms *COI* : me, te, se / lui, nous, vous, se / leur. Ils représentent toujours *des personnes* et s'emploient quand le complément du verbe est *introduit par la préposition à*.

Ex. : Nous ressemblons à notre mère. : Nous **lui** ressemblons.
Tu réponds à tes amis. : Tu **leur** réponds.

N.B. Tous les pronoms personnels sont marqués par le nombre : je-me-moi, nous; tu-te-toi, vous; lui, leur; le-la, les. Il ne faut toutefois pas confondre *leur*, qui est le pluriel de *lui*, avec l'adjectif possessif singulier *leur* qui prend un *s* au pluriel.

Ex. : Ils ont de la chance ces étudiants. *Leur* école **leur** offre une bourse pour couronner *leur* succès dans *leurs* études.

3. Le pronom *en* est associé à

a) l'article indéfini ou partitif *un, une, des, du, de la, des*. Dans ce cas, c'est un COD et il peut représenter des *personnes* ou *des choses*.

Ex. : **Des** <u>amis</u>, j'**en** ai. Mais **des** souvenirs, j'**en** ai encore plus!

b) la préposition *de*. Dans ce cas, le pronom peut être COI ou CC et il représente seulement *des choses, des idées, des actions, des qualités*.

Ex. : Vous manquez **de** <u>sommeil</u>. : Vous **en** manquez.
Je sors **de** <u>mon cours</u> à l'instant. : J'**en** sors à l'instant.

4. Le pronom *y* est associé soit à la préposition *à*, soit à *un lieu*. Il s'utilise uniquement pour remplacer les *choses* et il peut être COI ou CC.

Ex. : Marc pense à son avenir. : Marc **y** pense.
Mon appartement se trouve **dans** le quartier latin. : Il s'**y** trouve.

N.B. En ce qui concerne la place des pronoms *me, nous ; te, vous; le, la, les, lui, leur; y* et *en*, souvenez-vous qu'en français, ils précèdent le verbe, sauf dans la phrase impérative affirmative. L'illustration au début de ce chapitre (les poissons) montre la place respective des pronoms, selon qu'ils sont avant ou après le verbe.

Ex. : Tu **nous la** donnes.   Donne-**la-nous**.
Vous **lui en** parlez.   Parle-**lui-en**.
Tu **y** vas.   Vas-**y**.

Vous remarquerez qu'à l'impératif, les pronoms non accentués (atones) *me* et *te*, se transforment obligatoirement en pronoms accentués (toniques) *moi* et *toi* lorsqu'ils sont en position finale.

Ex. : Tu **te** tais.   Tais-**toi**!
      Tu **me** la donnes.   Donne-la-**moi**.

5. Les **pronoms disjoints** (toniques) : *moi, toi, lui / elle, nous, vous, eux / elles*, ne s'emploient que pour des *personnes*. Ils ont parfois une valeur expressive quand ils renforcent le pronom sans le remplacer.

Ex. : **Toi**, <u>tu</u> viendras, n'est-ce pas?
      Je suis sûr que vous ne <u>l</u>'oublierez pas, **elle**!
      Ne <u>leur</u> avez-vous rien donné, **à eux**?
      — Eh! **Vous** là-bas!
      — Qui? **Moi**?

Dans les autres cas, les pronoms disjoints peuvent être COI ou CC. Ce sont alors les seuls pronoms qu'on retrouvera *après le verbe* (exception faite de l'impératif affirmatif).

N.B. Les pronoms disjoints peuvent être précédés de toutes les prépositions.

Ex. : Je l'ai fait **pour** toi. Marcello habite à côté de **chez** nous. Pars-tu **avec** eux?
      Avez-vous encore besoin **de** moi? Je ne commencerai pas **sans** vous.
      Penses-tu encore **à** elle?

Tous les verbes qui se construisent avec la préposition *de* demandent des pronoms disjoints lorsque le complément représente *une personne bien définie*.

Ex. : Je t'ai parlé **d'elle**. (de ma copine)
      Je me souviens **d'eux**. (de mes amis)

Par ailleurs, lorsqu'un verbe se construit avec la préposition *à*, on emploie surtout les pronoms *me, te, lui, nous, vous, leur*, présentés plus haut, sauf dans le cas *des verbes pronominaux* ou de *certains verbes dont le COI est une personne*. On emploie alors les pronoms disjoints. Ces verbes peuvent s'apprendre facilement; retenez notamment : *penser à, tenir à, faire attention à, être à, se fier à*, etc.

Ex. : Il se fie **à elle**. (à sa copine)   *mais* : Il s'**y** fie. (à sa promesse)
      Je fais attention **à eux**. (à mes amis)   *mais* : J'**y** fais attention. (à l'auto)

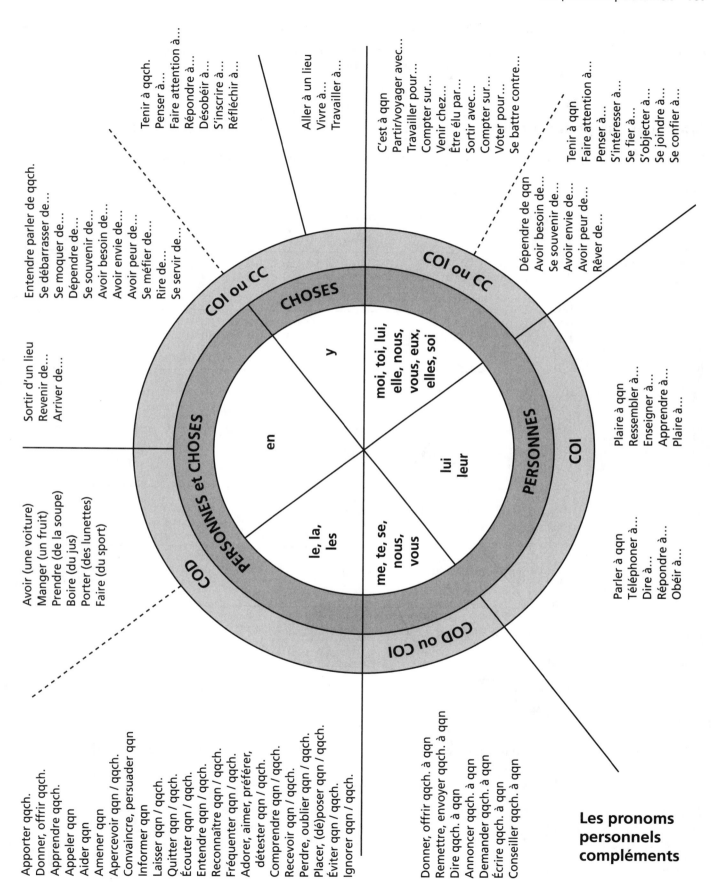

Tenir à qqch.
Penser à…
Faire attention à…
Répondre à…
Désobéir à…
S'inscrire à…
Réfléchir à…

Aller à un lieu
Vivre à…
Travailler à…

C'est à qqn
Partir/voyager avec…
Travailler pour…
Compter sur…
Venir chez…
Être élu par…
Sortir avec…
Compter sur…
Voter pour…
Se battre contre…

Tenir à qqn
Faire attention à…
Penser à…
S'intéresser à…
Se fier à…
S'objecter à…
Se joindre à…
Se confier à…

Entendre parler de qqch.
Se débarrasser de…
Se moquer de…
Dépendre de…
Se souvenir de…
Avoir besoin de…
Avoir envie de…
Avoir peur de…
Se méfier de…
Rire de…
Se servir de…

Dépendre de qqn
Avoir besoin de…
Se souvenir de…
Avoir envie de…
Avoir peur de…
Rêver de…

Sortir d'un lieu
Revenir de…
Arriver de…

COI ou CC

CHOSES

y

COI ou CC

moi, toi, lui,
elle, nous,
vous, eux,
elles, soi

en

lui
leur

PERSONNES et CHOSES

PERSONNES

COD

le, la,
les

me, te, se,
nous,
vous

COI

COD ou COI

Plaire à qqn
Ressembler à…
Enseigner à…
Apprendre à…
Plaire à…

Parler à qqn
Téléphoner à…
Dire à…
Répondre à…
Obéir à…

Avoir (une voiture)
Manger (un fruit)
Prendre (de la soupe)
Boire (du jus)
Porter (des lunettes)
Faire (du sport)

Apporter qqch.
Donner, offrir qqch.
Apprendre qqch.
Appeler qqn
Aider qqn
Amener qqn
Apercevoir qqn / qqch.
Convaincre, persuader qqn
Informer qqn
Laisser qqn / qqch.
Quitter qqn / qqch.
Écouter qqn / qqch.
Entendre qqn / qqch.
Reconnaître qqn / qqch.
Fréquenter qqn / qqch.
Adorer, aimer, préférer,
détester qqn / qqch.
Comprendre qqn / qqch.
Recevoir qqn / qqch.
Perdre, oublier qqn / qqch.
Placer, (dé)poser qqn / qqch.
Éviter qqn / qqch.
Ignorer qqn / qqch.

Donner, offrir qqch. à qqn
Remettre, envoyer qqch. à qqn
Dire qqch. à qqn
Annoncer qqch. à qqn
Demander qqch. à qqn
Écrire qqch. à qqn
Conseiller qqch. à qqn

**Les pronoms
personnels
compléments**

Pré-test

Complétez le dialogue suivant en remplaçant les mots soulignés par les pronoms personnels et faites les accords qui s'imposent.

Grand parleur, petit faiseur*

Marc : Josée, regarde, j'ai nos billets d'avion! Est-ce que nous sommes <u>prêts à partir</u>?

Josée : Oui, _____ 1.

Marc : As-tu déposé <u>les enfants chez Yvonne</u>?

Josée : Oui, _____ 2.

Marc : As-tu fait <u>mes recommandations à notre aîné</u>?

Josée : Oui, _____ 3.

Marc : Est-ce que tu as laissé <u>de l'argent à Carole</u> pour sa fin de semaine dans le Nord*?

Josée : Oui, _____ 4.

Marc : Es-tu passée <u>à la banque</u>?

Josée : Oui, _____ 5.

Marc : J'espère que tu as <u>changé de l'argent</u>.

Josée : _____ 6.

Marc : Et tu n'as pas oublié <u>mon nouveau complet</u>?

Josée : Non, _____ 7.

Marc : Bon! Voyons un peu, tu as fait <u>les valises</u>?

Josée : Oui, _____ 8.

Marc : Est-ce que tu as pensé à <u>mon appareil-photos</u>?

Josée : Oui, _____ 9.

Marc : Et tu as <u>apporté assez de rouleaux de film</u>?

Josée : Oui, _____ 10.

Marc : Oh! pendant que j'y pense, as-tu demandé <u>à Mireille de s'occuper des plantes</u>?

Josée : Oui, _____ 11.

Marc : Et tu as laissé <u>la clé de la maison à mes parents</u>? Tu sais qu'ils attendent des amis de

Californie et qu'ils sont à l'étroit* chez eux.

Josée : Mais oui, _____ 12.

Marc :	Est-ce qu'on a <u>notre carnet d'adresses</u>?
Josée :	Oui, _____ **13**.
Marc :	Tu crois qu'il faudra écrire <u>aux amis</u>?
Josée :	Évidemment; ils s'offenseraient si on ne _____ **14**.
Marc :	À propos, est-ce que tu te fies vraiment <u>à* Mireille</u> pour les plantes? Elle est tellement distraite!
Josée :	Mais bien sûr que je _____ **15**! C'est ma meilleure amie!
Marc :	Tu es <u>vexée</u>?
Josée :	Oui, _____ **16**. Je trouve que là tu exagères!
Marc :	Mais non, c'est _____ **17** qui es trop susceptible. Au fait, as-tu parlé <u>à ton frère</u> aujourd'hui?
Josée :	Oui, _____ **18**.
Marc :	Est-ce qu'il va s'occuper <u>de la voiture</u>?
Josée :	Oui, _____ **19**.
Marc :	Il sera donc <u>à l'aéroport</u> tout à l'heure?
Josée :	Oui, _____ **20**.
Marc :	Est-ce qu'on doit passer prendre <u>Lucie et Benoît</u>?
Josée :	Mais oui, _____ **21**.
Marc :	J'espère que tu as répété <u>à ces retardataires</u> qu'il faut être à l'heure cette fois-ci?
Josée :	Oui, _____ **22**.
Marc :	Bon, je m'habille en vitesse*! <u>Mon costume sport</u> est <u>dans la salle de repassage</u>?
Josée :	Oui, _____ **23**.
Marc :	Tu m'as sorti <u>une chemise propre</u>?
Josée :	Oui, mon amour, _____ **24**.
Marc :	Formidable! Je vois que j'ai pensé à tout.

(Quelques instants plus tard…)

Marc :	Je sors les valises. Est-ce que tu t'occupes <u>de fermer les fenêtres et de barrer la porte*</u>?
Josée :	Oui, _____ **25**.

(À l'aéroport.)

Josée :   Quelle chance! Nous n'aurons pas à faire la queue*. Marc, tu as <u>les billets?</u>

Marc :   Mais évidemment que je _____ 26 ai! Tu sais bien que je pense toujours à tout.

                        (Il fouille dans sa poche.)

Josée :   *(L'observant, inquiète.)* Marc, tu as changé de complet! Tu n'as quand même pas oublié…

Marc :   Mais… c'est impossible… J'étais pourtant sûr…

Josée :   Retenez-moi quelqu'un… C'est quoi la sentence pour homicide avec circonstances

                        atténuantes?

Expressions idiomatiques et notes explicatives

Grands parleurs, petits faiseurs : proverbe qui veut dire que ceux qui parlent beaucoup ne font pas grand chose.

Le Nord : nom communément donné aux Laurentides, une chaîne de montagnes située au nord de Montréal où beaucoup de gens ont un chalet. On y trouve notamment le mont Tremblant qui est réputé pour ses pentes de ski.

Être à l'étroit : ne pas avoir beaucoup de place.

Se fier à quelqu'un : faire confiance à quelqu'un.

En vitesse : terme familier pour *très vite, en se dépêchant*.

Barrer la porte : terme qui date du Moyen Âge alors qu'on fermait les portes avec une barre. On l'emploie couramment au Québec pour *fermer la porte à clé*.

Faire la queue : attendre les uns derrière les autres, comme au cinéma ou à l'arrêt d'autobus.

Corrigé du pré-test

(N.B. Pour que la réponse soit bonne, il faut que le choix des pronoms et l'ordre des mots correspondent au corrigé.)

1. nous le sommes
2. je les y ai déposés / je les ai déposés chez elle
3. je les lui ai faites
4. je lui en ai laissé
5. j'y suis passée
6. J'en ai changé
7. je ne l'ai pas oublié
8. je les ai faites
9. j'y ai pensé
10. j'en ai apporté assez
11. je le lui ai demandé
12. je la leur ai laissée
13. on l'a
14. leur écrivait pas
15. me fie à elle
16. je le suis
17. toi
18. je lui ai parlé
19. il va s'en occuper
20. il y sera
21. on doit passer les prendre
22. je le leur ai répété
23. il y est
24. je t'en ai sorti une
25. je m'en occupe
26. les

Barème

25/26 . . . . 95%
22/26 . . . . 85%
20/26 . . . . 75%
17/26 . . . . 65%
14/26 . . . . 55%

Exercice 1a

Récrivez les phrases en remplaçant les compléments soulignés par **le, la, les, lui** ou **leur,** selon le cas, et faites les accords qui s'imposent. N'oubliez pas que c'est la fonction (COD ou COI) qui détermine le choix du pronom. Au besoin, consultez le tableau des pronoms personnels compléments. Attention : le pronom **le** peut aussi remplacer un adjectif.

1. Bon, nous avons tous <u>les ingrédients requis pour faire la croustade aux pommes.</u>

   _____

2. C'est moi qui ai conseillé <u>à Marthe cette petite auberge dans les Cantons de l'Est</u>*.

   _____

3. Une réunion serait la meilleure manière d'expliquer <u>aux employés la dernière décision patronale.</u>

   _____

4. Paul est toujours triste; pourtant, il n'a aucune raison d'être <u>triste</u> puisque tout lui réussit.

   _____

5. Il paraît que tu as rencontré <u>Myriam et Agathe</u> au cours d'informatique hier soir.

   _____

6. C'est en vain que j'ai enseigné <u>les tables de multiplication à ces petits cancres.</u>

   _____

7. Vous me demandez si je suis satisfaite de cet employé? Je serai <u>satisfaite</u> quand il aura fait ses preuves*.

   _____

8. Ils ont décidé de donner <u>leur téléphone portable à leur fille</u>, car elle n'est jamais chez elle.

   _____

Expressions idiomatiques et notes explicatives

Les Cantons de l'Est : région du Québec, appelée aujourd'hui l'Estrie, qui occupe tout le territoire compris entre le sud-est de Montréal et la frontière des États-Unis. On y trouve notamment le lac Memphrémagog, le mont Orford, et de nombreux centres de ski (Orford, Sutton, Bromont).

Faire ses preuves : démontrer sa compétence, son savoir-faire.

Exercice Ib

L'exercice suivant a pour but d'attirer votre attention sur la place des pronoms dans la phrase. Écrivez les pronoms donnés dans l'ordre approprié en faisant les transformations qui s'imposent.

1. le, nous, vous   _____ rendrons.

2. ils, les, nous   _____ ont envoyés.

3. se, les, ils   _____ sont procurés.

4. le, nous, tu   _____ apprendras en temps et lieu.

5. vous, la, nous ne   _____ prêterons sûrement pas!

6. les, elle, leur   _____ enverra par la poste.

7. te, les, nous   _____ ferons encadrer.

Exercice IIa

Récrivez les phrases en remplaçant les compléments soulignés par **en** ou par **y**, selon le cas.

1. Nous sommes allés <u>aux Îles-de-la-Madeleine</u>* pendant les vacances.

   _____

2. Le matin, je mets toujours <u>du sucre du pays</u>* sur mon pain.

   _____

3. Il me faudra trois <u>exemplaires de ce cahier</u> demain au plus tard.

   _____

4. La voiture est <u>au garage</u> depuis trois semaines.

   _____

5. Dans l'armée, les soldats obéissent <u>aux ordres</u> sans rouspéter*, sinon…

   _____

6. Nous sommes revenus <u>de la baie James</u>* hier soir.

   _____

7. Je ne me sers pas <u>de mes outils</u> en ce moment; tu peux les emprunter.

   _____

8. Il faut faire quelque chose, il y a trop d'<u>étudiants</u> dans cette classe.

_____

9. Quand je pense à <u>tous les voyages que je n'ai pas encore faits</u>, je me sens soudain très pressée.

_____

10. Il a dû suivre au moins trois <u>cours de statistique théorique et appliquée</u> avant de comprendre quelque chose à <u>la recherche quantitative</u>!

_____

_____

Expressions idiomatiques et notes explicatives

Les Îles-de-la-Madeleine : îles qui se trouvent au large de l'Île-du-Prince-Édouard et de Terre-Neuve, mais qui font partie de la province de Québec. Ses habitants s'appellent les Madelinots.

Sucre du pays : produit dérivé du sirop d'érable.

Sans rouspéter : (familier) sans protester.

La baie James : large baie qui se trouve au nord du Québec et qui a été exploitée pour la production hydro-électrique. Les barrages LG1 et LG2 sont parmi les plus importants du monde.

Exercice IIb

Mettez les pronoms à la place qui convient.

1. en, y, il   _____ aura toujours assez.

2. y, nous, vous   _____ obligez malheureusement.

3. en, nous, vous   _____ donnerons des nouvelles.

4. les, tu, y   _____ as replacés.

5. y, vous, me   _____ laisserez goûter, j'espère?

6. leur, on, en   _____ a gardé un peu.

7. lui, le, il   _____ a demandé.

8. lui, je, en   _____ parlerai, c'est promis.

Exercice IIIa

Parfois un pronom peut remplacer une proposition entière. Remplacez les propositions compléments par **le** ou par **en**. Attention : le pronom **le** remplace un COD.

1. J'ai besoin <u>de me reposer</u>.

_____

2. On lui a proposé <u>de venir avec nous</u>.

_____

3. Ils m'ont dit <u>de revenir le plus tôt possible</u>.

_____

4. Maurice a l'air <u>d'être content</u>.

_____

5. As-tu envie <u>de sortir avec lui</u>?

_____

6. Lucie te demande <u>de te dépêcher</u>.

_____

Exercice IIIb

Récrivez les phrases en remplaçant les propositions compléments par **le** ou par **y**.

1. Vous leur rappellerez <u>de venir nous voir</u>.

_____

2. Nous tenons vraiment <u>à ce que vous soyez des nôtres</u>*.

_____

3. C'est lui-même qui m'a annoncé <u>qu'il allait se présenter comme candidat aux prochaines élections</u>

<u>provinciales</u>.

_____

4. Je m'intéresse beaucoup <u>à ce que ce musée fait pour les enfants</u>.

_____

5. On lui a reproché <u>de ne pas avoir suffisamment consulté ses collègues.</u>

_____

6. Quand vas-tu te mettre <u>à ranger toutes ces photos?</u>

_____

Expressions idiomatiques et notes explicatives

Être des nôtres : Être parmi nous.

Exercice IIIc

Récrivez les phrases en remplaçant les propositions compléments par **le**, par **en** ou par **y**.

1, J'aurais dû penser qu'il se tromperait de route.

_____

2. Je savais bien qu'il serait encore en retard.

_____

3. On l'a empêché de passer.

_____

4. Vous m'avez dit que vous iriez faire du ski au mont Tremblant.

_____

5. Pierre-Paul ne comprenait rien à ce que je lui racontais.

_____

6. Laetitia serait très heureuse que tu lui rendes visite.

_____

7. Nous nous attendions à ce que tu réussisses brillamment.

_____

8. Je pourrais travailler dès demain.

_____

9. On sait que vous êtes le meilleur dans votre domaine, mais ça ne changera rien à ce que nous venons de

   décider.

   _____

10. Sandrine serait bien capable de nous laisser tomber* à la dernière minute.

    _____

    _____

Expressions idiomatiques et notes explicatives

Laisser tomber quelqu'un : abandonner quelqu'un, ne plus s'intéresser à quelqu'un.

Exercice IVa
Remplacez les compléments soulignés ou complétez les phrases à l'aide des pronoms disjoints qui conviennent.

1. J'aimerais bien jouer au tennis avec la nouvelle instructrice.

   _____

2. Et après nous finirons la soirée chez Élise.

   _____

3. Bruno n'acceptera jamais de travailler pour ces gens-là.

   _____

4. Michelle, est-ce que ce livre est à _____ ?

5. «Qu'est-ce que vous avez tous contre _____ ? Je n'y suis pour rien*!», s'écria-t-il furieux.

6. Eh, _____ là-bas! Qu'est-ce que vous faites ici si tard?

7. Ne répétez surtout pas ce que je viens de vous dire; il faut que ça reste entre _____.

8. Ni Bertrand ni Jeanne ne doivent soupçonner qu'on leur prépare une fête.

   _____

9. Ma soeur et _____, nous nous ressemblons comme deux gouttes d'eau*.

10. C'est Gaston qui va être surpris!

    _____

Expressions idiomatiques et notes explicatives

N'y être pour rien : ne pas être responsable de ce qui est arrivé.

Se ressembler comme deux gouttes d'eau : se ressembler au point de tromper les gens.

Exercice IVb

Attention : un nombre restreint de verbes exigent un pronom disjoint seulement lorsque le complément est une personne. Il faut ajouter les verbes pronominaux à cette catégorie. Récrivez les phrases suivantes en remplaçant les compléments soulignés par les pronoms qui conviennent.

1. Je tiens <u>à ce livre</u> comme à un trésor.

   _____

   Je tiens <u>à mes enfants</u> comme à la prunelle de mes yeux.

   _____

2. Regarde Gilbert, il rêve encore <u>de sa dernière chasse à l'oie</u>.

   _____

   C'est drôle, j'ai encore rêvé <u>de ma grand-mère</u> cette nuit.

   _____

3. Il faut penser <u>à tes études</u>.

   _____

   Pense un peu <u>à tes amis</u>; ils seront tellement déçus.

   _____

4. Alors, qu'est-ce que tu penses <u>de ma nouvelle blonde</u>*?

   _____

   Que penses-tu <u>de mon idée</u>? Géniale, non?

   _____

5. À ta place, je ne me fierais pas <u>à cette horloge</u>, elle retarde.

   _____

   Tu peux te fier <u>à ces deux étudiants</u>; ce sont les plus sérieux de la classe.

   _____

6. De nos jours, tout le monde parle <u>des virus informatiques</u>.

   _____

   Est-ce que dans quelques années on parlera encore <u>de cette chanteuse?</u>

   _____

7. Marie-Lise a eu peur <u>du voisin</u> quand il s'est déguisé en ours pour l'halloween.

   _____

   Avez-vous peur <u>de la mort?</u>

   _____

   _____

Expressions idiomatiques et notes explicatives

Ma blonde : se dit au Québec pour *ma petite amie*, même si elle n'est pas blonde.

Exercice IVc

Remplacez le complément d'objet indirect par le pronom personnel COI ou par le pronom personnel disjoint, selon le cas.

1. J'ai parlé à Véronique.

   _____

2. Ils ont demandé aux Berthiaume de surveiller leur maison.

   _____

3. Vous vous fiez trop à vos amis.

   _____

4. Tu as tort d'en vouloir* à Mélanie.

   _____

5. Il faut s'adresser à la secrétaire.

   _____

6. On a dit bonjour à Liliane.

   _____

7. Benoît a offert des billets de théâtre à son frère.

_____

8. Est-ce que tu t'habitues à ton nouveau prof?

_____

9. Vous donnerez vos raisons à Marie-Noëlle.

_____

10. As-tu pensé à Alexis en faisant tes invitations?

_____

11. Gérard a répondu à son directeur de thèse.

_____

12. Je m'intéresse aux chanteuses de jazz.

_____

Expressions idiomatiques et notes explicatives

En vouloir à quelqu'un : être fâché contre quelqu'un.

Exercice Va

Attention : L'impératif est un mode qui affecte la place et la forme du pronom personnel. Récrivez les phrases suivantes en utilisant des impératifs et remplacez, s'il y a lieu, les mots soulignés par les pronoms qui conviennent.

1. Il faut nous donner votre réponse au plus tôt.

_____

2. Vous devriez offrir du thé à vos invités.

_____

3. Je veux que tu te souviennes de ce que je te dis.

_____

4. Il veut que vous lui parliez de cette histoire.

_____

5. On devrait s'en aller.

_____

6. Vous devez absolument raconter à Jean-René <u>ce qui vient de nous arriver</u>.

_____

7. Tu ferais bien de penser à <u>l'offre qu'on vient de te faire</u>.

_____

8. Il faut que vous mettiez tous vos papiers à recycler <u>dans cette boîte</u>.

_____

9. Les enfants! J'aurais besoin de votre aide!

_____

10. Je te demande, pour la dernière fois, de te mêler de tes affaires*!

_____

Expressions idiomatiques et notes explicatives

Se mêler de ses affaires : s'occuper de ce qui nous concerne.

Exercice Vb

Mettez les ordres suivants à la forme négative et faites les transformations qui s'imposent.

1. Envoie-le-moi. _____

2. Vas-y. _____

3. Rapportes-en. _____

4. Parle-m'en. _____

5. Fie-toi à elle. _____

6. Rapporte-la-lui. _____

7. Écrivons-leur. _____

8. Demandez-les-moi. _____

9. Inscrivez-vous-y. _____

10. Empêchez-les-en. _____

Exercice VI

Révision. Récrivez les phrases en remplaçant les mots soulignés par des pronoms.

1. Annonce à Marie et à Berthe qu'elles ont gagné un voyage au Mexique.

   _____

2. Il m'a demandé de faire parvenir deux livres à sa soeur.

   _____

3. Achète des cerises au chocolat; j'adore les cerises au chocolat.

   _____

4. On devrait apporter des marguerites à Stéphanie.

   _____

5. Dès qu'il n'était plus à ses côtés, Juliette pensait à Roméo.

   _____

6. Le professeur tient absolument à ce que nous connaissions bien les pronoms.

   _____

7. Je n'ai jamais entendu Serge jouer du piano.

   _____

8. Nous nous rendons à l'université en autobus.

   _____

9. Tu devrais laisser Louise goûter à ta fameuse tarte aux pommes.

   _____

10. Va au marché avec Yves et Micheline.

   _____

Exercice VII

À l'aide de la liste suivante, récrivez les phrases en remplaçant les pronoms soulignés par les éléments appropriés. Il faudra faire les transformations qui s'imposent, sans oublier la préposition quand elle est nécessaire. Chacun des groupes d'éléments ne peut être utilisé qu'une fois.

a. au rendez-vous
b. Micheline / de l'engagement du personnel
c. de leur opinion
d. à ce que tu sois présent

e. Diane / qu'elle est invitée
f. ce voyage
g. un peu toquée

h. la permission / ses élèves
i. ta voiture / ta fille
j. les clefs / Michel

1. Je les lui ai remises comme convenu.

   _____

2. Oui, prête-la-lui.

   _____

3. Laisse faire; c'est elle qui en est responsable.

   _____

4. Sois sans crainte; je le lui dirai.

   _____

5. Je m'en fiche* éperdument!

   _____

6. Dieu merci, tout le monde y était!

   _____

7. N'oublie surtout pas, je sais qu'elles y tiennent* beaucoup.

   _____

8. J'ai décidé de le faire le plus tôt possible.

   _____

9. Mais évidemment qu'elle l'est!

   _____

10. Elle la leur a refusée.

    _____

Expressions idiomatiques et notes explicatives

Je m'en fiche : ça m'est égal.

Y tenir : tenir à une chose, la vouloir absolument, y attacher beaucoup d'importance.

Exercice VIII
(sans corrigé)

Révision. Complétez les dialogues suivants en faisant les transformations qui s'imposent.

1. — Est-ce que tu as fait ta gymnastique ce matin?

   — Oui, _____, et toi?

   — Je ne _____ ai pas eu le temps.

   — Tu devrais aller au gymnase pendant la journée.

   — Je _____ suis allée pour jouer au squash, mais je n'ai pas pu obtenir de court.

   — Tu _____ auras peut-être _____ aujourd'hui. Est-ce que Brigitte est libre?

   — Oui, elle _____ est; malheureusement je ne peux pas jouer avec _____ parce

   qu'elle s'est fait une entorse.

   — Dans ce cas, appelle _____ vers 3 h; si je peux, je jouerai une partie avec _____

   à 5 h 30.

   — C'est vrai?

   — Je _____ _____ promets.

2. — Où est-ce que Micheline a appris à faire la mousse aux pommes?

   — C'est _____ qui _____ ai montré. Tu _____ as goûté?

   — Mais oui. Il faut que tu _____ dises comment faire.

   — C'est simple comme bonjour*. Tu as besoin d'oeufs, de sucre et de purée de pommes cuites refroidie.

   — Combien d'oeufs?

   — Tu _____ prends deux gros et tu n'utilises que les blancs. Tu _____ montes en

   neige et tu _____ ajoutes graduellement une demi-tasse de sucre. Tu incorpores ensuite

   une tasse de purée de pommes et tu bats le mélange jusqu'à ce qu'il soit bien ferme. Quand ta mousse

   est prête, tu _____ mets dans des coupes à dessert.

— Et les jaunes?

— Ne _____ gaspille pas ; garde _____ pour épaissir une soupe ou une sauce.

3. — Est-ce que tu savais que Bertrand avait obtenu une bourse?

   — Oui, je _____ savais et je _____ suis vraiment heureuse pour

   _____ ; il méritait bien ça. Ses parents doivent être fiers!

   — Ils _____ sont, je _____ assure. Mais je _____ pense! Tu devrais

   _____ demander de _____ aider à remplir ta demande de bourse.

   — Tu as bien raison. Je vais _____ faire aujourd'hui même.

4. — Je me demande si Guillaume est revenu de Trois-Rivières.

   — Il _____ est revenu hier; mais il doit _____ retourner après demain.

   — Je tiens absolument à _____ voir pendant qu'il est ici.

   — Si tu _____ tiens tant, dépêche _____ de _____ appeler; il est chez

   les Lemieux.

   — Les Lemieux? Ça fait une éternité* que je ne _____ ai pas vus. Je vais aller faire un tour*

   chez _____ tout de suite.

5. — Vous avez déjà parlé de cette question, n'est-ce pas?

   — Oui, on _____ a déjà parlé et on a même trouvé une solution.

   — Ah! vous _____ avez trouvé _____, laquelle?

   — On a pensé à engager des étudiants pendant l'été. On étudie déjà les dossiers des candidats.

   — Il suffisait de _____ penser! C'est une excellente initiative, je _____ félicite.

6. — Qui est-ce que tu verrais dans le rôle d'Estragon?

   — J'avais pensé à Normand.

   — _____ aussi, j'avais pensé à _____, mais je crois que je préfère Olivier; il est

   meilleur comédien.

   — Il _____ est, mais je ne _____ fie pas beaucoup à _____.

   — Pourquoi donc?

   — Pour le dernier spectacle, sur trente répétitions, il _____ a manqué neuf. Ça ne fait pas très

   sérieux.

7. — Mes enfants voudraient que je _____ offre un chien.

— Les miens aussi aimeraient que je _____ offre _____.

— Est-ce que tu as vraiment l'intention de _____ faire?

— Je _____ voudrais bien, mais mon mari ne veut pas _____ entendre parler.

— Je ne peux pas _____ blâmer. Enfin, pense _____ bien avant de

_____ embarquer dans cette affaire*. Quand le joli toutou* arrive dans la famille, les

enfants s' _____ occupent, mais au bout d'un mois, c'est à _____ que revient

la tâche : il faut que tu _____ promènes deux fois par jour, que tu _____

achètes sa nourriture préférée, que tu _____ fasses des shampooing, que tu

_____ brosses…

— Tu oublies les visites chez le vétérinaire!

— Absolument! Tu devras _____ aller régulièrement.

— Arrête! Tu _____ as convaincue; je vais _____ acheter des poissons rouges.

Expressions idiomatiques et notes explicatives

Être simple comme bonjour : être très simple.

Ça fait une éternité que : il y a très longtemps que.

Aller faire un tour chez quelqu'un : rendre visite à quelqu'un. *Un tour* : une petite promenade.

S'embarquer dans une affaire : s'engager dans une entreprise risquée.

Un toutou : nom affectueux pour un chien.

Exercice IX

En anglais, on utilise souvent la tournure passive. En français, on l'évite le plus possible, d'autant plus que seuls les verbes prenant un COD peuvent se mettre au passif. (Voir la deuxième partie du chapitre 7, *Le passif*.)

Ex. : He was sent to Paris.	On l'a envoyé à Paris. (COD)
	Il a été envoyé à Paris.
mais	
He was given a last chance.	On lui a donné une dernière chance. (COI)
	(Pas de tournure passive possible ici)

Vous noterez que, dans cet exercice, tous les verbes qui prennent un COI appartiennent à la série 5 du tableau des verbes (chapitre 4, *Les prépositions*). Tous les autres verbes pourraient se mettre à la forme passive.

Traduisez en remplaçant le mot souligné par le pronom COD ou COI qui convient. Intégrez cette traduction dans la phrase qui commence par le pronom **on** impersonnel actif.

Modèle :
Luc was told...
On _____ de s'inscrire.
On lui a dit de s'inscrire.

1. Edith was accepted …

   On _____ aux Beaux-Arts.

2. Steve was asked to …

   On _____ de répondre dans les meilleurs délais.

3. The students were forbidden to …

   On _____ de fumer dans la classe.

4. Jeanne Sauvé was appointed (nommer) …

   On _____ Gouverneur général du Canada en 1984.

5. He was offered …

   On _____ bon emploi.

6. The burglars were arrested.

   On _____ .

7. The diplomats were ordered to …

   On _____ de quitter le pays.

8. Irene was told that …

   On _____ qu'elle pouvait encore s'inscrire au cours de natation.

9. Susan and Vicky were permitted to …

   On _____ de suivre un cours supplémentaire.

10. That man was accused …

    On _____ injustement.

Exercice X
(sans corrigé)

Complétez le texte en mettant les pronoms personnels appropriés et faites les changements qui s'imposent.

Ce que femme veut…

Adam :   Bonsoir Ève, qu'est-ce que tu _____ [1] prépares de bon pour le souper?

Ève :   Oh, rien de spécial : des huîtres comme entrée, puis un potage au cresson, des escalopes cordon-bleu avec des épinards, une salade d'endives et une charlotte russe.

Adam :   Encore! Mais nous _____ [2] avons déjà mangé cinq fois cette semaine.

Ève :   Tu _____ [3] as comptées? Mais c'est de ta faute, tu _____ [4] demandes toujours des plats compliqués.

Adam :   Ah! si je pouvais seulement croquer une simple petite pomme!

Ève :   Ce n'est pas _____ [5] qui _____ _____ [6] empêche!

Adam :   Oh! ça va, ça va*!

Ève :   Calme _____ [7], mon chéri. Si nous sortions un peu avant le souper? On pourrait aller prendre l'air dans le jardin.

Adam :   Nous _____ [8] sommes du matin au soir, tu ne _____ [9] as pas assez?

Ève :   Je ne _____ _____ [10] fais pas dire*!

(Quelques minutes plus tard, dans le jardin.)

Ève :   Quel paradis!

Adam :   Hum!

Ève :   Qu'est-ce que tu as, Adam? Est-ce que je _____ [11] ai fait quelque chose? On dirait que tu es fâché contre _____ [12]. Est-ce que tu _____ _____ [13] veux*encore d'avoir parlé à Corentin?

Adam :   À qui?

Ève :   À Corentin, le serpent, voyons!

Adam :   Tiens! Tu _____ [14] appelles par son prénom à présent?

Ève :   Ne _____ [15] fâche pas, mon ange, tu sais bien que c'est _____ [16] que j'aime.

Adam : Écoute, Ève; je ne veux plus que tu _____ ¹⁷ parles. Si ça continue, il _____ ¹⁸ causera des pépins*.

Ève : Ah! tu _____ ¹⁹ fatigues à la fin! Tu exagères tout le temps! Oh! _____ ²⁰ voilà!

Ève : (*Au serpent.*) Bonsoir, Corentin.

Corentin : Salut, fleur de pommier aux mille parfums.

Ève : (*À Adam.*) Tu vois comme il me traite, _____ ²¹; ce n'est pas comme _____ ²²; il sait _____ ²³ faire des compliments, _____ ²⁴!

(*Elle s'en va.*)

Corentin : Bonsoir, Adam… Ève a raison, tu sais; je trouve que tu _____ ²⁵ délaisses un peu trop. Il faudrait que tu sortes plus avec _____ ²⁶.

Adam : Que veux-tu, avec les courses qu'elle _____ ²⁷ oblige à faire pour ses soupers fins, je ne _____ ²⁸ ai pas le temps. (*Il baisse la tête, l'air chagrin*.*) Tu sais, entre _____ ²⁹, je _____ ³⁰ demande parfois comment ça va finir!

Corentin : Ne _____ ³¹ décourage pas, Adam. Écoute _____ ³², j'ai une idée.

Adam : Quoi?

Corentin : Si tu veux _____ ³³ assurer son amour, il faut que tu _____ ³⁴ prouves que tu es un homme.

Adam : Mais je suis un homme!

Corentin : C'est _____ ³⁵ qui _____ ³⁶ dis, mais on n'est jamais trop homme. Allons, mets _____ ³⁷ du tien*. Regarde _____ ³⁸, elle _____ ³⁹ promène toute seule, l'oeil triste.

(*Ève se promène en chantonnant l'air de Pierre et le loup : Pom, pom, pom, pom, pom, pom…*)

Adam : (*Soupir*) Comme je _____ ⁴⁰ aime!

Corentin : Alors, il faut _____ _____ ⁴¹ montrer.

(*Le coeur ardent, Adam va vers Ève mais… coup de théâtre*.*)

Adam : Ève! Qu'est-ce que tu as dans la main?

Ève : Mais tu _____ ⁴² vois bien… C'est une pomme.

Adam :   Qu'est-ce que tu comptes _____ **43** faire?

Ève :   _____ **44** manger! Alors, je saurai enfin le secret de la cuisine simple… et

toutes sortes d'autres choses utiles comme _____ **45** habiller et…

Adam :   Tu ne _____ **46** as pas le droit, donne _____ _____ **47**

tout de suite!

Ève :   Non!

(*Et Ève* _____ **48** *croque à belles dents*. Adam* _____ _____ **49** *arrache de*

force et ne _____ **50** *fait qu'une bouchée*!)*

Adam :   Mais c'est délicieux!

Corentin :   Hi! hi! hi! Je savais bien que je finirais par _____ **51** faire leur péché mignon*!

Expressions idiomatiques et notes explicatives

Ça va, ça va! : ça suffit!

Je ne te (vous) le fais pas dire : je suis pleinement d'accord, je partage entièrement ton (votre) avis.

En vouloir à quelqu'un : rester fâché contre quelqu'un, ne pas lui pardonner.

Causer des pépins : causer des ennuis.

L'air chagrin : l'air triste.

Y mettre du sien : faire un effort, se montrer conciliant, *mettre de l'eau dans son vin*.

Un coup de théâtre : changement brusque et imprévu comme il arrive dans les pièces de théâtre.

Croquer à belles dents : manger avec appétit.

Ne faire qu'une bouchée d'une chose : la manger gloutonnement, *l'avaler tout rond*.

Un péché mignon : petit défaut agréable, petite faute habituelle, point faible.

Exercices d'exploitation orale et écrite

1. Pour renforcer l'usage du pronom personnel quand le mot remplacé désigne une personne (**le, la, les, lui, leur, en**), parlez de vos rapports avec une personne ou un groupe de personnes en particulier.

    Ex. : a) Vos grands-parents :
                  Je **les** aime beaucoup.
                  Je **leur** rends visite le dimanche.
          b) Votre copain a des difficultés en français :
                  Je peux **l'**aider à étudier, **lui** expliquer les règles.

2. Pour renforcer l'usage du pronom **en** avec des adjectifs numéraux, préparez, en petits groupes, toute une série de questions telles que :

Ex. : a) — Combien y a-t-il de planètes dans le système solaire?
— Il y **en** a **dix**.
b) — Combien y avait-t-il de musiciens dans le groupe des Beatles?
— Il y **en** avait **quatre**.

Organisez ensuite un concours entre deux équipes.

3. **Exercice de synthèse** : à l'aide de situations variées, le meneur de jeu amène le reste du groupe à réutiliser les pronoms.

Ex. : a) Des étudiants étrangers viennent chez vous pour une semaine.
On **leur** fait visiter la ville.
On **les** emmène au musée.
b) Vous rencontrez un enfant perdu; que faites-vous?
c) Les plantes de Marie sont en train de mourir; que doit-elle faire?
d) Quelqu'un s'évanouit à côté de vous; que faites-vous?
e) Pendant que vous travaillez à Tél-Aide, vous recevez l'appel d'une personne en détresse; que faites-vous?

Corrigé des exercices

Exercice 1a

1. Bon, nous les avons tous.
2. C'est moi qui la lui ai conseillée.
3. … de la leur expliquer.
4. … de l'être puisque…
5. … que tu les as rencontrées…
6. … que je les leur ai enseignées.
7. … Je le serai quand…
8. … de le lui donner, car…

Exercice 1b

1. Nous vous le rendrons.
2. Ils nous les ont envoyés.
3. Ils se les sont procurés.
4. Tu nous l'apprendras en temps et lieu.
5. Nous ne vous la prêterons sûrement pas!
6. Elle les leur enverra par la poste.
7. Nous te les ferons encadrer.

Exercice IIa

1. Nous y sommes allés pendant les vacances.
2. Le matin, j'en mets toujours sur mon pain.
3. Il m'en faudra trois demain au plus tard.
4. La voiture y est depuis trois semaines.
5. Dans l'armée, les soldats y obéissent sans rouspéter…
6. Nous en sommes revenus hier soir.
7. Je ne m'en sers pas en ce moment…
8. Il faut faire quelque chose, il y en a trop dans cette classe.
9. Quand j'y pense, je me sens soudain très pressée.
10. Il a dû en suivre au moins trois avant d'y comprendre quelque chose!

Exercice IIb

1. Il y en aura toujours assez.
2. Vous nous y obligez malheureusement.
3. Nous vous en donnerons des nouvelles.
4. Tu les y as replacés.
5. Vous m'y laisserez goûter, j'espère?
6. On leur en a gardé un peu.
7. Il le lui a demandé.
8. Je lui en parlerai, c'est promis.

Exercice IIIa

1. J'en ai besoin.
2. On le lui a proposé.
3. Ils me l'ont dit.
4. Maurice en a l'air.
5. En as-tu envie?
6. Lucie te le demande.

Exercice IIIb

1. Vous le leur rappellerez.
2. Nous y tenons vraiment.
3. C'est lui-même qui me l'a annoncé.
4. Je m'y intéresse beaucoup.
5. On le lui a reproché.
6. Quand vas-tu t'y mettre?

Exercice IIIc

1. J'aurais dû y penser.
2. Je le savais bien.
3. On l'en a empêché.
4. Vous me l'avez dit.
5. Pierre-Paul n'y comprenait rien.
6. Laetitia en serait très heureuse.
7. Nous nous y attendions.
8. Je le pourrais.
9. On le sait, mais ça n'y changera rien.
10. Sandrine en serait bien capable.

Exercice IVa

1. avec elle
2. chez elle
3. pour eux
4. à toi
5. contre moi
6. vous
7. entre nous
8. Ni lui ni elle
9. moi
10. lui

Exercice IVb

1. J'y tiens comme…
   Je tiens à eux comme…
2. … il en rêve encore.
   … j'ai encore rêvé d'elle…
3. Il faut y penser.
   Pense un peu à eux…
4. Alors, qu'est-ce que tu penses d'elle?
   Qu'en penses-tu?…
5. … je ne m'y fierais pas…
   Tu peux te fier à eux;…
6. … tout le monde en parle.
   … on parlera encore d'elle?
7. Marie-Lise a eu peur de lui…
   En avez-vous peur?

Exercice IVc

1. Je lui ai parlé.
2. Ils leur ont demandé de…
3. Vous vous fiez trop à eux.
4. Tu as tort de lui en vouloir.
5. Il faut s'adresser à elle.
6. On lui a dit bonjour.
7. Benoît lui a offert des billets…
8. Est-ce que tu t'habitues à lui?
9. Vous lui donnerez vos raisons.
10. As-tu pensé à lui en…
11. Gérard lui a répondu.
12. Je m'intéresse à elles.

Exercice Va

1. Donnez-la-nous au plus tôt.
2. Offrez-leur-en.
3. Souviens-t'en.
4. Parlez-lui-en.
5. Allons-nous-en.
6. Racontez-le-lui.
7. Penses-y.
8. Mettez-y tous vos papiers.
9. Aidez-moi!
10. Mêle-toi de tes affaires!

Exercice Vb

1. Ne me l'envoie pas.
2. N'y va pas.
3. N'en rapporte pas.
4. Ne m'en parle pas.
5. Ne te fie pas à elle.
6. Ne la lui rapporte pas.
7. Ne leur écrivons pas.
8. Ne me les demandez pas.
9. Ne vous y inscrivez pas.
10. Ne les en empêchez pas.

Exercice VI

1. Annonce-le-leur.
2. Il m'a demandé de lui en faire parvenir deux.
3. Achètes-en; je les adore.
4. On devrait lui en apporter.
5. … pensait à lui.
6. Le professeur y tient absolument.
7. Je ne l'ai jamais entendu en jouer.
8. Nous nous y rendons en autobus.
9. Tu devrais la laisser y goûter.
10. Vas-y avec eux.

Exercice VII

1. J'ai remis les clefs à Michel.
2. Oui, prête ta voiture à ta fille.
3. Laisse faire, c'est Micheline qui est responsable de l'engagement du personnel.
4. Sois sans crainte; je dirai à Diane qu'elle est invitée.
5. Je me fiche éperdument de leur opinion.
6. Dieu merci, tout le monde était au rendez-vous!
7. N'oublie surtout pas, je sais qu'elles tiennent beaucoup à ce que tu sois présent.
8. J'ai décidé de faire ce voyage le plus tôt possible.
9. Mais évidemment qu'elle est un peu toquée!
10. Elle a refusé la permission à ses élèves.

Exercice IX

1. On l'a acceptée.
2. On lui a demandé…
3. On leur a défendu…
4. On l'a nommée…
5. On lui a offert…
6. On les a arrêtés.
7. On leur a ordonné…
8. On lui a dit…
9. On leur a permis…
10. On l'a accusé…

Chapitre 6

Les pronoms relatifs

Aide-mémoire

Le pronom relatif permet de réunir, en une seule phrase, deux phrases qui contiennent le même mot.

Ex. : Aimes-tu *les bandes dessinées*? (phrase 1)
Les bandes dessinées se moquent de la bêtise des gens. (phrase 2)

En remplaçant le mot répété de la phrase 2 *(Les bandes dessinées)* par le pronom relatif approprié **(qui)** on réunit en une seule phrase complexe deux phrases simples. Ceci permet d'exprimer la même idée d'une manière plus concise et plus élégante, en éliminant de la répétition du mot *(Les bandes dessinées)*.

Ex. : Aimes-tu *les bandes dessinées* **qui** se moquent de la bêtise des gens?

Le pronom relatif remplace un mot ou un groupe de mots qu'on appelle **antécédent** et il introduit une proposition subordonnée relative. Celle-ci permet de définir, de qualifier ou d'expliquer l'antécédent. La fonction grammaticale du pronom relatif est liée au verbe conjugué dans la proposition subordonnée relative.

	antécédent	proposition relative
Ex. :	Aimes-tu *les bandes dessinées*	**qui** *se moquent de la bêtise des gens?*
		qu'*on trouve dans les journaux?*
		dont *je t'ai parlé?*

Il est donc utile de se poser les questions suivantes.

1. Le pronom relatif est-il le **sujet** ou le **complément** du verbe conjugué de la proposition subordonnée?

Ex. : La neige **qui** (S) *est tombée* cette nuit a tout enseveli.
La neige **que** (COD) *tu as pelletée* a fondu.
La neige *sur* **laquelle** (CC) *nous avons skié* était légère et poudreuse.

N.B. Le pronom relatif **que** étant toujours COD, l'accord du participe passé avec l'auxiliaire *avoir* se fait selon le genre et le nombre de son antécédent. C'est pourquoi on doit mettre le participe passé *pelletée* au féminin singulier.

2. Le pronom relatif **complément** est-il relié au verbe par une **préposition**?

Ex. : La personne **que** j'attends n'est pas encore arrivée.   (attendre qqn)
La personne **à qui** vous avez parlé est le concierge.   (parler à qqn)
La personne **dont** vous m'aviez parlé était absente.   (parler **de** qqn)

N.B. Comme vous pouvez le constater, la forme du pronom complément est intimement liée à la construction du verbe. Consultez le tableau des verbes (chapitre 4), au besoin.

3. Le pronom relatif **complément** remplace-t-il une **personne** ou une **chose?**

Ex. : Les personnes avec **qui** (avec **lesquelles**) j'ai fait le voyage étaient toutes fort sympathiques.
L'appareil avec **lequel** j'ai haché les oignons est une petite merveille.

N.B. Le pronom *lequel* doit s'accorder en genre et en nombre avec son antécédent. On utilise de préférence le pronom *qui* (invariable) quand l'antécédent est une personne.

4. Le pronom relatif remplace-t-il **un seul mot** (une personne ou une chose) ou **une proposition?**

Ex. : Le soleil **qui** a brillé toute la semaine a enchanté les touristes.
Il a fait beau toute la semaine, **ce qui** a enchanté les touristes.

N.B. Quand le pronom relatif a pour antécédent une proposition, il est précédé du pronom *ce*.

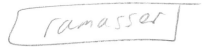

	Personne	Chose	Proposition
Sujet	qui	qui	ce qui
COD	que	que	ce que
COI	à qui / auquel / à laquelle auxquels / auxquelles	auquel / à laquelle auxquels / auxquelles	ce à quoi
C1	dont	dont	ce dont
C2	prép. + qui prép. + lequel, laquelle, lesquels, lesquelles	prép. + lequel, laquelle, lesquels, lesquelles	ce + prép. + quoi
C3		où	

C1 Complément d'un verbe (COI), d'un nom (Cn) ou d'un adjectif (Ca) construit avec la préposition *de* : la préposition *de* est comprise dans *dont*.

Complément d'un verbe (COI)

Ex. : La maison **dont** (COI) je te parle est celle de mon enfance.

Les verbes de la série 8 (tableau des verbes) se construisent avec dont.

Complément d'un nom (Cn)

Ex. : La maison **dont** (Cn) le toit est rouge était celle de mes grands-parents.

La maison était celle de mes grands-parents. Le *toit* de cette maison est rouge.

Complément d'un adjectif (Ca)

Ex. : La femme **dont** (Ca) Cédric est amoureux travaille à l'étranger.

Cédric est *amoureux* d'une femme. Cette femme travaille à l'étranger.

C2 Complément d'un verbe construit avec une préposition ou une locution prépositive, autre que à ou de, qui introduit un complément circonstanciel (CC) : *avec, pour, chez, devant, sur, à côté de, au sujet de*, etc.

Ex. : Les voisins **avec qui** je partage le jardin sont charmants.

C3 Complément d'un verbe qui indique une situation dans l'espace ou dans le temps.

Ex. : J'aimerais connaître la ville **où** tu es née.
Le jour **où** je t'ai rencontrée est le plus beau de ma vie.

Pré-test

Complétez le dialogue en utilisant les pronoms relatifs qui conviennent. Attention aux verbes se construisant avec les prépositions **à** ou **de**.

Un coup de foudre*

Sophie :   Le garçon _____ ¹ j'ai rencontré hier chez les Charlebois a de beaux yeux

noirs _____ ² m'ont ensorcelée, je crois…

Caroline :   Voilà sûrement quelqu'un avec _____ ³ tu passerais volontiers tes moments

de loisir, n'est-ce pas?

Sophie :   Hélas, ma vieille*, il y a déjà quelqu'un _____ ⁴ s'occupe de ses loisirs!

Caroline :   C'est peut-être une relation _____ ⁵ il accorde peu d'importance.

Sophie :   Je ne sais pas au juste _____ ⁶ elle signifie pour lui, mais à la soirée

_____ ⁷ il m'a été présenté, il n'avait d'yeux* que pour Juliette.

Caroline :   À propos, qu'est devenu l'étudiant _____ ⁸ le père est millionnaire et avec

_____ ⁹ tu comptais partir en vacances?

Sophie :   Bah! je n'avais pas vraiment envie de l'accompagner, _____ ¹⁰ il a très vite

compris d'ailleurs.

Caroline :   Et cet artiste _____ ¹¹ tu étais follement amoureuse au premier semestre et

sans _____ ¹² tu ne pouvais plus vivre, qu'est-il devenu?

Sophie :   Bof! je ne suis plus emballée* par la peinture abstraite, _____ ¹³ m'a guérie

de lui.

Caroline :   Ah bon! Et le joueur de hockey _____ ¹⁴ tu avais juré une fidélité éternelle

et _____ ¹⁵ tu m'avais tant vanté les exploits?

Sophie :   À vrai dire, ce n'était pas le sport _____ ¹⁶ je m'intéressais le plus!

Caroline :   Franchement, tu ne sais pas _____ ¹⁷ tu veux! Et le fameux reporter

_____ ¹⁸ avait ce magnifique voilier à bord _____ ¹⁹ vous

deviez faire le tour du monde à la recherche de l'île _____ ²⁰ on ne revient

plus…

Sophie :   Oh! réflexion faite, ce n'était pas la vie _____ ²¹ je rêvais! Et d'ailleurs, je

n'ai jamais eu le pied marin*, _____ ²² il s'est vite rendu compte!

Caroline :   Tu me désespères! Toutes les aventures _____ ²³ je viens de faire allusion

me rendent perplexe. Ton beau Roméo _____ ²⁴ tu aimes tant les yeux ne

fera pas long feu*! Ma foi, le jour _____ ²⁵ tu seras vraiment amoureuse, les

poules auront des dents*!

Expressions idiomatiques et notes explicatives

Avoir le coup de foudre : aimer quelqu'un ou quelque chose dès le premier coup d'oeil, sans raisonner.

Ma vieille : terme d'amitié de niveau familier.

N'avoir d'yeux que pour quelqu'un : ne voir que cette personne.

Être emballé par quelque chose : être enthousiasmé.

Avoir le pied marin : garder son équilibre, ne pas être malade sur un bateau.

Ne pas faire long feu : ne pas durer longtemps.

Quand les poules auront des dents : ça n'arrivera jamais.

Corrigé du pré-test

1. que
2. qui
3. qui / lequel
4. qui
5. à laquelle
6. ce qu'
7. où
8. dont
9. qui / lequel
10. ce qu'
11. dont
12. qui / lequel
13. ce qui
14. à qui / auquel
15. dont
16. auquel
17. ce que
18. qui
19. duquel
20. d'où
21. dont
22. ce dont
23. auxquelles
24. dont
25. où

Barème

23/25	**95%**
21/25	**85%**
19/25	**75%**
17/25	**65%**
15/25	**55%**

Exercice Ia

Réunissez les deux phrases simples en une phrase complexe à l'aide du pronom relatif approprié (**qui** ou **que**). Il s'agit de faire suivre le premier mot souligné (**l'antécédent**) par le pronom relatif qui remplace le mot souligné dans la deuxième phrase. Attention : le choix du pronom relatif est déterminé par la fonction grammaticale de ce mot dans la deuxième phrase : sujet ou COD.

Modèles :
On a décerné trois Oscars au film. Le film **[sujet]** passe à la télé ce soir.
On a décerné trois Oscars au film **qui [sujet]** passe à la télé ce soir.

L'actrice a gagné l'Oscar de la meilleure interprète. On voit l'actrice **[COD]** à la droite de la réalisatrice.
L'actrice **qu'[COD]** on voit à la droite de la réalisatrice a gagné l'Oscar de la meilleure interprète.

1. Les gens se maintiennent en bonne santé. Ces gens font du sport.

_____

2. Les <u>sports</u> favorisent une détente physique et mentale. Ces <u>sports</u> se pratiquent en douceur.

_____

3. La <u>marche</u> est un exercice simple et efficace. Je pratique la <u>marche</u> chaque jour.

_____

4. Le ski alpin est un <u>sport d'hiver</u>. Ce <u>sport d'hiver</u> n'est pas à la portée de toutes les bourses.

_____

5. Les <u>skieurs</u> font des économies. Ces <u>skieurs</u> se procurent un abonnement saisonnier.

_____

6. Les <u>légumes verts</u> sont privilégiés dans les régimes santé. Les <u>légumes verts</u> sont riches en vitamines C.

_____

7. Les <u>artichauts</u> sont devenus des légumes recherchés. Les Nord-Américains méconnaissaient les <u>artichauts</u> encore récemment.

_____

8. Le fenouil a un <u>goût d'anis</u>. Ce <u>goût d'anis</u> se marie bien avec les poissons grillés.

_____

9. Les <u>fruits</u> sont particulièrement savoureux. On cueille les <u>fruits</u> sur les branches.

_____

10. Les <u>gens</u> savent joindre l'utile à l'agréable*. Ces <u>gens</u> font l'autocueillette des fruits.

_____

Expressions idiomatiques et notes explicatives

Joindre l'utile à l'agréable : faire quelque chose de pratique tout en s'amusant.

Exercice Ib

Réunissez les deux phrases simples en une phrase complexe à l'aide du pronom relatif approprié (**qui** ou **que**). Attention : Faites l'accord du participe passé, s'il y a lieu.

Modèles :
Les <u>fraises</u> étaient savoureuses. J'ai cueilli les <u>fraises</u> **[COD]** moi-même.
Les fraises **que [COD]** j'ai cueill**ies** moi-même étaient savoureuses.

Les fraises étaient savoureuses. Ces fraises [sujet] ont mûri au soleil.
Les fraises **qui [sujet]** ont mûri au soleil étaient savoureuses.

1. Les jeunes s'exerçaient pour une compétition. Vous avez vu ces jeunes sur la piste 3.

   _____

2. Les jeunes s'exerçaient pour une compétition. Ces jeunes ont descendu la côte à toute vitesse.

   _____

3. La skieuse a eu sa photo dans le journal local. La skieuse a gagné la compétition.

   _____

4. Marianne chérit les souvenirs. Elle a gardé les souvenirs de son enfance.

   _____

5. Les années ont été extraordinaires. Elle avait passé ces années à la campagne.

   _____

6. Les souvenirs sont gravés dans sa mémoire. Ces souvenirs étaient reliés à cette période de sa vie.

   _____

7. La mariée portait un sari de soie rose. La mariée avait passé son enfance en Inde.

   _____

8. Tous les cadeaux ont été exposés dans la salle de bal. Les invités avaient offert ces cadeaux.

   _____

9. Certaines photos étaient dignes d'un pro*! Paul a pris ces photos au mariage de sa soeur.

   _____

10. La maison est un véritable palais! Les nouveaux mariés se sont acheté cette maison.

   _____

Expressions idiomatiques et notes explicatives

Un pro : (abréviation familière pour *professionnel*) quelqu'un qui est très bon.

Exercice II

Réunissez les deux phrases simples en une seule phrase complexe en utilisant la forme du pronom relatif **lequel** appropriée. Cette forme varie selon le genre et le nombre de l'antécédent. Attention : dans le cas où l'antécédent est une personne, donnez les deux pronoms relatifs possibles.

Modèle :
Je ne me souviens pas du nom de la <u>personne</u>. J'ai téléphoné à cette <u>personne</u> le mois dernier.
Je ne me souviens pas du nom de la personne **à laquelle (à qui)** j'ai téléphoné le mois dernier.

1. La <u>chanson</u> est de Gilles Vigneault*. Vous pensez à cette <u>chanson</u>.

   _____

2. Ne jetez pas le <u>papier</u>. Sophie a inscrit son numéro de téléphone sur ce <u>papier</u>.

   _____

3. Les <u>amis</u> demeurent dans les Cantons de l'Est*. Nous allons en vacances chez ces <u>amis</u>.

   _____

4. Les <u>murs</u> ont été repeints. Les grévistes avaient collé leurs affiches sur ces <u>murs</u>.

   _____

5. L'<u>employée</u> se trouve à la salle 190. Vous devez demander les formulaires d'inscription à cette <u>employée</u>.

   _____

6. Le yoga m'a appris des <u>techniques de relaxation</u>. Je serais devenu fou sans ces <u>techniques</u>.

   _____

7. Est-ce que tu connais mon amie <u>Marianne</u>? J'ai fait de l'auto-stop avec <u>Marianne</u> jusqu'à Calgary.

   _____

8. L'ambassadeur a fait une <u>gaffe</u> monumentale. Personne ne s'attendait à cette <u>gaffe</u>.

   _____

9. L'<u>accident</u> a fait la manchette* des journaux. Tous les passagers de l'avion ont péri dans cet <u>accident</u>.

   _____

10. La <u>candidate</u> a remporté tous les suffrages. Tu as voté pour cette <u>candidate</u>.

    _____

Expressions idiomatiques et notes explicatives

Gilles Vigneault : le plus connu des chansonniers québécois au sens où ce mot est employé au Québec, c'est-à-dire à la fois un auteur, un compositeur et un interprète de la chanson. Sa réputation est internationale.

Les Cantons de l'Est : région du Québec, appelée aujourd'hui l'Estrie, qui occupe tout le territoire compris entre le sud-est de Montréal et la frontière des États-Unis. On y trouve notamment le lac Memphrémagog, le mont Orford et de nombreux centres de ski (Orford, Sutton, Bromont).

Faire la manchette : être en première page du journal. Par extension, une manchette désigne une nouvelle importante.

Exercice IIIa

Réunissez les deux phrases simples en une seule phrase complexe en utilisant le pronom relatif approprié : soit **dont** avec les verbes se construisant avec la préposition *de*, soit **lequel** dans le cas où la préposition *de* fait partie d'une locution prépositive (*près de*, *au sujet de*, etc.).

Modèles :

La pièce de théâtre est jouée en ce moment au Centre national des arts à Ottawa. Vous m'*avez parlé de* cette pièce.
La pièce de théâtre **dont** vous m'avez parlé est jouée en ce moment au Centre national des arts à Ottawa.

La pièce de théâtre est jouée en ce moment au Centre national des arts à Ottawa. J'ai lu une bonne critique *à propos de* cette pièce.
La pièce de théâtre à propos de **laquelle** j'ai lu une bonne critique est jouée en ce moment au Centre national des arts à Ottawa.

1. Le cours n'est pas offert cette année. J'aurais besoin de ce cours.

   _____

2. Mais voyons donc! Cet insecte n'est pas dangereux. Tu as peur de cet insecte.

   _____

3. Avez-vous aimé le film? Les critiques se sont querellés à propos de ce film.

   _____

4. Tout le monde se demande si le contrat sera signé. L'avenir de la compagnie dépend de ce contrat.

   _____

5. Les enfants n'ont pas cessé de chahuter. J'étais assis au cinéma à côté de ces enfants.

   _____

6. Fumer est une mauvaise habitude. Vous devriez vous débarrasser de cette habitude.

   _____

7. Son <u>accent</u> était en fait charmant. On se moquait de son <u>accent</u> gentiment.

   _____

8. Le <u>parc</u> est devenu un jardin botanique. Nous habitons près de ce <u>parc</u>.

   _____

9. Les <u>BPC</u>* comptent parmi les déchets les plus toxiques de notre environnement. On entend beaucoup

   parler des <u>BPC</u>.

   _____

10. Je ne tiens pas à travailler avec ce nouveau <u>logiciel</u>. Je ne sais pas encore bien me servir de ce <u>logiciel</u>.

   _____

   _____

Expressions idiomatiques et notes explicatives

Les BPC : sigle de biphényles polychlorés.

Exercice IIIb

Réunissez les deux phrases simples en une seule phrase complexe en utilisant **dont** ou **lequel**. Écrivez (Cn) à côté du pronom relatif **dont** quand il est complément du nom.

Modèles :
Au tournoi de golf, Michel a gagné un <u>trophée</u>. Il *est* très *fier de* ce <u>trophée</u>.
Au tournoi de golf, Michel a gagné un trophée **dont** il est très fier.

Au tournoi de golf, <u>Michel</u> a gagné un trophée. Le *père de* <u>Michel</u> est un pro.
Au tournoi de golf, Michel **dont** (Cn) le père est un pro a gagné un trophée.

Au tournoi de golf, Michel a gagné un <u>trophée</u>. Il y a eu toute une controverse *au sujet de* ce <u>trophée</u>.
Au tournoi de golf, Michel a gagné un trophée au sujet **duquel** il y a eu toute une controverse.

1. Micheline vient de recevoir un <u>prix prestigieux</u>. Elle est très fière de ce <u>prix</u>.

   _____

2. Je refuse d'entendre les <u>blagues</u> même si elles sont drôles. Le motif de ces <u>blagues</u> est sexiste ou raciste.

   _____

3. Saviez-vous que les <u>légumineuses</u> sont cultivées depuis des siècles? Les végétariens se nourrissent de

   <u>légumineuses</u>.

   _____

4. En remplaçant la viande par les légumineuses, les végétariens assimilent les <u>protéines</u>. Ils manqueraient de <u>protéines</u> autrement.

_____

5. En faisant un stage auprès des enfants surdoués, Gérard a acquis une <u>expérience</u>. Il profitera de cette <u>expérience</u> à l'avenir.

_____

6. La <u>pièce</u> a été écrite par Agatha Christie. Les dix personnages de cette <u>pièce</u> meurent les uns après les autres.

_____

7. L'<u>incident</u> ne s'oubliera pas de sitôt. Le ministre a été obligé de démissionner à cause de cet <u>incident</u>.

_____

8. La <u>foule</u> se déplaçait lentement. Les manifestants se trouvaient au milieu de la <u>foule</u>.

_____

9. Beaucoup de <u>Québécois</u> s'appellent Champagne, Normand, Picard. Les ancêtres de ces <u>Québécois</u> venaient de provinces françaises.

_____

10. Le <u>tracteur</u> a écrasé Martin. La roue du <u>tracteur s'est détachée</u>.

_____

Exercice IV

Complétez les phrases suivantes en utilisant les pronoms relatifs **qui** ou **que**. Le pronom **qui** est toujours sujet, alors que le pronom **que** est toujours COD.

1. Est-ce que tu regardes le téléroman _____ passe le mercredi soir à Radio-Canada?

2. Les étudiants _____ réussissent sont toujours ceux _____ travaillent le mieux.

3. Le sondage _____ je vous propose de faire vous fournira l'occasion de rencontrer des francophones.

4. Le spectacle _____ vous vouliez voir a été annulé.

5. Celui _____ a été présenté la semaine dernière ne valait pas le déplacement!

6. Les gens _____ voient la vie en rose sont des optimistes et ceux _____ on appelle des pessimistes voient tout en noir!

7. Savez-vous que «mettre les pieds dans le plat» est une expression idiomatique _____ veut dire «faire une gaffe»?

8. Thomas Sanchez, l'auteur de *Rabbit Boss,* est un jeune écrivain américain _____ l'on compare à Steinbeck.

9. Connais-tu la blague _____ Michel est en train de raconter?

10. La chanteuse _____ vous venez d'écouter a eu beaucoup de succès dans les années soixante.

Exercice V

Complétez les phrases suivantes en utilisant soit le pronom relatif **que**, soit le pronom relatif **où**. Devant **où** vous devrez parfois ajouter une préposition. Le pronom **que** est toujours COD, alors que le pronom **où** est toujours CC.

1. Avez-vous entendu parler de cette vallée _____ on vient de découvrir au Pérou et _____ les gens deviennent tous centenaires?

2. L'halloween, voilà un jour _____ les enfants attendent avec beaucoup d'impatience.

3. Le jour _____ je comprendrai votre sens de l'humour, je serai aux anges*.

4. Trois-Rivières*, c'est la ville _____ je viens et _____ vous êtes passés en rentrant de Québec.

5. Le restaurant japonais _____ vous avez dîné hier soir est celui _____ je préfère.

6. J'allais lui téléphoner au moment _____ elle est arrivée chez moi.

7. Gastown est un vieux quartier de Vancouver _____ j'ai visité l'été dernier. C'est un endroit _____ on a fait beaucoup de rénovations.

8. Le lac _____ nous avons traversé à la nage se trouve à douze kilomètres du village _____ nous avons campé.

9. Ah! c'était la journaliste _____ vous aviez invitée à votre table ronde télévisée!

10. Ah! c'était la fameuse émission _____ il y avait toutes ces célébrités du monde sportif!

Expressions idiomatiques et notes explicatives

Être aux anges : être ravi, très content, très heureux.

Trois-Rivières : petite ville se trouvant à peu près à mi-chemin entre Québec et Montréal sur la rive nord du Saint-Laurent.

Exercice VIa

Complétez les phrases en utilisant **ce qui, ce que, ce dont, ce à quoi**. Notez que, dans cet exercice, ces pronoms relatifs n'ont pas d'antécédent.

1. Un bon homard des Îles-de-la-Madeleine, voilà _____ lui ferait plaisir.

2. Dis-moi _____ tu manges, je te dirai qui tu es.

3. Les affaires de mon père ne vont pas trop bien, _____ je me doutais un peu.

4. Parlez moins vite; je ne comprends pas tout _____ vous dites.

5. Thierry est parti en claquant la porte, _____ nous ne nous attendions pas. D'habitude, il est si calme.

6. _____ je préfère à Montréal durant l'été, c'est le Festival de jazz*.

7. Écoute, tu ne sais vraiment pas _____ tu as besoin.

8. Rachel s'est enfin acheté une maison de campagne, _____ elle rêvait depuis des années!

9. On peut penser _____ on veut. Ça m'est égal*!

10. Le temps est souvent pluvieux en automne, _____ il faudra bien s'habituer.

Expressions idiomatiques et notes explicatives

Le Festival de jazz : il s'agit du festival international de jazz de Montréal qui a lieu chaque année au mois de juillet.

Ça m'est égal : ça ne me fait rien; ça me laisse indifférent.

Exercice VIb

Mettez le pronom relatif qui convient, en tenant compte de la présence ou de l'absence d'antécédent.

1. Je vais chercher les patins _____ j'ai fait aiguiser chez le cordonnier.

2. Le gaspillage excessif, voilà _____ caractérise notre société de consommation.

3. Pourquoi jetez-vous ces contenants? Ils sont recyclables. Essayez de recycler tout _____ vous pouvez.

4. Après mon accident, j'ai perdu la mémoire. Il y avait jusqu'à mon nom _____ je ne me souvenais plus.

5. J'ai dû laisser mes lunettes au même endroit _____ j'ai laissé mon livre.

6. _____ le professeur a expliqué aujourd'hui était extrêmement pertinent pour notre recherche.

7. Tous ses collègues ont appuyé sa candidature, _____ Jean ne s'attendait pas.

8. Alexis avait beau* écouter, il ne comprenait pas _____ il s'agissait.

9. Toutes les activités sportives _____ je me suis inscrit vont m'aider à rester en forme.

10. Les timbres, voilà _____ il consacre ses loisirs!

Expressions idiomatiques et notes explicatives

Avoir beau (+ infinitif) : faire de grands efforts en vain, sans succès.

Exercice VII

Révision. Réunissez les deux phrases en une seule à l'aide du pronom relatif approprié. Notez que dans la 2e phrase, le nom souligné est remplacé par un pronom personnel.

1. Le stress peut se contrôler par des techniques de relaxation. Il est la cause d'un grand nombre de maladies.

   _____

2. J'aime fureter dans les boutiques. On les trouve dans le Vieux-Montréal*.

   _____

3. Ève a passé avec succès l'entrevue. Son entrée à la faculté d'architecture en dépendait.

   _____

4. Québec est une <u>ville nord-américaine</u>. On <u>y</u> retrouve le charme des vieilles villes fortifiées d'Europe.

_____

5. À Montréal, il y a tout un réseau de <u>voies souterraines</u>. <u>Elles</u> relient des hôtels, des stations de métro et des magasins.

_____

6. Il s'agit d'élire une <u>représentante</u>. On peut compter sur <u>elle</u>.

_____

7. Il y avait beaucoup de champignons dans le <u>bois</u>. Nous <u>y</u> avons campé.

_____

8. La <u>chanson</u> est un grand succès de Jacques Brel*. Tu <u>en</u> fredonnes l'air.

_____

9. La <u>Louisiane</u> lui a légué une culture unique en Amérique du Nord. Zachary Richard* <u>y</u> a été élevé.

_____

10. Les sauveteurs ont réussi à sortir le <u>spéléologue</u>. <u>Il</u> était tombé dans la crevasse.

_____

Expressions idiomatiques et notes explicatives

Le Vieux-Montréal : quartier de Montréal qui a été restauré et où l'on trouve les plus vieilles maisons et églises de la ville ainsi que de nombreux musées. Il est situé à la périphérie du port.

Jacques Brel : chanteur d'origine belge qui est un des grands noms de la chanson française contemporaine.

Zachary Richard : chanteur américain d'origine acadienne dont la musique «cajun» reflète sa Louisiane natale.

Exercice VIII

Complétez le texte en écrivant les pronoms relatifs appropriés. Vous devrez tenir compte de la construction des verbes soulignés : se construisent-ils avec la préposition **à** ou avec la préposition **de**? Référez-vous au tableau des verbes, séries 6 et 9, du chapitre 4.

Les mariages arrangés

Pour les Occidentaux de notre époque, les mariages arrangés sont une coutume rétrograde

_____[1] la plupart des Orientaux <u>tiennent</u> encore aujourd'hui. Autrefois cette coutume existait aussi en Occident, mais avec le déclin graduel de l'autorité parentale, elle est devenue une pratique

_____ ² il fallait se débarrasser.

Ainsi, aujourd'hui en Occident, la principale raison invoquée pour se marier, c'est le désir de légaliser l'union de deux personnes touchées par les flèches de Cupidon*. Il ne s'agit plus, comme par le passé, de conclure un contrat de vie commune, d'autant plus que la femme moderne occidentale accepte mal le principe d'un mari _____ ³ elle devrait obéissance!

Toutefois, épouser à tout prix la personne _____ ⁴ on est amoureux est un parti pris _____ ⁵ il faudrait peut-être se méfier. En effet, ne dit-on pas que l'amour est aveugle? Ce serait un sentiment _____ ⁶ on s'abandonne sans réfléchir ni se poser de questions. Transporté par l'exaltation du moment, on oublie que le quotidien _____ ⁷ il faudra s'habituer est le pire ennemi du couple. Car il ne suffit pas de s'aimer, il faut avant tout se connaître et vouloir respecter, sinon partager, les valeurs _____ ⁸ chacun adhère.

Le grand amour _____ ⁹ tout le monde rêve n'est pas toujours le résultat d'un coup de foudre. Heureusement d'ailleurs, car il a souvent plus de chance de s'épanouir entre deux personnes qui, avant de s'aimer, ont appris à se connaître. Après tout, _____¹⁰ on a tous envie, c'est l'amour… En autant que les feux de l'amour* ne soient pas des feux de paille*!

Expressions idiomatiques et notes explicatives

Être touché par les flèches de Cupidon : référence populaire à la mythologie latine dans laquelle Cupidon est le dieu de l'amour qui frappe sans qu'on puisse se protéger.

Les feux de l'amour; un feu de paille : L'amour est traditionnellement considéré comme un feu qui brûle et consume. Un feu de paille, au sens propre, brûle rapidement sans laisser de traces : cette expression s'emploie au sens figuré pour qualifier une chose qui ne dure pas.

Exercice IX
Révision. Complétez les phrases en mettant le pronom relatif qui convient.

1. Le détenteur du billet de loterie _____ le numéro se termine par 489 gagne un voyage pour deux à Cuba.

2. Le film _____ vous faites allusion vient de recevoir l'Oscar du meilleur film étranger.

3. L'attribution du prix Nobel de la paix est un événement _____ on parle beaucoup chaque année.

4. Le carnaval d'hiver _____ a lieu à Québec chaque année est le plus populaire de la province.

5. Te souviens-tu de ce restaurant à l'île d'Orléans* _____ on nous a servi un repas typiquement québécois _____ était si bon?

6. Est-ce que c'est l'équipement de planche à neige _____ tu voulais acheter?

7. Acheter des timbres d'avance est une chose _____ je ne pense jamais, et pourtant les timbres, c'est quelque chose _____ on a toujours besoin.

8. Tout _____ je rêve en hiver, c'est une île au soleil!

9. C'est souvent impossible de se rappeler _____ on a rêvé quand on se réveille le matin.

10. La psychologue _____ j'en ai parlé m'a dit que c'était tout à fait normal.

Expressions idiomatiques et notes explicatives

L'île d'Orléans : île qui se trouve dans le Saint-Laurent en face de Québec. Elle est renommée pour ses beaux paysages, ses églises et ses demeures anciennes ainsi que pour ses excellentes fraises.

Exercice X
Révision. Complétez le dialogue en mettant les pronoms relatifs appropriés.

Être ou ne pas être bilingue

Patrick : Eh bien! Cette conférence sur l'apprentissage d'une langue seconde, ce n'est pas du tout _____ [1] je m'attendais!

Gilles : C'est pourtant _____ [2] avait été annoncé dans le programme.

Patrick : Au fond, c'est sans importance, étant donné _____ [3] j'en ai retiré, c'est-à-dire pas grand-chose*!

Gilles : Mais je croyais que tu te débrouillais assez bien en français?

Patrick :   Quand je lis, oui. Mais j'ai mon rythme, tu comprends? Et le conférencier

_____ [4] parlait n'en tenait pas compte. Je n'ai presque rien compris de

_____ [5] il a dit!

Gilles :   C'est assez ironique, car il a parlé des difficultés _____ [6] les anglophones

doivent faire face lorsqu'ils apprennent le français. Il a parlé des problèmes

_____ [7] leur créent les différences d'accent, d'intonation, de débit.

Patrick :   C'est exactement _____ [8] j'ai ressenti et c'est _____ [9] m'a

empêché d'être à l'aise.

Gilles :   Mais qu'est-ce qui te gênait le plus, son accent ou son débit?

Patrick :   Les deux. Il aurait parlé chinois que ça n'aurait rien changé!

Gilles :   Tu exagères! Au fond, _____ [10] t'irritait, c'est que le sujet

_____ [11] il parlait t'intéressait.

Patrick :   Soit*. Mais il aurait pu nous expliquer certaines idées en anglais… ou au ralenti*!

Gilles :   Il a bien dit qu'il fallait se faire l'oreille*, s'habituer à entendre du français.

Patrick :   Mais a-t-il pensé à ceux _____ [12] n'ont pas d'oreille*?

Gilles :   Écoute, il faut bien commencer quelque part! C'est d'ailleurs la raison pour

_____ [13] il s'est exprimé en français.

Patrick :   C'est bien _____ [14] je lui reproche! Mais dis-moi, qu'est-ce que je devrais

faire pour améliorer ma compréhension?

Gilles :   Écoute la radio, la télévision. Va régulièrement au laboratoire de langues.

Patrick :   Quoi d'autre encore?

Gilles :   Le conférencier a dit que ceux _____ [15] apprennent vraiment à parler

couramment sont ceux _____ [16] n'ont pas peur de faire des fautes et

_____ [17] participent à la vie culturelle des francophones.

Patrick :   Je connais peu d'étudiants anglophones _____ [18] c'est le cas!

Gilles :   C'est justement _____ [19] il déplorait.

Patrick :   Eh bien! Qu'est-ce que tu attends pour me présenter une jolie Québécoise avec

_____ [20] je pourrai parler français?

Expressions idiomatiques et notes explicatives

Pas grand-chose : peu de choses, des choses sans importance.

Soit : d'accord.

Au ralenti : à un rythme très lent.

Se faire l'oreille : s'habituer à entendre quelque chose.

Avoir de l'oreille : avoir l'ouïe sensible et juste.

Exercice XI
(sans corrigé)

Complétez le dialogue en mettant les pronoms relatifs qui conviennent. Attention aux verbes qui se construisent avec les prépositions **à** ou **de**.

C't'à ton tour, Michel Tremblay*

Alain : Je suis en train de lire un roman très différent de ceux _____ [1] je lis habituellement et _____ [2] porte un titre plutôt bizarre : *La Grosse Femme d'à côté est enceinte*. Tu connais?

Sylvie : Bien sûr! C'est le premier roman _____ [3] a écrit Michel Tremblay et _____ [4] a été publié en 1978.

Alain : Justement. Mais tu as l'air de bien connaître cet auteur, alors que moi, à part le roman _____ [5] je viens de te parler, je ne sais pas grand-chose sur lui.

Sylvie : Voyons donc! Michel Tremblay est un auteur québécois très connu _____ [6] la pièce *Les Belles-soeurs* créée en 1968 a eu et a encore un énorme succès.

Alain : Ah oui! Ça me dit quelque chose. Est-ce que ce n'est pas l'histoire d'un groupe de femmes _____ [7] se réunissent pour coller des timbres-primes _____ [8] l'une d'elles a gagnés?…

Sylvie : C'est ça! Cependant, l'originalité de la pièce ne tient pas à l'intrigue _____ [9] tu viens de décrire, mais plutôt aux moyens _____ [10] Tremblay a eu recours pour traiter un sujet _____ [11] peut, à première vue, sembler banal.

Alain : Ah oui! Il me semble qu'au moment _____ [12] cette pièce a été créée, il y a eu une grande controverse _____ [13] ont participé plusieurs critiques littéraires du Québec.

Sylvie :   En effet, certains ont critiqué Tremblay pour avoir mis dans la bouche de ses comédiennes une langue populaire, le joual*, _____ 14 n'avait encore jamais été fait au théâtre. _____ 15 Tremblay a voulu montrer en utilisant le joual, c'était le profond désarroi dans _____ 16 se trouvaient ses personnages. Parce que la langue _____ 17 ils se servaient ne leur permettait pas de nommer les problèmes _____ 18 ils se heurtaient, ils étaient condamnés à rester prisonniers du milieu étouffant _____ 19 ils vivaient et _____ 20 ils ne pouvaient pas s'enfuir.

Alain :   Ah! Je commence à comprendre les raisons pour _____ 21 on dit que le nouveau théâtre québécois a débuté avec Michel Tremblay. C'est donc lui _____ 22, le premier, a osé décrire une réalité sociale _____ 23 on avait toujours voulu ignorer. Le public québécois pouvait enfin se reconnaître sur scène, _____ 24 il n'avait pas encore été habitué. J'ai vraiment hâte de* terminer le roman *La Grosse Femme d'à côté est enceinte* _____ 25 je suis en train de lire pour me lancer dans la lecture des *Belles-soeurs!*

Expressions idiomatiques et notes explicatives

Michel Tremblay : écrivain québécois d'origine montréalaise qui a connu le succès grâce à sa pièce *Les Belles-soeurs*. Le titre de l'exercice fait allusion à sa pièce *C't'à ton tour, Laura Cadieux*.

Le joual : terme qui décrit la langue populaire parlée dans certains quartiers de Montréal. À ne pas confondre avec le français parlé au Québec.

Avoir hâte de (faire quelque chose) : être impatient de…

Exercice XII
(sans corrigé)

À l'aide du dictionnaire et en vous servant du verbe donné entre parenthèses, écrivez, pour les noms qui suivent, une définition d'au moins une proposition. Attention : évitez d'utiliser le pronom relatif sujet *qui* et vérifiez si le verbe se construit avec une préposition.

Modèle :
Un boudoir (se retirer)
Un boudoir est une pièce discrète **où** on peut se retirer pour être tranquille (et **qu'**on appelle ainsi parce qu'autrefois les femmes allaient y bouder). Comme quoi les mots reflètent les préjugés de leur époque!

1. L'insuline (avoir besoin)

   _____

   _____

2. Un bail (signer)

   _____

   _____

3. Un diplôme (recevoir)

   _____

   _____

4. Un fouet (se servir)

   _____

   _____

5. Les échecs (s'affronter)

   _____

   _____

6. Une anecdote (se souvenir)

   _____

   _____

7. Un maringouin* (trouver)

   _____

   _____

8. Un peignoir (porter)

   _____

   _____

9. Un cagibi (ranger)

   _____

   _____

10. Un canapé (s'étendre)

_____

_____

_____

Expressions idiomatiques et notes explicatives

Un maringouin : québécisme pour désigner un moustique.

Exercices d'exploitation orale et écrite

1. Jeux de définitions

a) On choisit une personne de la classe et chacun(e) doit la décrire en utilisant un pronom relatif différent.

> Ex. : Jeanne, qui est-ce?
> C'est la personne **qui** est assise à côté de moi.
> C'est la personne **à qui (à laquelle)** j'ai téléphoné hier soir.

b) On peut faire le même jeu avec un personnage célèbre, un homme (une femme) politique connu(e), une vedette de cinéma ou de la télévision, etc.

> Ex. : Christophe Colomb, qui est-ce?
> C'est l'homme **qui** a découvert l'Amérique.
> C'est l'homme **à qui (auquel)** le roi d'Espagne a donné trois vaisseaux.

c) On peut refaire le même jeu en faisant, cette fois, définir un objet particulier ou encore un concept.

> Ex. : Une fusée, qu'est-ce que c'est?
> C'est un engin **qui** permet d'aller sur la lune.
> C'est un engin **qu'**on envoie dans l'espace.
> C'est un engin à bord **duquel** les astronautes voyagent.

> Ex. : La démocratie, qu'est-ce que c'est?
> C'est une doctrine politique **qui** donne le pouvoir au peuple.
> C'est une doctrine **que** rejettent les régimes totalitaires.
> C'est **ce à quoi** tous les peuples aspirent.

2. Devinettes

On choisit un mot difficile mais dont certaines syllabes rappellent un mot connu. Chaque étudiant(e) doit deviner ce que c'est en donnant une explication à l'aide d'un pronom relatif différent.

> Ex. : Qu'est-ce que c'est qu'une gâchette?
> C'est quelque chose **qu'**on a gâché.
> C'est quelque chose **qui** sert à hacher la viande.
> C'est un endroit **où** on se cache.

> Ex. : Qu'est-ce qu'une fondrière?
> C'est une machine **qui** fait fondre la neige.
> C'est un plat **que** l'on utilise pour faire les fondues.
> C'est un endroit **où** on fait du ski de fond.

N.B. Toutes les explications proposées ci-dessus sont fausses. Vous l'aviez deviné, bien entendu!

Corrigé des exercices

Exercice Ia

1. Les gens **qui** font du sport se maintiennent en bonne santé.
2. Les sports **qui** se pratiquent en douceur favorisent une détente physique et mentale.
3. La marche **que** je pratique chaque jour est un exercice simple et efficace.
4. Le ski alpin est un sport d'hiver **qui** n'est pas à la portée de toutes les bourses.
5. Les skieurs **qui** se procurent un abonnement saisonnier font des économies.
6. Les légumes verts **qui** sont riches en vitamines C sont privilégiés dans les régimes santé.
7. Les artichauts **que** les Nord-Américains méconnaissaient encore récemment sont devenus des légumes recherchés.
8. Le fenouil a un goût d'anis **qui** se marie bien avec les poissons grillés.
9. Les fruits **qu'**on cueille sur les branches sont particulièrement savoureux.
10. Les gens **qui** font l'autocueillette des fruits savent joindre l'utile à l'agréable.

Exercice Ib

1. Les jeunes **que** vous avez vu<u>s</u> sur la piste 3 s'exerçaient pour une compétition.
2. Les jeunes **qui** ont descendu la côte à toute vitesse s'exerçaient pour une compétition.
3. La skieuse **qui** a gagné la compétition a eu sa photo dans le journal local.
4. Marianne chérit les souvenirs **qu'**elle a gardé<u>s</u> de son enfance.
5. Les années **qu'**elle avait pass<u>ées</u> à la campagne ont été extraordinaires.
6. Les souvenirs **qui** étaient reliés à cette période de sa vie sont gravés dans sa mémoire.
7. La mariée **qui** avait passé son enfance en Inde portait un sari de soie rose.
8. Tous les cadeaux **que** les invités avaient offert<u>s</u> ont été exposés dans la salle de bal.
9. Certaines photos **que** Paul a pris<u>es</u> au mariage de sa sœur étaient dignes d'un pro.
10. La maison **que** les nouveaux mariés se sont achet<u>ée</u> est un véritable palais!

Exercice II

1. La chanson **à laquelle** vous pensez est de Gilles Vigneault.
2. Ne jetez pas le papier **sur lequel** Sophie a inscrit son numéro de téléphone.
3. Les amis **chez qui / chez lesquels** nous allons en vacances demeurent dans les Cantons de l'Est.
4. Les murs **sur lesquels** les grévistes avaient collé leurs affiches ont été repeints.
5. L'employée **à qui / à laquelle** vous devez demander les formulaires d'inscription se trouve à la salle 190.
6. Le yoga m'a appris des techniques de relaxation **sans lesquelles** je serais devenu fou.
7. Est-ce que tu connais mon amie Marianne **avec qui / avec laquelle** j'ai fait de l'auto-stop jusqu'à Calgary?
8. L'ambassadeur a fait une gaffe monumentale **à laquelle** personne ne s'attendait.
9. L'accident **dans lequel** tous les passagers de l'avion ont péri a fait la manchette des journaux.
10. La candidate **pour qui / pour laquelle** tu as voté a remporté tous les suffrages.

Exercice IIIa

1. Le cours **dont** j'aurais besoin n'est pas offert cette année.
2. Mais voyons donc! Cet insecte **dont** tu as peur n'est pas dangereux.
3. Avez-vous aimé le film à propos **duquel** les critiques se sont querellés?
4. Tout le monde se demande si le contrat **dont** dépend l'avenir de la compagnie sera signé. / … **dont** l'avenir de la compagnie dépend sera signé.
5. Les enfants à côté **de qui / desquels** j'étais assis au cinéma n'ont pas cessé de chahuter.
6. Fumer est une mauvaise habitude **dont** vous devriez vous débarrasser.
7. Son accent **dont** on se moquait gentiment, était en fait charmant.
8. Le parc près **duquel** nous habitons est devenu un jardin botanique.
9. Les BPC **dont** on entend beaucoup parler comptent parmi les déchets les plus toxiques de notre environnement.
10. Je ne tiens pas à travailler avec ce nouveau logiciel **dont** je ne sais pas encore bien me servir.

Exercice IIIb

1. Micheline vient de recevoir un prix prestigieux **dont** elle est très fière.
2. Je refuse d'entendre les blagues **dont** (Cn) le motif est sexiste ou raciste, même…
3. Saviez-vous que les légumineuses **dont** les végétariens se nourrissent sont cultivées depuis des siècles?
4. En remplaçant la viande par les légumineuses, les végétariens assimilent les protéines **dont** ils manqueraient autrement.
5. En faisant un stage auprès des enfants surdoués, Gérard a acquis une expérience **dont** il profitera à l'avenir.
6. La pièce **dont** (Cn) les dix personnages meurent les uns après les autres a été écrite par Agatha Christie.
7. L'incident à cause **duquel** le ministre a été obligé de démissionner ne s'oubliera pas de sitôt.
8. La foule au milieu de **laquelle** les manifestants se trouvaient se déplaçait lentement.
9. Beaucoup de Québécois **dont** (Cn) les ancêtres venaient de provinces françaises s'appellent Champagne, Normand, Picard.
10. Le tracteur **dont** (Cn) la roue s'est détachée a écrasé Martin.

Exercice IV

1. qui
2. qui; qui
3. que
4. que
5. qui
6. qui; qu'
7. qui
8. que
9. que
10. que

Exercice V

1. qu'; où
2. que
3. où
4. d'où; où / par où
5. où; que
6. où
7. que; où
8. que; où
9. que
10. où

Exercice VIa

1. ce qui
2. ce que
3. ce dont
4. ce que
5. ce à quoi
6. Ce que
7. ce dont
8. ce dont
9. ce qu'
10. ce à quoi

Exercice VIb

1. que
2. ce qui
3. ce que
4. dont
5. où
6. Ce que
7. ce à quoi
8. ce dont
9. auxquelles
10. ce à quoi

Exercice VII

1. Le stress **qui** est la cause d'un grand nombre de maladies peut se contrôler par…
2. J'aime fureter dans les boutiques **qu'**on trouve dans…
3. Ève a passé avec succès l'entrevue **dont** dépendait son entrée… / **dont** son entrée… dépendait.
4. Québec est une ville nord-américaine **où** on retrouve…
5. À Montréal, il y a tout un réseau de voies souterraines **qui** relient des hôtels,…
6. Il s'agit d'élire une représentante **sur qui / sur laquelle**…
7. Il y avait beaucoup de champignons dans le bois **où** nous…
8. La chanson **dont** tu fredonnes l'air est un grand…
9. La Louisiane **où** Zachary Richard a été élevé lui a…
10. Les sauveteurs ont réussi à sortir le spéléologue **qui** était tombé…

Exercice VIII

1. à laquelle
2. dont
3. à qui / auquel
4. dont
5. dont
6. auquel
7. auquel
8. auxquelles
9. dont
10. ce dont

Exercice IX

1. dont
2. auquel
3. dont
4. qui
5. où; qui
6. que
7. à laquelle; dont
8. ce dont
9. ce à quoi
10. à qui / à laquelle

Exercice X

1. ce à quoi
2. ce qui
3. ce que
4. qui
5. ce qu'
6. auxquelles
7. que
8. ce que
9. ce qui
10. ce qui
11. dont
12. qui
13. laquelle
14. ce que
15. qui
16. qui
17. qui
18. dont
19. ce qu'
20. qui / laquelle

Chapitre 7

Les auxiliaires et les accords; le passif

Première partie : Les auxiliaires et l'accord du participe passé

Aide-mémoire

Avoir et **être** sont les auxiliaires qui servent à former les temps composés. Bien qu'il y ait de nombreux temps composés, dans ce chapitre, nous nous servirons surtout du passé composé dans les exercices car c'est le temps le plus couramment employé pour rapporter des faits du passé.

Pour mettre un verbe au passé composé, et par extension, à tout autre temps composé, vous devez :

1. choisir l'auxiliaire qui convient,

2. connaître la forme du participe passé,

3. faire l'accord du participe passé s'il y a lieu.

1. Pour le **choix de l'auxiliaire**, comme la majorité des verbes se conjuguent avec l'auxiliaire *avoir*, il vous suffit de savoir quels verbes se conjuguent avec l'auxiliaire *être*. Ce sont :

   a) tous les verbes pronominaux,

   b) huit verbes *intransitifs*, c'est-à-dire qui ne nécessitent pas de compléments, et dont vous connaissez sans doute déjà la liste par coeur : *arriver, aller, venir, partir* (avec leurs composés), *naître, mourir, rester, tomber*.

   Vous pouvez ajouter à cette liste six autres verbes : *entrer, sortir, monter, descendre, retourner, passer*. Mais ils ont ceci de particulier : ils peuvent se conjuguer avec l'auxiliaire *avoir* aussi bien qu'avec l'auxiliaire *être*. En effet, conjugués avec l'auxiliaire *avoir*, ils exigent un complément d'objet direct (COD) alors que conjugués avec l'auxiliaire *être*, ils ne prennent pas de complément d'objet direct ni de complément indirect (COD / COI), ils sont *intransitifs*. Remarquez cependant que *retourner* et *passer* ont un sens différent dans chaque cas.

   Ex. : Je **suis passé** chez lui à l'improviste.   J'**ai passé** mon livre à Maggie.
   Martin **est retourné** au même endroit.   Il **a retourné** l'ordinateur au magasin.

   Pour revoir la notion de complément, consultez le chapitre 4, *Les prépositions*.

2. Quant aux **participes passés**, il faut les mémoriser. Mais, afin de maximiser votre rétention, essayez toujours d'associer forme et sens en utilisant les participes passés dans des contextes significatifs pour vous.

   Ex. : **acquérir / acquis** : dans quel contexte ce verbe pourrait-il vous être utile?
   Grâce à mon travail d'été, j'ai **acquis une expérience** précieuse qui pourra me servir plus tard.

   concevoir / conçu : qu'avez-vous à concevoir dans votre milieu scolaire?
   Dans le cadre de ce projet, j'ai **conçu un tableau** original pour classer mes données.

3. L'accord du participe passé :

   a) L'accord du participe passé est surtout perceptible à l'écrit. À l'oral, il passe inaperçu

   Ex. : Les photos que tu m'as montr**ées** sont très bonnes.

   sauf dans le cas des participes passés se terminant par un *s* ou un *t*. Ces deux consonnes doivent être audibles quand on fait l'accord au féminin.

   Ex. : Les documents qu'on m'a remi**s** sont incomplets.
   La documentation qu'on m'a remi**se** est incomplète.

   Le rapport que j'ai écri**t** est confidentiel.
   La lettre que j'ai écri**te** est confidentielle.

b) Souvenez-vous que, règle générale, quand un verbe se conjugue avec l'auxiliaire *avoir*, le participe passé ne s'accorde pas, sauf dans le cas où le complément d'objet direct (COD) est placé avant le verbe.

Ex. : Elle a mang**é** une poire.
La poire **qu'**elle a mang**ée** n'était pas mûre.

c) Avec l'auxiliaire *être*, le participe passé s'accorde généralement avec le sujet du verbe.

Ex. : **Elles** se sont lev**ées** et **elles** sont parties. (règle générale)

Par contre, pour les verbes pronominaux, l'accord peut se faire avec le complément d'objet direct (COD), mais seulement s'il est placé avant le verbe. On applique alors la même règle que celle du participe passé avec *avoir*.

Ex. : Elle s'est achet**é** **une nouvelle voiture**.   (COD après le verbe)
La voiture **qu'**il s'est achet**ée** est une petite merveille.   (COD avant le verbe)
Ils **se** sont téléphon**é** vingt fois depuis hier.   (pas de COD)

N.B. Dans les trois phrases ci-dessus, le pronom *se* ou *s'* devant le verbe est un COI.

Deuxième partie : Le passif

Aide-mémoire

Voici quelques éléments pour vous guider dans l'utilisation du passif en français.

1. Dans une phrase à la voix active, le sujet fait l'action. La voix active offre une lecture linéaire de la réalité : on part du sujet et on le suit dans son action jusqu'à la fin du message. À la voix passive, le sujet subit une action accomplie par un agent extérieur. La forme passive présente un événement sous deux angles différents : celui du sujet grammatical et celui du sujet réel.

Ex. : Un pyromane a allumé l'incendie.
L'incendie a été allumé par un pyromane.

Dans la première phrase, l'accent est mis sur le pyromane qui pose un geste criminel. Le sujet grammatical est le sujet réel du verbe. Dans la deuxième, notre attention est à la fois captée par l'incendie (sujet grammatical) et le pyromane (sujet réel).

2. La voix passive est simple à former.

a) Elle est constituée de l'auxiliaire *être* et du participe passé du verbe actif, ce qui permet d'indiquer que le sujet subit l'action. Le complément d'objet direct (COD) du verbe à la voix active devient le sujet du verbe à la voix passive. Le sujet du verbe à la voix active devient le complément d'agent du verbe au passif, introduit par la préposition *par*. L'exemple suivant illustre la transformation de la voix active à la voix passive :

Ex. : Un spécialiste **a fait** cette installation.   (voix active)
Cette installation **a été faite par** un spécialiste.   (voix passive)

N.B. Le complément d'agent est facultatif dans la phrase passive, car souvent on ne s'intéresse pas autant à l'agent (sujet réel) qu'au sujet grammatical et aux conséquences de l'action qu'il subit.

Ex. : Bravo! Ta conférence **a été** très bien **reçue**.   (par le public)
Modigliani n'**a** pas **été reconnu** de son vivant.   (par les amateurs de peinture)

b) Le temps du verbe actif devient le temps de l'auxiliaire *être* + le participe passé.

> Ex. : a fait → **a été** fait (passé composé)
> fait → **est** fait (présent)
> fera → **sera** fait (futur)

> N.B. Attention de ne pas confondre les voix active et passive :

> Les fenêtres **étaient** ouvertes. (verbe *être* qui décrit un état, phrase à la voix active; *ouvertes* est un participe passé employé ici comme adjectif)

> Le jardin **a été** recouvert de neige. (auxiliaire *être* au passé composé + participe passé forment le passif du verbe *recouvrir*)

c) Le participe passé d'un verbe à la voix passive s'accorde toujours avec le sujet.

> Ex. : Les griefs ont été entendus.
> L'entente ne sera pas ratifiée.

3. La voix passive n'est pas une tournure privilégiée en français. Seuls les verbes qui prennent un complément d'objet direct (COD) peuvent se mettre au passif. Pour savoir quels sont les verbes qui se construisent avec un COD, consultez le tableau des verbes du chapitre 4, *Les prépositions*. Dans le cas des verbes qui prennent un complément d'objet indirect (COI), on opte pour la forme impersonnelle active avec *on* comme sujet. De plus, la tournure pronominale permet d'éviter le passif tout en en gardant le sens.

> Ex. : Le premier ministre **a été réélu**. (réélire + COD)
> **On lui a demandé** de faire un discours. (demander à + COI)
> Ça ne **se dit** pas comme ça en français. (tournure pronominale)

N.B. Il est intéressant de constater que dans les guides d'écriture, on conseille explicitement de ne pas utiliser de passif dans un *curriculum vitae* ou dans d'autres types de communications écrites : en français, le passif ne contribue pas à donner une image forte et positive. Par contre, dans les *faits divers* que vous lirez dans les journaux ou dans des brochures touristiques, il est courant de rencontrer des passifs, comme le démontrent les exemples suivants :

> Ex. : Les blessés **ont été transportés** à l'hôpital.
> L'édifice **a été construit** au début du siècle.
> La ville **a été fondée** en 1743.
> M. Mandras **a été nommé** président de ce comité.

D'ailleurs dans ces cas très spécifiques, un francophone utilisera plutôt la voix passive.

Pré-test

Mettez les verbes entre parenthèses au passé composé et faites les accords nécessaires. Pour les verbes soulignés une fois, ne donnez que le participe passé. Les verbes soulignés deux fois se mettent à la voix passive.

Le Centre d'Arts Orford

Si vous (déjà se promener) _____ [1] dans les Cantons de l'Est* en juillet ou en août,

vous (devoir) _____ [2] vous arrêter au Centre d'Arts Orford. Le Centre d'Arts

(fonder) _____ [3] en 1951. Modeste au départ, l'allure du Centre (s'améliorer)

_____ **4** de façon spectaculaire. Au fil des ans, de nouveaux édifices (apparaître)

_____ **5** dans le décor. Les trois édifices principaux, originellement (concevoir)

_____ **6** par l'architecte Paul-Marie Côté pour s'harmoniser avec la nature

environnante (rénover) _____ **7** récemment et sont aujourd'hui (flanquer)

_____ **8** d'un pavillon multifonctionnel offrant, entre autres, trente-trois studios de

répétition, une médiathèque et vingt chambres pour les stagiaires. Ces travaux majeurs, (devenir)

_____ **9** nécessaires avec le temps, (entreprendre) _____ **10** pour

des raisons de sécurité, d'accès et de salubrité. Ils (rendre) _____ **11** possibles grâce à

une subvention importante du ministère de la Culture et des Communications du Québec. De plus, tous les

bâtiments (repeindre) _____ **12**. Le pavillon «L'homme et la musique» des Jeunesses

musicales du Canada* à Expo 67* (accueillir) _____ **13** sur le site en 1972 (remettre)

_____ **14** à neuf, lui aussi. L'Auberge du Centre d'Arts Orford (construire)

_____ **15** en 1995 continue d'offrir aux familles et aux visiteurs de passage l'ambiance

incomparable d'un lieu où nature, détente, musique et arts visuels sont en complète harmonie.

Depuis 1957, un grand nombre d'étudiants qui (passer) _____ **16** par le camp

musical (devenir) _____ **17** des artistes (connaître) _____ **18**. Ils

n'oublieront jamais l'influence que (avoir) _____ **19** sur eux des professeurs de

renommée internationale, ni les encouragements qu'ils (recevoir) _____ **20** d'eux.

Les cours auxquels ces étudiants (s'inscrire) _____ **21** et qu'ils (suivre)

_____ **22** dans une atmosphère (détendre) _____ **23** les

(préparer) _____ **24** à leur future carrière. Cela est d'autant plus vrai que pendant leur

séjour au Centre, ils (pouvoir) _____ **25** profiter des salles de répétition et que plusieurs

(se produire) _____ **26** en concert. C'est au Centre, en somme, que ces jeunes (faire)

_____ **27** leurs débuts. Comment ne pas être reconnaissants de l'expérience qu'ils y

(acquérir) _____ **28**? C'est ce qui (permettre) _____ **29** qu'autant

de jeunes talents soient (découvrir) _____ **30**.

Quant au Festival international de musique d'Orford (présenter) _____ **31**

chaque été, il n'est pas exagéré de dire que les organisateurs (se donner) _____ **32**

chaque fois beaucoup de mal pour nous proposer un programme nouveau et impressionnant. Ce programme, ils (passer) _____ **33** plusieurs mois à le préparer. Les activités (offrir)

_____ **34** au public sont donc des plus (varier) _____ **35** :

concerts des JMC, pièces de théâtre, spectacles, expositions, conférences. Au cours des autres saisons, les portes

du Centre sont (ouvrir) _____ **36** aux organismes qui désirent y tenir leurs congrès ou

leurs sessions d'étude.

Le Centre d'Arts Orford (naître) _____ **37** d'une initiative des JMC. Il faut

admettre que cet organisme qui (toujours vouloir) _____ **38** assurer la diffusion de la

culture musicale même dans les centres éloignés (atteindre) _____ **39** son objectif. En

même temps il nous (fournir) _____ **40** et continuera de nous fournir l'occasion de

jouir de spectacles agréables pour l'oreille dans un cadre tout aussi agréable pour les yeux.

Expressions idiomatiques et notes explicatives

Les Cantons de l'Est : région du Québec, appelée aujourd'hui l'Estrie, qui occupe tout le territoire compris entre le sud-est de Montréal et la frontière des États-Unis. On y trouve notamment le lac Memphrémagog, le mont Orford, et de nombreux centres de ski (Orford, Sutton, Bromont).

Les Jeunesses musicales du Canada (JMC) : Association fondée en 1949 par Gilles Lefebvre qui a transmis sa passion de la musique à des milliers de jeunes artistes et mélomanes.

Expo 67 : nom donné à l'exposition universelle qui s'est tenue à Montréal en 1967.

Corrigé du pré-test

1. vous êtes déjà promené(e)(s)
2. avez dû
3. a été fondé
4. s'est améliorée
5. sont apparus
6. conçus
7. ont été rénovés
8. flanqués
9. devenus
10. ont été entrepris
11. ont été rendus
12. ont été repeints
13. accueilli
14. a été remis
15. construite
16. sont passés
17. sont devenus
18. connus
19. qu'ont eue
20. ont reçus
21. se sont inscrits
22. ont suivis
23. détendue
24. ont préparés
25. ont pu
26. se sont produits
27. ont fait
28. ont acquise
29. a permis
30. découverts
31. présenté
32. se sont donné
33. ont passé
34. offertes
35. variées
36. ouvertes
37. est né
38. a toujours voulu
39. a atteint
40. a fourni

Barème

38/40	. . . .	**95%**
34/40	. . . .	**85%**
30/40	. . . .	**75%**
26/40	. . . .	**65%**
22/40	. . . .	**55%**

Première partie : Les auxiliaires et l'accord du participe passé

Exercice I

Mettez les phrases suivantes au passé composé. Notez que ces verbes se conjuguent toujours avec l'auxiliaire **être**.

1. Nous ne (aller) _____ nulle part pendant la fin de semaine de l'Action de grâces*, mais des amis (venir) _____ nous rendre visite.

2. Jacques Cartier et ses hommes (arriver) _____ au Canada en 1534.

3. La reine Victoria (naître) _____ en 1819 et (mourir) _____ en 1901.

4. Vous (partir) _____ trop tôt; la soirée venait de commencer.

5. En Alberta, plusieurs agriculteurs (devenir) _____ riches quand ils ont découvert du pétrole dans leurs champs.

6. Vanessa, est-ce que tu (déjà entrer) _____ dans cette galerie d'art?

7. Les dernières feuilles (tomber) _____ des arbres cette semaine.

8. Combien de temps est-ce que vous (rester) _____ en Gaspésie?

Expressions idiomatiques et notes explicatives

Action de grâces : Fête importée des États-Unis par les Loyalistes américains établis dans les *Eastern Townships* (les Cantons de l'Est) aujourd'hui appelés l'Estrie. Ils ont perpétué au Canada cette fête dont l'origine remonte à l'époque des *Pilgrims* en Nouvelle-Angleterre. Au Canada, cette fête se célèbre à la mi-octobre alors qu'aux États-Unis, elle se célèbre à la fin novembre et est aussi importante que la fête de Noël.

Exercice II

Mettez les verbes entre parenthèses au passé composé, soulignez les COD et faites les accords qui s'imposent. Notez que tous ces verbes se conjuguent avec l'auxiliaire **avoir**.

1. Est-ce que tu as pu planifier ton voyage avec les brochures que tu (recevoir) _____ du bureau de Tourisme Québec?

2. Est-ce que vous (obtenir) _____ les renseignements que vous cherchiez sur le camping dans les parcs provinciaux?

3. Les choses que je (apprendre) _____ en voyageant ne sont pas écrites dans les livres.

4. Les concurrentes (suivre) _____ toutes les consignes à la lettre*.

5. Les clowns (offrir) _____ des ballons aux enfants.

6. Ma soeur me (téléphoner) _____ du Mali hier. Nous (parler) _____ pendant trente minutes au moins. Je suis sûre que cet appel lui (coûter) _____ une fortune, mais la joie que nous (avoir) _____ à bavarder valait bien cela.

7. Les notes que Margot (obtenir) _____ la classent parmi les meilleurs candidats à la faculté de Médecine.

8. Quand Mme Longpré (prendre) _____ sa retraite, on (organiser) _____ une réception en son honneur, mais c'est la gravure qu'on lui (remettre) _____ qui la (émouvoir) _____ le plus.

9. Les voleurs (échapper) _____ à la police, mais les douaniers les (arrêter) _____ quand ils (essayer) _____ de passer la frontière.

10. Mes cousins nous (accueillir) _____ à l'aéroport.

Expressions idiomatiques et notes explicatives

À la lettre : scrupuleusement, rigoureusement.

Exercice III

Mettez les verbes au passé composé et faites les accords qui s'imposent. Attention : les verbes donnés se conjuguent avec l'auxiliaire **avoir** quand ils ont un COD et avec l'auxiliaire **être** quand ils n'ont pas de COD. Soulignez le COD.

(descendre) 1. Pour les vacances de Noël, les Lefebvre _____ en Floride, comme beaucoup de Québécois.

2. Hier, pour la première fois, je _____ la grande piste de ski du mont Tremblant.

(monter) 3. Les touristes _____ au sommet de la tour inclinée du Stade olympique pour avoir une vue d'ensemble de Montréal.

4. Philippe _____ péniblement les cent cinquante marches qui mènent au belvédère du mont Royal.

(passer) 5. Nous _____ une fin de semaine très agréable à Ottawa.

6. Nous _____ par Kingston en revenant de Toronto.

(rentrer) 7. Est-ce que tu _____ tard la nuit de la fête de la Saint-Jean?

8. Elle _____ la voiture dans le garage.

(sortir) 9. Est-ce que tu _____ tes vêtements d'hiver?

10. Madeleine _____ sur la galerie pour accueillir ses invités.

(retourner) 11. Il _____ la boîte et tout est tombé.

12. Les Belisle _____ dans les Cantons de l'Est pour y passer leurs vacances.

Exercice IVa

Aux temps composés, les verbes pronominaux se conjuguent avec l'auxiliaire **être**. En général, le participe passé s'accorde avec le sujet du verbe. Mettez les verbes au passé composé et faites les accords qui s'imposent.

1. Quand ils (s'apercevoir) _____ qu'on les écoutait, ils (se taire) _____ .

2. Elle (s'allonger) _____ sur le divan et (s'endormir) _____ .

3. Les deux explorateurs étaient si épuisés qu'ils (s'évanouir) _____ au moment où les secours arrivaient.

4. Quand finalement nous (se décider) _____ à partir, il était trois heures du matin.

5. Les femmes (se battre) _____ longtemps avant d'obtenir le droit de vote.

6. Vous voyez, les enfants, vous (trop s'éloigner) _____ et vous (se perdre) _____ .

Exercice IVb

Mettez les verbes au passé composé et faites les accords qui s'imposent. Parfois, le verbe pronominal a un COD différent du pronom **se**. Le participe passé s'accorde alors avec ce COD si celui-ci précède le verbe. Sinon, il reste invariable.

1. Les enfants (se laver) _____ les mains. Je le sais à la couleur de la serviette!

2. As-tu vu la belle raquette de tennis qu'il (s'acheter) _____ ?

3. Justine (se mettre) _____ de la crème solaire avant de faire du ski.

4. Louis et Gabriel (se casser) _____ la jambe le même jour, sur la même piste de ski.

5. L'entorse que je (se faire) _____ l'an dernier a mis du temps à guérir.

Exercice IVc

Mettez les verbes au passé composé et faites les accords qui s'imposent. Parfois, le **se** d'un verbe pronominal est un complément d'objet indirect (COI). Alors, le participe passé ne s'accorde pas.

1. Elles (se dire) _____ : «Voilà bien longtemps que nous (ne pas se parler)

   _____.»

2. Edith (se faire faire) _____ une coupe de cheveux qui lui va vraiment bien.

3. Gilles et Éloi étaient furieux quand ils (se rendre compte) _____ que leur

   appartement avait été cambriolé.

4. Ils (s'écrire d'abord) _____ toutes les semaines, puis ils (se téléphoner)

   _____.

5. Elles (se promettre) _____ de prendre rendez-vous.

6. Irène, est-ce que tu (se demander) _____ pourquoi tu n'aimais pas les chats?

Exercice V

Mettez les verbes au passé composé en faisant les accords qui s'imposent.

1. Pour une fois, Stéphane (se dépêcher) _____ ; il (ne pas arriver) _____ en

   retard, mais la frousse que je (avoir) _____ en auto avec lui me (convaincre)

   _____ du bien-fondé du dicton «Mieux vaut tard que jamais».

2. Les Dumouchel (aller) _____ au mont Sainte-Anne pour faire du ski; ils (revenir)

   _____ ce matin seulement car leur voiture (tomber) _____ en panne* sur le

   chemin du retour.

3. Quand les ouvriers (entendre) _____ l'explosion, ils (se retourner) _____

   pour voir ce qui se passait.

4. La jeune patineuse (trébucher) _____ et (ne pas pouvoir) _____ retrouver

l'équilibre; elle (tomber) _____ et (se fouler) _____ la cheville.

5. Ils (vider) _____ leur verre, ils (se regarder) _____ dans les yeux et (se vider)

_____ le coeur*.

6. Les frères du Petit Poucet (perdre) _____ la tête* quand ils (se rendre compte)

_____ qu'ils (se perdre *au plus-que-parfait*)

_____ dans la forêt.

7. À la douane, nous (sortir) _____ nos passeports. La douanière les (regarder)

_____, puis nous (monter) _____ dans l'avion.

8. Quand Maryse (mettre) _____ les pieds dans le plat*, elle (se rendre compte)

_____ du comique de la situation et elle (se mettre) _____ à rire.

Grâce à son sens de l'humour, elle (se sortir) _____ de ce mauvais pas*.

9. Les deux prisonniers (tromper) _____ la vigilance de leur gardien et (s'imaginer)

_____ pouvoir retrouver leur liberté. Ils (bien se tromper)

_____, les pauvres! Quand les policiers les (surprendre) _____ de

l'autre côté du mur, ils leur (dire) _____ : «Vous (se tromper) _____

de direction, les amis.»

10. Ève et Julien (s'apercevoir) _____, (se reconnaître) _____,

(se sourire) _____, (se parler) _____, (se plaire)

_____.

Expressions idiomatiques et notes explicatives

Tomber en panne : arrêter de fonctionner.

Se vider le coeur : dire tout ce qu'on pense, ce qui nous pèse sur le coeur.

Perdre la tête : paniquer.

Mettre les pieds dans le plat : faire une gaffe. Au Québec, on dit *se mettre les pieds dans les plats*.

Se sortir d'un mauvais pas : se sortir d'une situation délicate, difficile.

Exercice VI

Mettez les verbes au passé composé et faites les accords quand il y a lieu. Pour les verbes soulignés, ne donnez que le participe passé. Attention à la place de l'adverbe.

Un lundi matin, le professeur Tournedos arrive à son cours de français.

Le professeur : Bonjour! Est-ce que vous (faire) _____ [1] le tour* des participes passés en *u*, comme (prévoir) _____ [2]?

L'étudiant
Al See : Moi, je (ne pas pouvoir) _____ [3], car je (devoir) _____ [4] terminer un travail sur le tourisme au Québec.

Le professeur : Vous y (arriver) _____ [5] en un tour de main*, j'espère!

L'étudiante
Mae Bee : Moi, je (recevoir) _____ [6] une invitation d'un type que je (connaître) _____ [7] il y a deux semaines.

Le professeur : Et vous la (accepter) _____ [8], bien sûr; vous (répondre) _____ [9] oui sans hésitation!

Mae Bee : Comment est-ce que vous le (savoir) _____ [10]?

Le professeur : Je (ne pas naître) _____ [11] d'hier*, voyez-vous!

L'étudiant
Bobby Pin : Quant à moi, il me (falloir) _____ [12] garder mon petit frère et, malheureusement, il (pleurer) _____ [13] plus souvent qu'à son tour*.

L'étudiant
Hugh Right : Moi, je (croire) _____ [14] qu'il fallait étudier la négation.

Le professeur : Non, justement, nous (voir) _____ [15] cela la semaine dernière!

L'étudiant
Chuck Lett : Moi, quand je (savoir) _____ [16] qu'on organisait à l'Université de Montréal une soirée typiquement québécoise, je (tenir) _____ [17] à y assister à tout prix.

Le professeur : Et vous (boire) _____ [18], bien (entendre)* _____ [19], et le vin vous (monter) _____ [20] à la tête*, c'est ça?

L'étudiant

Tom Tuck :   Moi, monsieur, je (vouloir) _____ [21] visiter Québec pour parler français

mais… euh…

Le professeur :   Ne tournez pas autour du pot*; venez-en au fait.

Tom Tuck :   Le fait est qu'il (pleuvoir) _____ [22] sans arrêt…

Le professeur :   Alors…

Tom Tuck :   Alors, je (faire) _____ [23] demi-tour* et je (revenir) _____ [24] à

la maison.

Le professeur :   Vous (rentrer) _____ [25] chez vous?

Tom Tuck :   Oui, et quand je (arriver) _____ [26], je (trouver) _____ [27] la

porte (fermer) _____ [28] à double tour*.

Le professeur :   Si je comprends bien, on vous (jouer) _____ [29] un bien mauvais tour*?

Tom Tuck :   Mais j'ai bien plus d'un tour dans mon sac*! D'ailleurs, je (s'en sortir très bien)*

_____ [30] : je (passer) _____ [31] par la fenêtre.

Le professeur :   Vous l'aviez laissée (ouvrir) _____ [32]?

Tom Tuck :   Non, c'est moi qui la (ouvrir) _____ [33]. Je (mettre) _____ [34]

plus d'une heure à réussir ce tour de force*.

Le professeur :   Mais vous (ne pas me dire) _____ [35] pourquoi vous (ne pas apprendre)

_____ [36] votre leçon.

Tom Tuck :   Après toutes ces mésaventures, j'étais trop épuisé et je (passer) _____ [37] le

reste de la journée à tourner en rond*.

Le professeur :   C'est d'ailleurs ce que nous faisons depuis que nous sommes (asseoir)

_____ [38] ici! Vous (venir) _____ [39] ici seulement pour me

dire que personne ne (lire) _____ [40] le chapitre sur les participes passés?

L'étudiante

Barbie Cue :   Monsieur, la composition que vous (demander *au plus-que-parfait*)

_____ [41], moi je la (écrire) _____ [42]. Je (parler)

_____ [43] de ma fin de semaine à la maison.

Le professeur :	Tiens! Vous (ne pas partir) _____ [44] en vacances comme les autres?

Barbie Cue : Au contraire, je (travailler) _____ [45] toute la journée, samedi. Je (aller)

_____ [46] faire des courses, je (acheter) _____ [47] des plants de

tomates et de laitue; je (aimer toujours) _____ [48] le jardinage. Je (aider)

_____ [49] mon voisin à laver sa voiture; je (monter) _____ [50]

au grenier faire du ménage et j'en (descendre) _____ [51] des tas de vieilles

choses que je (donner) _____ [52] à mes petits voisins pour leurs jeux. Puis

je (rendre visite) _____ [53] à un ami. Sa grand-mère (mourir)

_____ [54] la semaine dernière et je lui (offrir) _____ [55] mes

condoléances. Puis, quand je (rentrer) _____ [56], je (manger)

_____ [57] et je (s'endormir) _____ [58]; je (dormir)

_____ [59] jusqu'au matin. En me réveillant, je (penser)

_____ [60] à vous. Alors je (transformer) _____ [61] mes efforts

ménagers en efforts linguistiques et le tour (être joué)* _____ [62]!

Expressions idiomatiques et notes explicatives

Faire le tour de quelque chose : passer en revue, examiner tous les aspects d'une question.

En un tour de main : rapidement, sans difficulté.

Je ne suis pas né d'hier : je ne suis pas naïf.

Plus souvent qu'à son tour : trop souvent.

Bien entendu : évidemment.

Le vin vous est monté à la tête : vous a étourdi, vous a enivré.

Tourner autour du pot : ne pas se décider à dire ce que l'on a à dire.

Faire demi-tour : retourner sur ses pas.

Fermer la porte à double tour : la fermer solidement (en donnant deux tours de clé).

Jouer un mauvais tour à quelqu'un : faire une mauvaise plaisanterie à quelqu'un.

Avoir plus d'un tour dans son sac : être malin, futé, rusé.

S'en sortir : se tirer d'affaire, s'en tirer, se débrouiller.

Un tour de force : un exploit.

Tourner en rond : piétiner, ne pas avancer, s'agiter sans rien faire.

Le tour est joué : c'est fait, ça y est.

Exercice VII
(sans corrigé)

Mettez les verbes entre parenthèses au passé composé. Pour les verbes soulignés une fois, ne donnez que le participe passé.

Alfred, le dinosaure volant *ou* Comment Sylviane initie Roxane à la paléontologie

— Tiens! Tu (s'acheter) _____ [1] une perruche, Sylviane?

— Non, c'est Max qui me la (offrir) _____ [2]; je la (appeler) _____ [3] Ornisaurus*.

— Comment?

— ORNI-SAURUS.

— Où est-ce que tu (aller) _____ [4] chercher un nom pareil?

— Je (vouloir) _____ [5] tout simplement souligner les origines sauriennes de ma petite amie ailée.

— Mais les dinosaures (s'éteindre) _____ [6] il y a soixante-cinq millions d'années et ils (ne pas laisser) _____ [7] de descendants.

— Ma pauvre! On dirait que tu (ne pas suivre) _____ [8] l'actualité depuis des siècles! Plusieurs paléontologues (écrire) _____ [9] des articles dans lesquels ils (définir) _____ [10] leurs théories sur l'évolution des dinosaures. Par exemple, le professeur Loris Russel dont le nom est associé au Royal Ontario Museum à Toronto (émettre) _____ [11] l'hypothèse suivante : quand la terre (passer) _____ [12] d'une température tropicale à une température plus rigoureuse, la température des dinosaures, elle aussi, (tomber) _____ [13]. Selon lui, les dinosaures avaient le sang chaud, et non le sang froid comme on le (croire) _____ [14] pendant longtemps. Malheureusement, comme ils n'avaient pas de plumes comme les oiseaux ou de fourrure comme les mammifères, ils (ne pas pouvoir) _____ [15] maintenir la chaleur de leur corps durant les hivers de plus en plus longs. C'est pourquoi ils (disparaître) _____ [16]. Tous les reptiles qui (survivre) _____ [17] à cette catastrophe avaient le sang froid.

— Et à quoi était (devoir) _____ [18] cette transformation du climat?

— Les causes en sont encore mal (connaître) _____ [19], mais le Dr Dale Russel des Musées nationaux à Ottawa en (attribuer) _____ [20] la cause à l'explosion d'une supernova, exposant la terre à des radiations cosmiques excessives. Les résultats (alors se faire) _____ [21] sentir sous la forme d'un brusque refroidissement.

— C'est donc pour éviter un refroidissement que ton dinosaure (prendre) _____ ²² ses plumes a son cou* et qu'il (arriver) _____ ²³ jusqu'à nous à tire-d'aile*!

— Sois donc un peu sérieuse! Tous les gens tant soit peu (<u>renseigner</u>) _____ ²⁴ savent bien que les premiers oiseaux (naître) _____ ²⁵ il y a plus de 140 million d'années, en plein règne* des dinosaures. Le plus ancien spécimen (<u>connaître</u>) _____ ²⁶, qu'on (appeler) _____ ²⁷ archéoptéryx, avait la grosseur d'un pigeon. Ses mâchoires étaient (<u>pourvoir</u>) _____ ²⁸ de dents, ses ailes (<u>armer</u>) _____ ²⁹ de griffes et son corps (<u>munir</u>) _____ ³⁰ d'une longue queue.

— Charmant!

— Il n'était pas capable de voler comme les oiseaux d'aujourd'hui à cause de ses muscles peu développés. En fait, l'archéoptéryx est un animal intermédiaire entre le reptile et l'oiseau.

— Bon! Et tu vas me dire maintenant que plusieurs de ces animaux terribles (déjà se promener) _____ ³¹ sur le sol canadien!

— Absolument! Tu sais qu'on (découvrir) _____ ³² des gisements très riches dans les Rocheuses et dans les Badlands de l'Alberta et des États-Unis. Les recherches (<u>entreprendre</u>) _____ ³³ au XIXe siècle (même déclencher) _____ ³⁴ une véritable ruée vers l'os*. Tu n'as pas idée des difficultés que les chercheurs (éprouver) _____ ³⁵ au cours de leurs expéditions.

— Oui, mais eux quand ils tombaient sur un os*, ils devaient être (<u>ravir</u>) _____ ³⁶! Bon, et maintenant ça suffit! Tu me (assez casser) _____ ³⁷ les oreilles* avec tes histoires. Il fallait appeler ta perruche Alfred, du nom de mon grand-oncle qui (mourir) _____ ³⁸ à cent quatre ans. C'était un fossile en son genre!

Expressions idiomatiques et notes explicatives

Ornisaurus : Les noms des dinosaures sont formés à partir de mots grecs ou latins. *Ornisaurus* vient du grec *ornis* (oiseau) et *saurus* (lézard). Le mot *dinosaure* signifie *terrible lézard*.

Prendre ses plumes à son cou : jeu de mots sur l'expression *prendre ses jambes à son cou* qui signifie *se sauver le plus vite possible*.

À tire-d'aile : sans s'arrêter.

En plein règne : au milieu du règne.

La ruée vers l'os : jeu de mots sur la ruée vers l'or, expression qui rappelle la folie provoquée par la découverte de l'or dans l'Ouest au XIXe siècle.

Tomber sur un os : rencontrer une difficulté.

Casser les oreilles à quelqu'un : embêter quelqu'un avec ce que l'on raconte.

Deuxième partie : Le passif

Exercice I

Repérez les COD des verbes et mettez les phrases à la voix passive. Respectez le temps du verbe et faites les accords nécessaires.

1. Un Canadien du nom de Bell a inventé le téléphone au XIXe siècle.

   _____

2. Chaque année, Amnistie internationale sauve des prisonniers d'opinion.

   _____

3. La médecine moderne n'a pas encore vaincu la sclérose en plaques.

   _____

4. Chaque année, au mois de février, la ville de Québec organise un grand carnaval.

   _____

5. Une jeune journaliste à l'esprit caustique a interviewé le ministre.

   _____

6. Le garagiste a averti Nicole du danger de rouler avec sa vieille voiture.

   _____

7. Les étudiants éliront une nouvelle représentante.

   _____

8. Léonard de Vinci a peint la *Joconde* pour le duc de Sforza.

   _____

9. On prie les passagers d'attacher leur ceinture.

   _____

10. J.S. Bach a composé les *Variations Goldberg* en 1742.

    _____

Exercice II

Mettez les phrases suivantes au passif quand c'est possible.

1. Dans cette entreprise, les ouvriers participent à la gestion.

   _____

2. Les policiers ont pris le cambrioleur la main dans le sac*.

   _____

3. Les Vikings ont découvert l'Amérique avant Christophe Colomb.

   _____

4. Je permets aux enfants d'aller seuls à la piscine.

   _____

5. Des millions de personnes ont vu le film *La Guerre des Étoiles.*

   _____

6. L'été prochain, plusieurs compagnies engageront des étudiants.

   _____

7. Les médecins dépistent bien des maladies lors des examens de routine.

   _____

8. Dernièrement, un juge a ordonné à trois compagnies de payer la somme dérisoire de 5000 $ chacune pour avoir pollué l'environnement.

   _____

9. On étudiera ce problème sous tous ses angles et on le résoudra.

   _____

10. J'ai écrit à Louise de venir nous rejoindre en Gaspésie.

    _____

11. À la partie de hockey hier soir, l'équipe des Canadiens a battu l'équipe adverse à plate couture*.

    _____

12. Stéphane parlera à ses parents de son projet d'aller étudier aux États-Unis.

    _____

Expressions idiomatiques et notes explicatives

Prendre quelqu'un la main dans le sac : attraper quelqu'un au moment où il commet un délit.

Battre à plate couture : infliger une défaite totale.

Exercice III

Quand c'est possible, transformez les phrases suivantes de la tournure active personnelle à :
a) la tournure active impersonnelle : On lui a dit de se dépêcher.
b) la tournure passive : Il a été averti de se dépêcher.
c) la tournure pronominale personnelle ou impersonnelle selon le cas : Cette maladie s'attrape par le contact des mains.

Modèle :
Les francophones traduisent l'expression *to put your foot in your mouth* par *faire une gaffe*.
a) En français, on traduit l'expression *to put your foot in your mouth* par *faire une gaffe*.
b) L'expression *to put your foot in your mouth* est traduite en français par *faire une gaffe*.
c) L'expression *to put your foot in your mouth* se traduit en français par *faire une gaffe*.

1. En Italie, les gens mangent les pâtes *al dente*.

_____

_____

2. Le raz-de-marée a détruit plusieurs villages sur la côte.

_____

3. Au marché, les maraîchers vendent les légumes à meilleur prix.

_____

_____

4. Vous pouvez expliquer cela par la loi de l'offre et de la demande.

_____

_____

_____

5. Les gens répètent ça de bouche à oreille*.

_____

_____

_____

6. Après ce genre d'opération, les médecins prescrivent un repos complet aux patients.

    _____

    _____

7. Vous ne devez pas répéter les secrets.

    _____

    _____

    _____

8. L'auditoire en délire a demandé au chanteur de revenir sur scène.

    _____

9. Le Cirque du soleil* émerveille encore les enfants de 7 à 77 ans.

    _____

10. Les gens vont dire bien des choses sur son compte.

    _____

    _____

    _____

    _____

Expressions idiomatiques et notes explicatives

De bouche à oreille : s'emploie pour dire qu'un message est transmis oralement, de personne à personne.

Le Cirque du soleil : cirque québécois, de renommée internationale, qui se distingue par sa théâtralité et la poésie de ses numéros.

Exercices d'exploitation orale et écrite

Les auxiliaires et l'accord du participe passé

1. Racontez au passé composé ce que vous avez fait depuis le début de la journée, ou la veille, ou lors d'une soirée passée à garder les enfants de la voisine :

    > Ex. :   Je suis arrivé(e) à 18 h, j'ai préparé le souper; j'ai fait manger les enfants; le plus vieux n'a pas voulu manger; ils se sont disputés; je leur ai lu une histoire; ils se sont lavés, se sont brossé les dents; etc.

2. Faites le reportage d'un événement d'actualité (réel ou fictif) : la visite d'un diplomate, la découverte d'un monstre (cousin de celui du Loch Ness) dans le lac Supérieur, etc.

Le passif

1. Préparez une petite brochure touristique pour présenter votre ville et certains de ses édifices importants. Ou encore, commentez vos photos de voyage en donnant des informations sur les lieux et les monuments présentés.

2. En vous servant des nouvelles du jour, racontez un fait divers qui rapporte un accident, un incendie, un vol de banque, etc.

3. Pour travailler à la fois les auxiliaires, l'accord du participe passé et le passif, faites un pastiche d'un endroit connu à partir du modèle suivant.

La Biosphère

Connu aujourd'hui sous le nom de Biosphère, ce spectaculaire dôme géodésique a été conçu par l'architecte Buckminster Fuller et a été commandité et construit pour être le pavillon des États-Unis lors d'Expo 67, l'exposition universelle tenue à Montréal. Il a certainement été le plus couru de tous les pavillons nationaux. Par la suite, il a connu un étrange destin. En 1978, comme la matière acrylique dont il était recouvert était hautement inflammable, ce qui devait arriver arriva : la boule de 60 m de hauteur a été la proie des flammes et la structure a été presque entièrement détruite. Laissée à l'abandon pendant plusieurs années, cette structure a finalement été choisie par Environnement Canada pour devenir en 1995 le seul musée de l'eau en Amérique, tout particulièrement dédié au fleuve Saint-Laurent et aux Grands Lacs.

Corrigé des exercices

Les auxiliaires et l'accord du participe passé

Exercice I

1. sommes allé(e)s; sont venus
2. sont arrivés
3. est née; est morte
4. êtes parti(e) / parti(e)s
5. sont devenus
6. es déjà entrée
7. sont tombées
8. êtes resté(e) / resté(e)s

Exercice II

1. … avec les brochures que tu as reçues…
2. Est-ce que vous avez obtenu les renseignements…
3. Les choses que j'ai apprises…
4. Les concurrentes ont suivi toutes les consignes…
5. Les clowns ont offert des ballons…
6. m'a téléphoné; avons parlé;… lui a coûté une fortune, mais la joie que nous avons eue…
7. Les notes que Margot a obtenues…
8. … a pris sa retraite, on a organisé une réception, mais c'est la gravure qu'on lui a remise qui l'a émue le plus.
9. ont échappé; les ont arrêtés; ont essayé
10. Mes cousins nous ont accueilli(e)s…

Exercice III

1. les Lefebvre sont descendus
2. j'ai descendu la grande piste de ski
3. Les touristes sont monté(e)s
4. Philippe a monté les cent cinquante marches
5. Nous avons passé une fin de semaine
6. Nous sommes passé(e)s
7. tu es rentré(e) tard
8. Elle a rentré la voiture
9. tu as sorti tes vêtements d'hiver
10. Madeleine est sortie
11. Il a retourné la boîte
12. Les Belisle sont retournés

Exercice IVa

1. se sont aperçus; se sont tus
2. s'est allongée; s'est endormie
3. se sont évanouis
4. nous sommes décidé(e)s
5. se sont battues
6. vous êtes trop éloignés; vous êtes perdus

Exercice IVb

1. se sont lavé
2. s'est achetée
3. s'est mis
4. se sont cassé
5. me suis faite

Exercice IVc

1. se sont dit; ne nous sommes pas parlé
2. s'est fait faire
3. se sont rendu compte
4. se sont d'abord écrit; se sont téléphoné
5. se sont promis
6. t'es demandé

Exercice V

1. s'est dépêché; n'est pas arrivé; j'ai eue; m'a convaincu(e)
2. sont allés; sont revenus; est tombée
3. ont entendu; se sont retournés
4. a trébuché; n'a pas pu; est tombée; s'est foulé
5. ont vidé; se sont regardés; se sont vidé le coeur
6. ont perdu; se sont rendu compte; s'étaient perdus
7. avons sorti; les a regardés; sommes monté(e)s
8. a mis; s'est rendu compte; s'est mise; s'est sortie
9. ont trompé; se sont imaginé; se sont bien trompés; ont surpris; ont dit; vous êtes trompés
10. se sont aperçus; se sont reconnus; se sont souri; se sont parlé; se sont plu

Exercice VI

1. avez fait
2. prévu
3. je n'ai pas pu
4. j'ai dû
5. êtes arrivé
6. j'ai reçu
7. j'ai connu
8. l'avez acceptée
9. avez répondu
10. l'avez su
11. ne suis pas né
12. m'a fallu
13. a pleuré
14. j'ai cru
15. avons vu
16. j'ai su
17. j'ai tenu
18. avez bu
19. entendu
20. est monté
21. j'ai voulu
22. a plu
23. j'ai fait
24. suis revenu
25. êtes rentré
26. suis arrivé
27. j'ai trouvé
28. fermée
29. a joué
30. m'en suis très bien sorti
31. suis passé
32. ouverte
33. l'ai ouverte
34. j'ai mis
35. ne m'avez pas dit
36. n'avez pas appris
37. j'ai passé
38. assis
39. êtes venus
40. n'a lu
41. aviez demandée
42. l'ai écrite
43. J'ai parlé
44. n'êtes pas partie
45. j'ai travaillé
46. Je suis allée
47. j'ai acheté
48. j'ai toujours aimé
49. J'ai aidé
50. suis montée
51. ai descendu
52. j'ai données
53. j'ai rendu visite
54. est morte

55. ai offert
56. suis rentrée
57. j'ai mangé

58. me suis endormie
59. j'ai dormi
60. j'ai pensé

61. j'ai transformé
62. a été joué

Le passif

Exercice I

1. Le téléphone a été inventé au XIXe siècle par un Canadien du nom de Bell.
2. Chaque année, des prisonniers d'opinion sont sauvés par Amnistie internationale.
3. La sclérose en plaques n'a pas encore été vaincue par la médecine moderne.
4. Chaque année, au mois de février, un grand carnaval est organisé par la ville de Québec.
5. Le ministre a été interviewé par une jeune journaliste à l'esprit caustique.
6. Nicole a été avertie par le garagiste du danger de rouler avec sa vieille voiture.
7. Une nouvelle représentante sera élue par les étudiants.
8. La *Joconde* a été peinte par Léonard de Vinci pour le duc de Sforza.
9. Les passagers sont priés d'attacher leur ceinture.
10. Les *Variations Goldberg* ont été composées par J.S. Bach en 1742.

Exercice II

1. (pas de passif ici)
2. Le cambrioleur a été pris la main dans le sac par les policiers.
3. L'Amérique a été découverte par les Vikings avant Christophe Colomb.
4. (pas de passif ici)
5. Le film *La Guerre des étoiles* a été vu par des millions de personnes.
6. L'été prochain, des étudiants seront engagés par plusieurs compagnies.
7. Bien des maladies sont dépistées par les médecins lors des examens de routine.
8. (pas de passif ici)
9. Ce problème sera étudié sous tous ses angles et il sera résolu.
10. (pas de passif ici)
11. … l'équipe adverse a été battue à plate couture par l'équipe des Canadiens.
12. (pas de passif ici)

Exercice III

1. En Italie, on mange les pâtes *al dente*.
   En Italie, les pâtes se mangent *al dente*.
2. Sur la côte, plusieurs villages ont été détruits par le raz-de-marée.
3. Au marché, on vend les légumes à meilleur prix.
   Au marché, les légumes sont vendus à meilleur prix par les maraîchers.
   Au marché, les légumes se vendent à meilleur prix.
4. On peut expliquer cela par la loi de l'offre et de la demande.
   Cela peut être expliqué par la loi…
   Cela peut s'expliquer par la loi…
5. On répète ça de bouche à oreille.
   C'est répété de bouche à oreille.
   Ça se répète de bouche à oreille.

6. Après ce genre d'opération, on prescrit un repos complet aux patients.

   Après ce genre d'opération, un repos complet est prescrit aux patients par les médecins.

7. On ne doit pas répéter les secrets.

   Les secrets ne doivent pas être répétés.

   Les secrets ne doivent pas se répéter.

8. On a demandé au chanteur de revenir sur scène.

9. Les enfants de 7 à 77 ans sont encore émerveillés par le Cirque du soleil.

10. On va dire bien des choses sur son compte.

    Bien des choses vont être dites sur son compte.

    Bien des choses se diront sur son compte.

Chapitre 8

Les temps du passé

abordes – to tackle.

Aide-mémoire

tackle
En abordant les temps du passé, n'oubliez pas que dans la langue parlée et écrite en français, on emploie principalement deux temps, **le passé composé** et **l'imparfait** (dans la langue littéraire, le passé simple et l'imparfait) pour raconter une histoire qui s'est déroulée dans le passé. Il est important de noter que ces temps ont une valeur sémantique qui les différencie l'un de l'autre, et qu'il y a toujours un choix à faire entre le passé composé (ou le passé simple) et l'imparfait, selon la sorte d'information qu'on souhaite communiquer.

Dans ce chapitre, nous n'abordons pas le passé simple mais vous pourrez l'identifier dans certains textes, notamment dans *Histoire de dragons* (chapitre 3) et *Le chat botté* (chapitre 4).

1. On utilise **le passé composé** pour parler d'actions qui ont eu lieu à un moment précis ou dans des limites de temps précises, et qui sont terminées au moment où on en parle. L'important n'est pas tant la durée de chaque action mais le fait qu'elle est exprimée de manière explicite (par une indication de temps) ou implicite (par le temps du verbe). Dans les exemples ci-dessous, les indications de temps ajoutent des précisions mais elles ne sont pas essentielles. En effet, l'utilisation même du passé composé nous indique que l'action a eu un commencement et une fin connus au moment où on se situe pour en parler.

   Ex. : Je me suis couché (à minuit, après son départ, de bonne heure, tout de suite, etc.).
   Alice s'est tue (après cette déclaration choc, pendant toute la réunion, ce soir-là, etc.).
   Quand (le jour où, soudain, en entrant dans la salle, etc.) je l'ai vu, j'ai couru vers lui (cette fois-là, immédiatement, etc.).
   Ils se sont fréquentés (pendant dix ans, longtemps, quand ils étaient jeunes, etc.).
   Elle a combattu la maladie (jusqu'à la fin, pendant des mois, les premiers temps, etc.).

2. On utilise **l'imparfait** pour décrire le **présent dans le passé**. Lorsqu'on parle d'un état ou d'une action au présent, on n'en connaît ni le début ni la fin. Il en va de même pour les descriptions d'un état ou d'une action à l'imparfait.

   Ex. : La semaine dernière, je me sentais très mal.   Cette semaine, je me sens mieux.
   Autrefois, les églises étaient pleines.   Actuellement elles sont presque vides.
   Hier, je plantais des choux.   Aujourd'hui, je plante des fleurs.
   Avant, elle chantait dans son village.   Maintenant, elle chante à Las Vegas.

   Ainsi, quand on se reporte à une période du passé pendant laquelle une action est en train de se dérouler, soit pour la *décrire* soit pour insister sur son aspect *habituel* ou *répétitif*, on utilise **l'imparfait**. Si on reprend les exemples fournis plus haut pour illustrer le passé composé, et qu'on met les verbes à l'imparfait, l'utilisation même de l'imparfait nous indique que ces actions (se coucher, se taire, le voir et courir vers lui, se fréquenter, combattre) sont en train de se produire ou de se répéter et que leur durée est indéterminée (on n'en connaît ni le début, ni la fin). Comme on s'est replacé dans le passé pour en parler, on les décrit comme on le ferait au présent.

   Ex. : Je me **couchais** à minuit (auparavant, quand j'étais en vacances, tous les samedis, etc.).
   Je me **couche** à minuit (maintenant, quand je suis en vacances, tous les samedis, etc.).

   Alice **se taisait** (parfois, chaque fois qu'on l'interrogeait, quand on lui parlait de Philippe, etc.).
   Alice **se tait** (parfois, chaque fois qu'on l'interroge, quand on lui parle de Philippe, etc.).

   Quand je le **voyais** (les jours de congé, à chacune de ses visites, etc.), je **courais** (chaque fois, toujours) vers lui.
   Quand je le **vois** (les jours de congé, à chacune de ses visites, etc.), je **cours** (chaque fois, toujours) vers lui.

   Ils **se fréquentaient** (depuis longtemps, depuis 10 ans, les fins de semaine, etc.).
   Ils **se fréquentent** (depuis longtemps, depuis 10 ans, les fins de semaine, etc.).

   Elle **combattait** la maladie (alors, à cette époque, les premiers temps, etc.).
   Elle **combat** la maladie (aujourd'hui, maintenant, depuis les premiers temps, etc.).

3. Dans une narration, une succession d'événements, circonscrits dans le temps (le début et la fin sont connus), sont racontés au **passé composé**, dans leur ordre chronologique. Ce sont eux qui font *avancer le récit*.

knock over

swallow

Ex. : Ce matin, je **me suis levée**, je **me suis habillée** en vitesse, j'**ai avalé** un croissant et je **suis sortie**. Dans ma hâte, j'ai **bousculé** un passant et **me suis retrouvée** nez à nez avec une de mes anciennes flammes. Le cher homme ne m'**a** pas **reconnue**. Je **me suis excusée**, il m'**a souri**, m'**a saluée**, **a pressé** le pas et **s'est éclipsé**.

Dans une narration, si on veut définir un cadre, décrire la situation, recréer l'ambiance, ou encore dépeindre quelqu'un ou quelque chose, on met les verbes à **l'imparfait**.

Ex. : C'**était** le jour de mon entrevue avec le directeur et j'**étais** fébrile.
Il me **regardait** attentivement; il **était** grand et **portait** des lunettes.
Il **faisait** beau; les cerisiers **étaient** en fleurs, nous **étions** heureux.
La foule **s'impatientait**; la fièvre **montait**.
Est-ce que je te dérange? Qu'est-ce que tu **lisais**?
Les enfants **jouaient** dans la cour.

Vous pouvez constater que malgré leur intérêt, ces informations, ces précisions ne font pas avancer le récit. Elles permettent simplement de décrire *le contexte* dans lequel se sont déroulés les événements.

4. Pour bien saisir **la valeur** sémantique de chaque temps, considérez les exemples suivants :

Ex. : Le petit Charles dormait *pendant que* sa soeur jouait devant la maison.
Le petit Charles a dormi *pendant* deux heures.
Le petit Charles dormait *quand* je suis entrée dans la maison.

L'imparfait présente la situation (début et fin indéterminés), le passé composé présente l'événement (durée déterminée).

5. Et le **plus-que-parfait?** Quand on veut raconter quelque chose, on commence généralement en annonçant ce dont on va parler. On présente ensuite, dans l'ordre chronologique, les événements qui nous semblent les plus importants pour faire avancer notre récit. Il arrive, cependant, que pour expliquer ou clarifier un des événements ou encore mettre en relief celui qui va suivre, on ouvre une sorte de parenthèse pour retourner en arrière et rappeler un événement *antérieur* à celui dont il est question. C'est alors qu'on emploie le plus-que-parfait.

Ex. : Mme Jeanne Sauvé a occupé le poste de Gouverneur général du Canada de 1984 à 1990. Elle a été la première femme à accéder à ce poste. Il faut dire que la brillante carrière qu'elle **avait eue** auparavant l'**avait** bien **préparée** pour ce poste prestigieux. Sa nomination n'a donc étonné personne.

6. Le choix du temps est indépendant de la signification du verbe. Ainsi, le verbe *durer* qui signifie *se prolonger dans le temps* peut se mettre au passé composé (Le Moyen Âge **a duré** de la chute de l'Empire romain jusqu'au début de la Renaissance), à l'imparfait (Comme l'examen **durait** trois heures, j'ai eu le temps de répondre à toutes les questions) ou au plus-que-parfait (Comme l'opération **avait duré** trois heures, le chirurgien était épuisé).

Rappelez-vous enfin que le choix d'employer l'un ou l'autre temps du passé dépendra toujours et avant tout de l'**intention de l'auteur**, c'est-à-dire de ce qu'il veut exprimer.

Pré-test

Mettez les verbes entre parenthèses à l'imparfait, au passé composé ou au plus-que-parfait, selon le cas.

La légende de Rose Latulipe (légende québécoise)

On (être) _____était_____ [1] à la veille du Carême*. Chez le père Latulipe*, un colon [settler] du Québec,

on (fêter) _____fêtait_____ [2] le Mardi gras*. Cet homme (avoir) _____avait_____ [3]

une fille appelée Rose à qui il (tenir) _____tenait_____ [4] comme à la prunelle de ses yeux*. Elle

(aimer) _____aimait_____ [5] d'amour tendre un certain Gabriel Lepard mais, par coquetterie et par

vanité, il lui (arriver) _____arrivait_____ [6] souvent de l'abandonner toute une soirée pour se laisser

faire la cour* par d'autres cavaliers*.

Ce soir-là, tout le monde (s'amuser) _____s'amusait_____ [7] follement. Tout à coup, on

(entendre) _____a entendu_____ [8] un bruit effrayant devant la porte; une carriole (venir d'arriver)

_____ [9], tirée par deux chevaux à la robe aussi noire que du charbon et aux yeux aussi

[blazing] ardents que le feu. Un homme (descendre) _____est descendu_____ [10] et (s'avancer)

_____s'est avancé_____ [11] vers la maison; grand, tout de noir vêtu, le regard foudroyant, il (demander)

_____a demandé_____ [12] au maître de maison s'il (pouvoir) _____pouvait_____ [13] se divertir

lui aussi. En bon hôte, le père Latulipe le (inviter) _____l'a invité_____ [14] à se joindre au groupe et lui

(offrir) _____a offert_____ [15] un verre d'eau-de-vie. Chose étrange, à chaque gorgée, l'inconnu

(faire) _____faisait_____ [16] une grimace infernale. C'est que, comme ses réserves d'eau-de-vie

(tirer) _____ [17] à leur fin, notre hôte y (ajouter) _____ [18] de

l'eau bénite un peu avant l'arrivée du mystérieux visiteur. Puis l'étranger (se mettre)

_____s'est mis_____ [19] à danser avec Rose. Plus ils (danser) _____dansaient_____ [20], plus Rose

(se sentir) _____se sentait_____ [21] attirée par le bel inconnu. Tant et si bien qu'avant même d'y avoir

réfléchi deux fois, elle lui (déjà donner) _____avait donné_____ [22] [soul] son âme pour toujours. Au douzième

coup de minuit, le père Latulipe (décider) _____a décidé_____ [23] de faire cesser la danse, car le

Carême (commencer) _____commençait_____ [24] avec le mercredi des Cendres* et que le salut de sa fille

[seemed] [safety] lui (paraître) _____paraissait_____ [25] en danger.

Par un hasard divin, le curé [priest] du village (passer) _____passait_____ [26] justement par là; aussitôt,

il (reconnaître) _____a reconnu_____ [27] le diable et le (chasser) _____l'a chassé_____ [28].

[chase away]

Regrettant sa faute irréparable, Rose (entrer) _____est entrée_____ **29** au couvent où elle (mourir)
_____est morte_____ **30** trois ans plus tard, laissant pour la pleurer un père inconsolable et un
amoureux désespéré.

Morale : À l'époque où l'on racontait cette triste histoire, bien des jeunes filles ont pris la décision de craindre
Dieu, le diable, leur père et leur mari!

___

Expressions idiomatiques et notes explicatives

Le Carême : chez les chrétiens, période de pénitence qui commence après le Mardi gras et dure jusqu'à Pâques.

Le père Latulipe : terme familier qu'on emploie parfois à la place de *monsieur* pour désigner un homme d'un certain âge,
surtout dans un milieu rural.

Le Mardi gras : dernier jour du carnaval avant le Carême.

Tenir à quelqu'un (ou à quelque chose) comme à la prunelle de ses yeux : accorder une extrême importance à quelqu'un ou
à quelque chose; ne pas pouvoir vivre sans cette personne ou cette chose.

Faire la cour à quelqu'un : pour un homme, se montrer galant auprès d'une femme pour lui plaire.

Un cavalier : compagnon de danse.

Le mercredi des Cendres : premier jour du Carême dans le calendrier catholique.

___

Corrigé du pré-test

1. était
2. fêtait
3. avait
4. tenait
5. aimait
6. arrivait
7. s'amusait
8. a entendu
9. venait d'arriver
10. est descendu
11. s'est avancé
12. a demandé
13. pouvait
14. l'a invité
15. a offert
16. faisait
17. tiraient
18. avait ajouté
19. s'est mis
20. dansaient
21. se sentait
22. avait déjà donné
23. a décidé
24. commençait
25. paraissait
26. passait
27. a reconnu
28. l'a chassé
29. est entrée
30. est morte

Barème

28/30 . . . . 95%
25/30 . . . . 85%
22/30 . . . . 75%
19/30 . . . . 65%
16/30 . . . . 55%

Exercice Ia
(sans corrigé)

Mettez les verbes entre parenthèses au passé composé et continuez les phrases.

1. Ce matin, je (se lever) _____ en retard, alors _____

   _____

2. La semaine dernière, Luc me (téléphoner) _____ , _____

   _____

3. Hier à midi, Sandra (venir) _____ me rejoindre au centre-ville et _____

   _____

4. Nous (arriver)_____ à Paris le 10 mai, _____

   _____

5. Ce criminel est une victime des circonstances de la vie : il (perdre) _____ ses

   parents à l'âge de trois ans, _____

   _____

Exercice Ib

Mettez les verbes au passé composé. Notez les expressions de temps contenues dans les phrases.

1. Martin (travailler) _____ pendant toute la matinée.

2. Il y a trois ans, mon père (subir) _____ un infarctus et, depuis lors, il

   (complètement modifier) _____ son mode de vie.

3. Depuis qu'elle (s'inscrire) _____ à l'université, Christine étudie tout le temps.

4. Quand nos amis (rentrer) _____ , nous leur (apprendre)

   _____ la bonne nouvelle.

5. On (être) _____ chanceux* pour notre pique-nique; il (faire)

   _____ beau toute la journée.

6. — Tiens? Tu fais la mayonnaise comme ça, toi?

   — Je (toujours faire) _____ la mayonnaise de cette façon et je ne la (jamais rater)

   _____ .

7. Je suis allée voir les chutes du Niagara. Le trajet (durer) _____ sept heures.

8. Abraham Lincoln (vivre) _____ de 1809 à 1865.

9. Après son accident, elle (rester) _____ handicapée.

Expressions idiomatiques et notes explicatives

Être chanceux : au Québec on utilise plus fréquemment cette tournure que *avoir de la chance*.

Exercice IIa
(sans corrigé)   Mettez les verbes entre parenthèses à l'imparfait et complétez les phrases.

1. Quand il (neiger) _____, chacun (s'occuper) _____ comme

   il (vouloir) _____ : certains _____

   _____

2. Dans mon rêve, les autos (aller) _____ et (venir) _____ sur

   la grande route. Mélissa (essayer) _____ de traverser et n'y (arriver)

   _____ pas*. Moi, je _____

   _____

3. Avant, je (être) _____ une personne très timide, je _____

   _____

4. Quand Clarisse (faire) _____ du bénévolat* à l'Hôpital des enfants, elle _____

   _____

5. Dans ma famille on (célébrer) _____ Noël ensemble : ça (commencer)

   _____ par le réveillon, et _____

   _____

Expressions idiomatiques et notes explicatives

Y arriver : réussir.

Faire du bénévolat : travailler gratuitement pour une cause qui nous tient à coeur, que l'on considère importante.

Exercice IIb

Mettez les verbes à l'imparfait. Notez les indications de temps contenues dans ces phrases.

1. Je (venir) _____ d'arriver à Montréal quand j'ai connu les Jalbert.

2. Dans la maison de mon enfance, le sous-sol (se remplir) _____ d'eau chaque fois

   qu'il (pleuvoir) _____ .

3. Pendant qu'Alice (prendre) _____ son café, je lui ai demandé si elle (vouloir)

   _____ avoir plus de temps avant de me donner sa réponse.

4. Comme le ciel (se couvrir) _____ , on a pensé qu'il (aller)

   _____ pleuvoir.

5. Plus ils (réfléchir) _____ , plus ils (se rendre compte) _____

   qu'il (falloir) _____ trouver une autre solution.

Exercice III

Complétez les phrases suivantes en mettant le verbe donné au temps qui convient. Vous remarquerez que dans des phrases semblables, les verbes peuvent se mettre tantôt à l'imparfait, tantôt au passé composé, selon le sens.

1. **Avoir**

   Quand je _____ vingt ans, on a célébré mon anniversaire en grand*.

   Quand je _____ vingt ans, je portais une barbe.

   Elle _____ trois enfants en trois ans.

   Ils _____ trois enfants quand je les ai connus.

2. **Être**

   Il a mangé des champignons vénéneux et il _____ très malade.

   Mon vieux chien est mort; c'est mieux comme ça; il _____ très malade.

Vous _____ chanceux* de retrouver votre portefeuille.

Elle _____ chanceuse* de nature : chaque fois qu'elle achetait un billet de loterie,

elle gagnait.

Mon père me dit souvent : «Tu sais, je _____ jeune, moi aussi.»

Mon père m'a dit : «Tu sais, je _____ jeune à l'époque, je ne m'en souviens plus

très bien.»

3. **Devenir**

Au moment de ses crises, il _____ complètement irrationnel.

Adrienne Clarkson _____ la deuxième femme Gouverneur général du Canada.

4. **Mourir**

Cette plante _____ parce que vous l'avez trop arrosée.

Je _____ de faim*; alors j'ai commandé la plus grosse pizza du menu.

5. **Aimer**

C'est un très bon film; je le _____ énormément.

À cinq ans, elle _____ déjà faire du théâtre.

6. **Avoir peur**

Ouf! Je _____! Je ne t'avais pas entendu venir.

Avant de suivre ma thérapie, je _____ de prendre l'avion.

Expressions idiomatiques et notes explicatives

En grand : avec éclat, de façon spectaculaire.

Être chanceux / chanceuse : au Québec on utilise plus fréquemment cette tournure que *avoir de la chance*.

Mourir de faim : avoir très faim.

Exercice IV

Récrivez le texte suivant en utilisant l'imparfait ou le passé composé selon l'indication de temps qui vous est donnée pour les versions **a** et **b**. Au besoin, consultez l'aide-mémoire de ce chapitre.

Je vais très tôt au marché Jean-Talon. Je commence par faire le tour des* étalages où s'empilent des montagnes de fruits et légumes de toutes les couleurs. J'en profite pour faire un brin de causette* avec les marchands. L'italien et le français se mêlent dans toutes les conversations. En une demi-heure, je réussis à me faire une bonne idée des prix du jour et, comme tout(e) bon(ne) habitué(e) du marché, je m'amuse à marchander. Une fois mes sacs remplis, je me rends dans les boutiques qui bordent la place. Je suis fasciné(e) par les devantures où pendent des stalactites de fromages, de jambons et de saucissons. Toutes ces bonnes odeurs me mettent en appétit et je me fais plaisir en m'offrant une délicieuse pizza chez *Baffone*. Pour bien finir la matinée, je m'arrête au café *Marco* pour déguster un espresso bien tassé*.

a)   Le samedi matin, _____

_____

_____

_____

_____

_____

_____

_____

_____

_____

_____

b)   Samedi matin, _____

_____

_____

_____

_____

_____

_____

_____

_____

_____

_____

_____

_____

Expressions idiomatiques et notes explicatives

Faire le tour de : passer en revue.

Faire un brin de causette : bavarder un petit moment.

Bien tassé : s'emploie pour désigner un café bien fort, bien concentré.

Exercice V

Mettez les verbes entre parenthèses au plus-que-parfait. Notez la concordance des temps du passé dans les phrases.

1. Hier soir, je n'ai pas pu rentrer chez moi parce que le matin, je (oublier) _____ ma

   clé dans l'appartement.

2. Un jour, la voiture est tombée en panne* parce que Laurent (ne pas penser) _____

   à faire le plein*.

3. Lundi soir, nous avons cru que vous étiez à la maison parce que vous (laisser)

   _____ les lumières allumées.

4. Ça m'étonne qu'Étienne ne soit pas venu; il nous (pourtant dire) _____ qu'il serait

   là!

5. Quand Johanne s'est rendu compte qu'elle (se tromper) _____, elle a tout

   recommencé.

6. Au début de l'hiver j'ai été obligé de m'acheter d'autres gants parce que je (perdre)

_____ les miens l'année dernière.

7. Sylvie voulait te donner un coup de main* ce matin, mais tu (déjà terminer)

_____.

Expressions idiomatiques et notes explicatives

Tomber en panne : arrêter de fonctionner.

Faire le plein : remplir le réservoir d'essence.

Donner un coup de main à quelqu'un : aider quelqu'un.

Exercice VIa

Le choix du temps (passé composé ou plus-que-parfait) nous permet de reconstituer l'ordre chronologique des événements racontés. Lisez ce bulletin de nouvelles daté du 22 mai 1990, et relevez les événements en les remettant dans l'ordre chronologique. Servez-vous des lignes numérotées qui suivent le bulletin.

Le peintre naïf, Arthur Villeneuve, est mort subitement hier matin à la résidence de sa fille Micheline, à Montréal. Il avait 80 ans. Le peintre avait quitté la région du Saguenay au début de la fin de semaine pour assister au vernissage d'une exposition de ses oeuvres au musée Laurier d'Arthabaska. C'est ainsi que dimanche, accompagné de son épouse Hélène, il a participé à l'inauguration de l'exposition *Arthur Villeneuve et la peinture naïve* à laquelle avaient été invitées plus de 500 personnes. Apparemment «content de la fête» au dire de ses proches, cet homme d'une grande timidité a signé des autographes et conversé avec plusieurs invités.

Après la fête, il s'est rendu chez sa fille Micheline où il devait se reposer avant de rentrer à Chicoutimi*. C'est donc là qu'il a dormi ce soir-là. Vers 9 h le lendemain, Hélène Morin, sa deuxième épouse, a constaté qu'il était mort dans son lit. Il semble que, lorsqu'il s'était réveillé environ trois heures plus tôt, il se sentait «frileux» et n'arrêtait pas d'éternuer.

1. _____

2. _____

3. _____

4. _____

5. _____

6. _____

7. _____

8. _____

Expressions idiomatiques et notes explicatives

Chicoutimi : ville de la région du lac Saint-Jean, au Québec. <http://passionnement.free.fr/quebec/chicoutimi.html>

Exercice VIb
(sans corrigé)

Lisez la suite du bulletin de nouvelles et remettez les événements dans l'ordre chronologique. Chaque ligne numérotée correspond à un événement.

C'est à l'âge de 47 ans qu'Arthur Villeneuve a délaissé son métier de barbier pour se consacrer à la peinture. Il avait entendu, à l'église, un sermon du curé sur la parabole des talents. Malgré les protestations de sa femme, il a peint sur tous les murs de la résidence familiale des fresques représentant des scènes historiques québécoises. Cette oeuvre recouvrait 5500 pieds carrés.

En 1972, la publication d'un article important dans le magazine américain *Time* a fait connaître Arthur Villeneuve, peintre naïf, au-delà des frontières du Québec. Ce grand coloriste a reproduit sur la toile une multitude de scènes de la vie quotidienne ainsi que ses visions de l'univers qui l'entourait, en faisant fi de toutes les règles de perspective. Dernièrement, sa maison de la rue Taché, à Chicoutimi, lui a causé quelques soucis. En effet, le peintre-barbier avait accepté, il y a deux ans, de la céder à l'Université du Québec à Chicoutimi pour qu'elle soit transformée en musée. Il avait convenu de la quitter en mars de cette année, mais il avait compris, entre temps, qu'il souhaitait y mourir. L'Université a donc dû retarder le projet.

1. _____

2. _____

3. _____

4. _____

5. _____

6. _____

7. _____

8. _____

Exercice VII

Récrivez ce texte au passé. Attention à la concordance des temps.

Aujourd'hui la journée s'annonce belle. Je me lève, je prends mon petit déjeuner et je sors faire une promenade. Je peux me permettre de flâner parce que, hier, j'ai fait toutes mes courses, j'ai rangé l'appartement et j'ai même terminé mon travail de français. Pendant que je me promène, je rencontre Denise. Je ne l'ai pas vue depuis longtemps, alors je lui parle et nous rentrons ensemble.

L'autre jour, _____

_____

_____

_____

_____

_____

_____

_____

Exercice VIII
(sans corrigé)

Révision. Mettez les verbes au temps du passé qui convient.

1. Alfred Nobel (vivre) _____ [1] de 1833 à 1896. C'est lui qui (inventer)

   _____ [2] la dynamite en 1866. Il (passer) _____ [3] sa vie à

   inventer des explosifs. Il (commencer) _____ [4] par fabriquer des mines terrestres et

   sous-marines, puis il (mettre) _____ [5] au point* la dynamite et enfin une poudre à

   canon. Les usines Nobel (s'établir) _____ [6] à travers le monde et le savant

   (devenir) _____ [7] extrêmement riche. À la fin de sa vie, comme il (se préoccuper)

   _____ [8] des conséquences des recherches qu'il (entreprendre)

   _____ [9] au cours de sa carrière, il (léguer) _____ [10] sa

   fortune à la fondation Nobel pour récompenser ceux qui travailleraient pour la paix dans le monde.

2. M. Bernard Riendeau, président de la Corporation industrielle, (annoncer)

_____ **1** sa démission aujourd'hui. On (soupçonner)

_____ **2** ses intentions depuis un certain temps : en effet, en décembre dernier, il

(créer) _____ **3** un nouveau poste pour alléger sa tâche et il y (nommer)

_____ **4** M. Réal Latouche, son bras droit*. De plus il (assigner)

_____ **5** à peu près en même temps de nouveaux membres à son conseil exécutif.

Cela sans parler de la somptueuse demeure qu'il (se faire) _____ **6** construire l'été

dernier à Nassau.

3. *Mémé* chez le dépanneur**

— M. Dufour, dites-nous ce qui (se passer) _____ **1**.

— Eh bien voilà, M. l'Inspecteur. Je (faire) _____ **2** tranquillement l'inventaire de

mes étalages et la vieille dame (circuler) _____ **3** dans les rangées,

normalement, comment si elle (chercher) _____ **4** quelque chose. C'est ma

femme qui (se trouver) _____ **5** à la caisse. Tout à coup, la vieille dame (se

diriger) _____ **6** vers elle et lui (crier) _____ **7** : «C'est

un hold-up, videz votre caisse!» Ma femme (rester) _____ **8** tellement surprise

qu'elle (ne pas réagir) _____ **9** tout de suite. Alors, la vieille dame (sortir)

_____ **10** un revolver et (tirer) _____ **11** un coup dans le

plafond. Sous l'impact, le plafonnier lui (tomber) _____ **12** sur la tête.

— Ce n'est donc pas vous qui l'(assommer) _____ **13**?

— Voyons, M. l'Inspecteur; ma mère me (répéter) _____ **14** cent fois dans ma

jeunesse : «Il ne faut jamais battre une femme, même avec une fleur!»

— Bon! Et est-ce que vous (déjà voir) _____ **15** cette dame auparavant?

— Oui, M. l'Inspecteur. Elle (déjà venir) _____ **16** au magasin à quelques reprises

pour acheter des bandes dessinées de «Supermom». Elle (toujours arriver)

_____ **17** en moto.

Expressions idiomatiques et notes explicatives

Mettre au point : concevoir, inventer, perfectionner.

Le bras droit de quelqu'un : son principal adjoint.

Mémé : terme affectueux pour grand-mère.

Le dépanneur : au Québec, magasin général ouvert après les heures habituelles d'ouverture. (*Dépanner* : aider quelqu'un qui est en difficulté.)

Exercice IX
(pour les mordus*)

Attention : certains verbes peuvent changer de sens selon qu'ils sont employés à l'imparfait ou au passé composé. Faites cet exercice et donnez un synonyme du verbe lorsqu'on vous le demande.

1. (être) Comme elle _____ à l'hôpital, je _____

   (= _____) la voir.

2. (pouvoir) Quand, finalement, Gabriel _____ (= _____) me

   joindre au téléphone, je ne _____ plus rien faire pour l'aider.

3. (savoir) Marie-Hélène ne _____ plus où donner de la tête* quand elle

   _____ (= _____) au dernier moment que son mari ramenait

   six collègues à dîner.

4. (connaître) Je _____ (= _____) Lise et Michael à une

   soirée chez les Bertrand. Apparemment, ils me _____ de vue* depuis longtemps.

5. (devoir) Les Dumouchel _____ (= _____) partir la semaine

   dernière, mais ils _____ changer leurs projets à cause de la grève des contrôleurs

   aériens.

6. (vouloir) Quand il _____ (= _____) se lever pour marcher,

   ses jambes ne _____ plus lui obéir.

Expressions idiomatiques et notes explicatives

Les mordus : personnes qui ont un goût ou un intérêt très marqué pour quelque chose, les amateurs.

Ne plus savoir où donner de la tête : ne pas savoir quoi faire, avoir trop d'occupations.

Connaître de vue : connaître quelqu'un pour l'avoir vu mais sans jamais lui avoir parlé.

Exercice X

Mettez les verbes au temps du passé qui convient.

La Révolution française

Il (être) _____ ¹ une fois un groupe d'étudiants qui (essayer)

_____ ² depuis longtemps de comprendre la concordance des temps au passé. Ils (ne pas

ignorer) _____ ³ la différence entre le passé composé et l'imparfait, mais quand il

(falloir) _____ ⁴ utiliser l'un ou l'autre en parlant ou en discutant, tout (s'embrouiller)*

_____ ⁵ dans leur tête; ils (commencer) _____ ⁶ à douter de leur

perception et la difficulté (devenir) _____ ⁷ on ne peut plus présente. Il (falloir)

_____ ⁸ trouver une solution.

Un jour, le professeur (entrer) _____ ⁹ dans la classe et, d'un air soulagé, leur

(annoncer) _____ ¹⁰ la nouvelle qui, apparemment, (faire)

_____ ¹¹ la manchette* ce matin-là. Il (expliquer) _____ ¹² que

l'Académie française, consciente des difficultés que (poser) _____ ¹³ depuis toujours

aux étudiants étrangers la concordance des temps au passé, (venir) _____ ¹⁴ de décider

d'éliminer soit le passé composé, soit l'imparfait afin de simplifier l'apprentissage du français.

Les étudiants (ne pas en croire) _____ ¹⁵ leurs oreilles. La réaction (ne pas se

faire) _____ ¹⁶ attendre et le professeur (entendre) _____ ¹⁷ les

commentaires suivants : «Ah non! Maintenant que je (faire) _____ ¹⁸ tous ces efforts

pour apprendre les participes passés irréguliers, on ne va pas laisser tomber* le passé composé!»; «Mais alors,

sans imparfait, comment est-ce qu'on va décrire, exprimer l'habitude, parler d'une action qui continue?»; «Et

moi qui (passer) _____ ¹⁹ toute la fin de semaine à essayer de comprendre la différence

entre les deux, ce n'est pas sérieux!»; «Je (croire) _____ ²⁰ que le rôle de l'Académie

française (être) _____ ²¹ de protéger la langue française, pas de la simplifier! Ils

(devenir) _____ ²² complètement fous, ces académiciens!»

En constatant l'effet produit par ce qu'il (venir) _____ ²³ d'annoncer, le

professeur (se mettre) _____ ²⁴ à rire et (s'empresser) _____ ²⁵

de fixer la date de l'examen qui (aller) _____ ²⁶ porter sur la concordance des temps au

passé.

Expressions idiomatiques et notes explicatives

Tout s'embrouille : tout se mêle, tout devient compliqué.

La manchette : gros titre en première page d'un journal. La nouvelle qui *fait la manchette* est la nouvelle la plus importante de la journée.

Laisser tomber quelqu'un ou quelque chose : ne plus tenir compte de quelqu'un ou de quelque chose.

Exercices d'exploitation orale et écrite

1. Racontez une excursion, un voyage, des vacances, mais relatez-en seulement les événements. Laissez les autres étudiant(e)s vous poser des questions pour recréer le cadre.

> Ex. : — Nous avons eu une panne de voiture; nous sommes partis à la recherche d'un poste d'essence; nous n'en avons pas trouvé; nous sommes revenus sur nos pas...
> — Où est-ce que vous vous trouviez? Est-ce qu'il faisait beau? Depuis combien de temps marchiez-vous quand...?

2. Racontez un événement marquant de votre vie ou une aventure cocasse.

> Ex. : La première leçon de ski
> La plus grande honte de votre vie
> Votre jour de gloire
> Votre apprentissage du français

3. Composez un bulletin de nouvelles que vous présenterez à la classe. Puis demandez à d'autres étudiant(e)s de résumer les nouvelles les plus intéressantes.

4. **Les Grands Esprits**

Choisissez un personnage historique. Un(e) étudiant(e) présente une biographie de ce personnage. Un(e) autre étudiant(e) incarne ce personnage et les autres, à tour de rôle, lui posent des questions pour qu'il justifie ce qu'il a dit ou ce qu'il a fait. Choisissez des personnages qui ont été contestés pour leurs prises de position, par exemple Einstein qui a permis que les résultats de ses recherches soient utilisés à des fins destructrices (C. De Gaulle, M. Thatcher, Y. Arafat, P. Bourgault, R. Lévesque, M. Gorbatchev, H. Morgentaler, V. Poutine, J.M. Le Pen, G. Bush père et fils, T. Blair, Saddam Hussein, etc.).

Corrigé des exercices

Exercice Ib

1. a travaillé
2. a subi; a complètement modifié
3. s'est inscrite
4. sont rentrés; avons appris
5. a été; a fait
6. J'ai toujours fait; l'ai jamais ratée
7. a duré
8. a vécu
9. est restée

Exercice IIb

1. venais
2. se remplissait; pleuvait
3. prenait; voulait
4. se couvrait; allait
5. réfléchissaient; se rendaient compte; fallait

Exercice III

1. j'ai eu; j'avais
   a eu; avaient
2. a été; était
   avez été; était
   j'ai été; j'étais
3. devenait; est devenue
4. est morte; mourais
5. l'ai aimé; aimait
6. J'ai eu peur; j'avais peur

Exercice IV

a) Le samedi matin, j'**allais** très tôt au marché Jean-Talon. Je **commençais** par faire le tour des étalages où **s'empilaient** des montagnes de fruits et légumes de toutes les couleurs. J'en **profitais** pour faire un brin de causette avec les marchands. L'italien et le français **se mêlaient** dans toutes les conversations. En une demi-heure, je **réussissais** à me faire une bonne idée des prix du jour et, comme tout(e) bon(ne) habitué(e) du marché, je **m'amusais** à marchander. Une fois mes sacs remplis, je **me rendais** dans les boutiques qui **bordaient** la place. J'**étais** fasciné(e) par les devantures où **pendaient** des stalactites de fromages, de jambons et de saucissons. Toutes ces bonnes odeurs **me mettaient** en appétit et je **me faisais** plaisir en m'offrant une délicieuse pizza chez *Baffone*. Pour bien finir la matinée, je **m'arrêtais** au café *Marco* pour déguster un espresso bien tassé.

b) Samedi matin, très tôt, je **suis allé(e)** au marché Jean-Talon. J'**ai commencé** par faire le tour des étalages où **s'empilaient** des montagnes de fruits et légumes de toutes les couleurs. J'en **ai profité** pour faire un brin de causette avec les marchands. L'italien et le français **se mêlaient** dans toutes les conversations. En une demi-heure, j'**ai réussi** à me faire une bonne idée des prix du jour et, comme tout(e) bon(ne) habitué(e) du marché, je **me suis amusé(e)** à marchander. Une fois mes sacs remplis, je **me suis rendu(e)** dans les boutiques qui **bordaient** la place. **J'ai été / J'étais** fasciné(e) par les devantures où **pendaient** des stalactites de fromages, de jambons et de saucissons. Toutes ces bonnes odeurs **m'ont mis(e)** en appétit et je **me suis fait** plaisir en m'offrant une délicieuse pizza chez *Baffone*. Pour bien finir la matinée, je **me suis arrêté(e)** au café *Marco* pour déguster un espresso bien tassé.

Exercice V

1. j'avais oublié
2. n'avait pas pensé
3. aviez laissé
4. avait pourtant dit
5. s'était trompée
6. j'avais perdu
7. avais déjà terminé

Exercice VIa

1. Plus de 500 personnes ont été invitées au vernissage de l'exposition des oeuvres d'Arthur Villeneuve.
2. Le peintre a quitté la région du Saguenay au début de la fin de semaine pour assister à ce vernissage.
3. Dimanche, il a participé à l'inauguration de l'exposition.
4. Il a signé des autographes et conversé avec plusieurs invités.
5. Après la fête, il s'est rendu chez sa fille.
6. C'est là qu'il a dormi ce soir-là.
7. Vers 6 h, il s'est réveillé; il se sentait «frileux» et il n'arrêtait pas d'éternuer.
8. Vers 9 h, son épouse a constaté sa mort.

Exercice VII

L'autre jour, la journée **s'annonçait** belle. Je **me suis levé(e)**, j'**ai pris** mon petit déjeuner et je **suis sorti(e)** faire une promenade. Je **pouvais** me permettre de flâner parce que, **la veille**, j'**avais fait** toutes mes courses, j'**avais rangé** l'appartement et j'**avais** même **terminé** mon travail de français. Pendant que je **me promenais**, j'**ai rencontré** Denise. Je ne l'**avais pas vue** depuis longtemps, alors je lui **ai parlé** et nous **sommes rentré(e)s** ensemble.

Exercice IX

1. était; j'ai été
   (= je suis allé(e))
2. a pu (= a réussi à);
   pouvais
3. savait; a su (= a appris)
4. J'ai connu (= j'ai rencontré;
   j'ai fait la connaissance de);
   connaissaient
5. devaient (= étaient censés);
   ont dû
6. a voulu (= a essayé de);
   voulaient

Exercice X

1. était
2. essayaient
3. n'ignoraient pas
4. fallait
5. s'embrouillait
6. commençaient
7. devenait
8. fallait
9. est entré
10. a annoncé
11. faisait
12. a expliqué
13. posait
14. venait
15. n'en croyaient pas
16. ne s'est pas fait
17. a entendu
18. j'ai fait
19. ai passé
20. croyais
21. était
22. sont devenus
23. venait
24. s'est mis
25. s'est empressé
26. allait

Chapitre 9

Le conditionnel

Aide-mémoire

Le conditionnel est un mode qui exprime que l'action décrite par le verbe n'est pas réelle mais **hypothétique**. On se place sur le plan **de l'imaginaire pour** exprimer :

1. La possibilité qu'un fait imaginé ou souhaité se réalise si une condition est remplie. On imagine donc ce qui n'est pas.

   Ex. : S'il faisait beau, tu **irais** faire du camping.
   Nous **risquerions** d'avoir un accident, si Pierre conduisait plus vite.

2. La constatation, parfois teintée de regret, qu'un fait n'a pu se réaliser parce qu'une condition n'a pas été remplie. **On imagine ce qui n'a pas été.**

   Ex. : S'il avait fait beau, tu **serais allé** faire du camping.
   Nous **aurions risqué** d'avoir un accident, si Pierre avait conduit plus vite.

Évitez à tout prix d'employer le conditionnel dans la proposition introduite par un *si* de condition. Cette erreur courante est faite aussi bien par l'étudiant de langue étrangère que par le francophone.

En analysant les exemples donnés ci-dessus, vous constaterez que :

1. L'action exprimée au conditionnel présent *(irais / risquerions)* est associée à une proposition subordonnée introduite par la conjonction **si** (ou **s'il** / **s'ils**) dans laquelle le verbe conjugué est à l'imparfait de l'indicatif *(faisait / conduisait)*. Dans ce contexte, l'imparfait n'a pas le sens du passé, mais indique une négation de ce qui est : en disant *s'il faisait beau* on indique qu'en réalité *il ne fait pas beau* et qu'à cause de cela, *tu ne vas pas faire de camping*. Pour exprimer **un souhait**, on utilise donc généralement la formule :

   Si suivi de **l'indicatif imparfait** + le **conditionnel présent**
   ou Le **conditionnel présent** + *si* suivi de **l'indicatif imparfait**

2. L'action exprimée au conditionnel passé *(serais allé / aurions risqué)* est associée à une proposition subordonnée introduite par la conjonction **si** (ou **s'il** / **s'ils**) dans laquelle le verbe conjugué est au plus-que-parfait de l'indicatif *(avait fait / avait conduit)*. Dans ce contexte, le plus-que-parfait n'a pas le sens du passé, mais indique une négation de ce qui a été : en disant *si Pierre avait conduit plus vite*, on indique qu'en réalité *il n'a pas conduit plus vite* et que grâce à cela, *nous n'avons pas risqué d'avoir un accident*. Pour exprimer un regret ou **une hypothèse non réalisée**, on utilise donc généralement la formule :

   Si suivi de **l'indicatif plus-que-parfait** + le **conditionnel passé**
   ou Le **conditionnel passé** + *si* suivi de **l'indicatif plus-que-parfait**

N.B. On peut avoir des verbes au conditionnel sans qu'il y ait une proposition introduite par un *si* de condition. C'est le cas du conditionnel de politesse *(Pourriez-vous… / je voudrais…)* ou du conditionnel de supposition ou d'interprétation, fréquemment employé dans le style journalistique pour indiquer qu'un fait n'a pas encore été confirmé *(Le suspect aurait étranglé la victime)*.

Il faut aussi se rappeler que la conjonction *si* n'introduit pas toujours une phrase de condition. En effet, le *si* se retrouve également dans le discours indirect *(Je me demandais s'il viendrait me voir)*. Dans ce cas, la concordance des temps est bien différente. Référez-vous à l'aide-mémoire du chapitre 11 qui traite le discours indirect.

3. Il importe également de distinguer l'usage du conditionnel présent de celui **de l'indicatif futur**. Quand on utilise le futur, on se place sur le plan de la réalité : on exprime **une probabilité qui a toutes les chances de se réaliser.**

   Ex. : S'il **fait beau**, tu **iras** faire du camping.
   Nous **risquerons** d'avoir un accident, si Pierre **conduit** plus vite.

Dans les exemples donnés ci-dessus, l'action exprimée au futur *(iras / risquerons)* est associée à une proposition subordonnée introduite par la conjonction **si** (ou **s'il** / **s'ils**) dans laquelle le verbe conjugué est à l'indicatif présent *(fait / conduit)*. Dans ce contexte, le présent exprime la condition nécessaire *(s'il fait beau)* pour que le projet se réalise *(tu pourras faire du camping)*. Pour exprimer quelque chose qui a de bonnes chances de se réaliser (une probabilité) on utilise donc généralement la formule :

> *Si* suivi de l'**indicatif présent** + l'**indicatif futur**
> *ou* L'**indicatif futur** + *si* suivi de l'**indicatif présent**

Après **si** suivi de l'indicatif présent, on peut également utiliser :

a) l'indicatif présent pour exprimer une évidence; dans ce cas, le **si** a le sens de **quand** :

> Ex. :   S'il fait 40°C, on suffoque.

b) l'impératif présent pour donner un conseil :

> Ex. :   Bois beaucoup si tu ne veux pas te déshydrater.

N.B. Pour conjuguer un verbe à l'indicatif futur ou au conditionnel présent, il suffit d'ajouter à l'infinitif les terminaisons *ai, as, a, ons, ez, ont* pour le futur :

Ex. : je *parlerai* / tu *écouteras* / elle *répondra* / nous *agirons* / vous *partirez* / ils *riront*

et les terminaisons *ais, ais, ait, ions, iez, aient* pour le conditionnel présent :

Ex. : je *parlerais* / tu *écouterais* / elle *répondrait* / nous *agirions* / vous *partiriez* / ils *riraient*

Font exception à cette règle les verbes suivants : *avoir, être, aller, venir, faire, falloir, devoir, pouvoir, vouloir, savoir, voir, recevoir, envoyer, courir, mourir, tenir, cueillir, pleuvoir, valoir*. Leurs terminaisons sont semblables, mais elles ne s'ajoutent pas à l'infinitif, d'où leur irrégularité.

Ex. : j'*aurai* / tu *seras* / il *faudra* / nous *viendrons* / vous *verrez* / ils *recevront*

Quant au conditionnel passé, on ajoute le participe passé du verbe au conditionnel présent de l'auxiliaire *avoir (j'aurais)* ou de l'auxiliaire *être (je serais)*, selon le cas.

Ex. : Si tu avais fait ce voyage, tu **aurais vu** tes amis et tu **serais revenu** heureux.

Pré-test

Écrivez les verbes donnés entre parenthèses au mode et au temps appropriés.

Avec des si, on mettrait Montréal en bouteille*

Omer
Tranquille :   Tu ne devineras jamais le rêve que j'ai fait cette nuit… J'étais le maire de Montréal!

Yvan
Dubois :   Si tu (avoir) _____ [1] les pieds sur terre*, tu (agir) _____ [2] et

tu te (présenter) _____ [3] aux prochaines élections municipales, comme

moi.

Omer :   C'est justement ce que je veux faire, car je suis sûr que c'est un rêve prémonitoire.

Yvan :   Voyons donc! Tu (être) _____ ⁴ drôlement embêté* si cela (se réaliser)

_____ ⁵. Je parie que tu n'as même pas élaboré de programme!

Omer :   Détrompe-toi! Si je (être élu) _____ ⁶ maire, je (faire)

_____ ⁷ construire un immense dôme en plexiglas qui (couvrir)

_____ ⁸ tout Montréal. Il (être) _____ ⁹ rose; comme ça, tous

les Montréalais (voir) _____ ¹⁰ la vie en rose*!

Yvan :   Ça commence bien!

Omer :   Ce dôme nous (permettre) _____ ¹¹ également de capter l'énergie solaire!

On n'(avoir) _____ ¹² plus besoin de pelleter la neige! Plus personne

n'(aller) _____ ¹³ en Floride. Au contraire, tous les touristes du continent

(venir) ¹⁴ ici. On (interdire) _____ ¹⁵ toute circulation automobile; tous les

Montréalais (savoir) _____ ¹⁶ et (vouloir) _____ ¹⁷ faire de la

bicyclette. Je t'assure que si on (faire) _____ ¹⁸ cela il y a longtemps, on ne

(devoir) _____ ¹⁹ pas lutter contre la pollution aujourd'hui. Les cocotiers

(pouvoir) _____ ²⁰ pousser à côté des érables, les crocodiles (fraterniser)

_____ ²¹ avec les castors, tout (respirer) _____ ²² la bonne

humeur* et…

Yvan :   Mon pauvre ami! Tu rêves en couleurs*! Ton programme est complètement loufoque!

Qui (vouloir) _____ ²³ te faire confiance? Moi, au moins, j'ai des idées

réalistes et rentables. Donc, j'ai d'excellentes chances d'être élu. Tu verras, si je (être)

_____ ²⁴ maire, je (nettoyer) _____ ²⁵ la ville. Je (faire)

_____ ²⁶ démolir toutes les maisons datant de plus de cinquante ans. On

les (remplacer) _____ ²⁷ par des gratte-ciel, ce qui (régler)

_____ ²⁸ la crise du logement. Les rues (devenir) _____ ²⁹ des

autoroutes et les espaces verts (être converti) _____ ³⁰ en terrains de

stationnement. L'industrie de la construction (connaître) _____ ³¹ un

grand essor et on (éliminer) _____ ³² du même coup le chômage. Ah! si

seulement quelqu'un (penser) _____ ³³ à cela plus tôt, nous (pouvoir)

_____ **34** éviter bien des déboires passés et nous ne (être)

_____ **35** pas dans le pétrin* en ce moment!

Omer :   À t'entendre parler, on (dire) _____ **36** que les dés sont jetés*! Ma foi,

s'il (falloir) _____ **37** que tu l'emportes*, notre ville (mourir)

_____ **38** étouffée par le béton et les émanations toxiques!

Yvan :   Et moi, je soutiens que si les Montréalais (être) _____ **39** assez naïfs pour se

rallier à tes idées farfelues, eh bien! je (être) _____ **40** depuis belle lurette*

danseuse étoile aux Grands Ballets Canadiens*, malgré ma bedaine*!

Expressions idiomatiques et notes explicatives

Avec des si, on mettrait Montréal en bouteille : adaptation du proverbe *Avec des si, on mettrait Paris en bouteille* qui veut dire que, sur le plan de l'hypothèse, tout est possible.

Avoir les pieds sur terre : avoir le sens pratique, vivre dans la réalité.

Drôlement embêté : très embêté, très embarrassé.

Voir la vie en rose : être très optimiste.

Respirer la bonne humeur : exprimer la joie de vivre.

Rêver en couleurs : faire des rêves irréalisables.

Dans le pétrin : dans une situation embarrassante ou très désagréable. (*Pétrin* : coffre dans lequel on pétrit (travaille) la pâte pour faire le pain.)

Les dés sont jetés : la résolution est prise et l'on s'y tiendra quoi qu'il arrive.

L'emporter : (sous-entendu : la victoire) gagner, triompher.

Depuis belle lurette : depuis bien longtemps.

Les Grands Ballets Canadiens de Montréal : ont été fondés en 1958 par Ludmilla Chiriaeff. Des danseurs et des chorégraphes de renommée internationale en font partie.

Une bedaine : un ventre rebondi.

Corrigé du pré-test

1. avais
2. agirais
3. présenterais
4. serais
5. se réalisait
6. j'étais élu
7. ferais
8. couvrirait
9. serait
10. verraient
11. permettrait
12. aurait
13. irait
14. viendraient
15. interdirait
16. sauraient

17. voudraient
18. avait fait
19. devrait
20. pourraient
21. fraterniseraient
22. respirerait
23. voudrait
24. suis
25. nettoierai
26. ferai
27. remplacera
28. réglera
29. deviendront
30. seront convertis
31. connaîtra
32. éliminera

33. avait pensé
34. aurions pu
35. serions
36. dirait
37. fallait
38. mourrait
39. étaient
40. serais

Barème
38/40 . . . . **95%**
34/40 . . . . **85%**
30/40 . . . . **75%**
26/40 . . . . **65%**
22/40 . . . . **55%**

Exercice I

Récrivez les phrases suivantes au conditionnel présent. Notez la différence de sens entre les deux phrases.

1. J'aime écouter de la musique. _____

2. Il faut qu'Irène se dépêche. _____

3. On doit organiser une fête. _____

4. En Écosse, tu verras peut-être le monstre du loch Ness. _____

   _____

5. Est-ce qu'il y a des fantômes dans ce château? _____

   _____

6. Ça se peut. _____

Exercice II

Récrivez les phrases suivantes au conditionnel passé. Notez la différence de sens entre les deux phrases.

1. Je n'ai jamais dit ça. _____

2. L'avion est arrivé en avance. _____

3. L'autobus a dérapé. _____

4. On a oublié de répandre du sel sur la chaussée. _____

   _____

5. Les ambulances ne sont pas arrivées tout de suite. _____

   _____

6. J'ai pu voir le reportage à la télé. _____

Exercice III
(sans corrigé)

Complétez les paragraphes suivants en mettant le verbe souligné de l'expression entre parenthèses au conditionnel présent ou passé, selon le cas.

1. Une terrible catastrophe aérienne s'est produite hier à 19 h 45 à l'aéroport international de Hong-Kong. (On suppose qu'il n'y a) Il _____[1] aucun survivant. Le Boeing 747 à bord duquel se trouvaient 249 passagers et 15 membres d'équipage s'est écrasé au sol au moment de l'atterrissage. (On suppose que le pilote a perdu) Le pilote _____[2] le contrôle de l'appareil et (on suppose qu'il a fait) _____[3] une fausse manoeuvre.

2. Devant les problèmes écologiques auxquels nous faisons face, la plupart des villes ont décidé de mettre sur pied* des programmes (susceptibles de sensibiliser) qui _____[4] les citoyens à la nécessité de la collecte sélective des déchets. (On suppose qu'on récupérera) On _____[5] ainsi plusieurs tonnes de papier et de carton, sauvant jusqu'à un million d'arbres. De plus, les villes (ont l'intention de distribuer) _____[6] des composteurs domestiques (susceptibles de réduire) qui _____[7] le contenu du sac vert tout en recyclant les matières organiques récupérées. (On suppose qu'on obtiendra) On _____[8] ainsi un excellent compost naturel pour les travaux horticoles.

3. Selon les météorologues, le temps froid et pluvieux qui recouvre la région montréalaise (on suppose qu'il doit) _____[9] persister jusqu'à la fin de la semaine. (On suppose que la situation commencera) La situation _____[10] à s'améliorer d'ici à trois jours. (On suppose qu'il fera) Il _____[11] alors un temps plus proche de la normale d'un mois de mai.

Expressions idiomatiques et notes explicatives

Mettre sur pied : organiser, mettre un organisme, une entreprise en état de fonctionner.

Exercice IV

Complétez les mini situations en choisissant, parmi les phrases suivantes, celle qui convient le mieux. Chaque phrase ne doit être utilisée qu'une seule fois.

a) — On devrait déjà être couchés.
b) — Il faudrait bien que je lui téléphone.
c) — On dirait qu'elle manque d'eau.
d) — Je pense que ça t'irait bien.
e) — Rex? Il ne ferait pas de mal à une mouche*.
f) — Je mangerais un cheval.
g) — Elle devrait arriver d'une minute à l'autre.
h) — Qu'est-ce que tu dirais d'une bonne bière?
i) — Est-ce que ça vous ennuierait de ne pas fumer?
j) — Je pourrais te donner un coup de main*.

1. — J'ai peur de ce gros chien. — _____

2. — J'ai une faim de loup*. — Moi aussi, _____

3. — Quand attendez-vous l'infirmière? — _____

4. — Déjà minuit! — _____

5. — _____ — Excusez-moi,

   je ne savais pas que la fumée vous dérangeait.

6. — Je n'arriverai jamais à tout finir. — _____

7. — As-tu des nouvelles de Marie? — Pas encore. _____

8. — Qu'est-ce qu'elle a, cette plante? — _____

9. — J'ai bien envie de me faire couper les cheveux. — _____

10. — Je meurs de soif. — _____

Expressions idiomatiques et notes explicatives

Ne pas faire de mal à une mouche : être inoffensif.

Donner un coup de main à quelqu'un : aider quelqu'un.

Avoir une faim de loup : avoir très faim.

Exercice V

Reliez les deux phrases de chaque groupe en une seule phrase qui exprimera soit une probabilité (a), soit un souhait (b), soit un regret (c).

Modèle :
J'ai le temps.
Je passe chez toi.
a) probabilité : Si j'ai le temps, je passerai chez toi.
b) souhait : Si j'avais le temps, je passerais chez toi.
c) regret : Si j'avais eu le temps, je serais passé chez toi.

1. On n'a pas la télévision.

   Les gens lisent davantage. (b)

   _____

2. Nous obtenons une subvention du gouvernement.

   Nous construisons une maison solaire. (a)

   _____

   _____

3. Tu me donnes ta recette de tourtière.

   Je sers ce plat à mes invités. (a)

   _____

   _____

4. Vous ne laissez pas toutes les lumières allumées.

   Votre compte d'électricité est moins élevé. (c)

   _____

   _____

5. Tu es gentil.

   Tu me prépares un bon grog. (b)

   _____

6. Nous avons une alimentation saine.

   Nous n'avons pas besoin de régimes amaigrissants. (b)

   _____

   _____

7. Je vis à l'époque de la Renaissance.

   Je m'embarque à la découverte du Nouveau Monde. (c)

   _____

   _____

8. Nous continuons à gaspiller de l'énergie.

   Nos ressources sont vite épuisées. (a)

   _____

   _____

9. On connaît les principes élémentaires de l'hygiène.

   La mortalité infantile est moins élevée. (c)

   _____

   _____

10. Vous téléphonez le soir.

    Vos appels interurbains vous coûtent moins cher. (b)

    _____

    _____

11. Tu arroses tes plantes.

    Elles ne meurent pas. (c)

    _____

12. Le chauffard ne brûle pas un feu rouge*.

    Le policier ne lui donne pas de contravention. (c)

    _____

    _____

Expressions idiomatiques et notes explicatives

Brûler un feu rouge : ne pas s'arrêter à un feu rouge.

Exercice VI

Complétez les phrases suivantes en mettant les verbes au mode et au temps appropriés, selon la formule du souhait.

1. Si tu (boire) _____ moins de café, tu (être) _____ beaucoup moins nerveux.

2. On passe son temps à dire qu'on est pressé, mais si on (prendre) _____ le temps de s'arrêter, on y (prendre) _____ certainement goût.

3. Quel numéro* ce Patrick! S'il (n'exister) _____ pas, il (falloir) _____ l'inventer!

4. Sa famille (s'inquiéter) _____ beaucoup moins s'il (écrire) _____ régulièrement à la maison.

5. Si vous (étudier) _____ la faune marine, plusieurs débouchés intéressants (s'offrir) _____ à vous.

6. J'(envoyer) _____ mon curriculum vitae si je (croire) _____ avoir une chance d'avoir cet emploi.

7. Si nous (faire) _____ un petit effort, nous (faire) _____ des miracles.

8. Jacqueline (tenir) _____ volontiers le rôle principal si vous le lui (proposer) _____ .

9. Si nous (envoyer) _____ des signaux à une planète d'un autre système solaire, combien de temps est-ce qu'ils (mettre) _____ à se rendre?

10. Si Babette (commencer) _____ à économiser son argent dès maintenant, elle (pouvoir) _____ envisager un grand festin comme on n'en voit qu'au cinéma.

Expressions idiomatiques et notes explicatives

Quel numéro ce garçon (ou *cette fille*) : expression pour dire que cette personne est vraiment spéciale, un peu bizarre même : *c'est tout un numéro!*

Exercice VII

Complétez les phrases suivantes en mettant les verbes au mode et au temps qui conviennent, selon la formule de l'hypothèse non réalisée.

1. Grâce à ma soeur Loulou, mon oncle est encore avec nous aujourd'hui. Si elle (ne pas suivre) _____ de cours en techniques de réanimation, elle (ne pas réussir) _____ à le garder en vie jusqu'à l'arrivée des ambulanciers.

2. Certains athlètes (ne jamais prendre) _____ d'anabolisants s'ils (savoir) _____ qu'ils se feraient prendre un jour.

3. Si la publicitaire (paraître) _____ vraiment intéressée, je lui (faire) _____ voir tous mes dessins. En fin de compte, je ne lui ai rien montré du tout.

4. Quel dommage! Si je (se rendre compte) _____ de mon erreur au début, je (ne pas être) _____ obligé de tout recommencer; j'ai perdu au moins deux heures.

5. C'est seulement en 1940 que les femmes ont obtenu le droit de vote au Québec, mais si Madame Gérin-Lajoie (ne pas se battre) _____ pour cette cause, Dieu sait quand elles l'(obtenir) _____!

6. Je suis sûre que tous les passagers (réagir) _____ autrement s'ils (comprendre) _____ la gravité de la situation.

7. Vous (répondre) _____ à la question sans problème si vous (lire) _____ la consigne comme il faut. Malheureusement vous êtes passé à côté de la question.

8. Si tu (voir) _____ le numéro du chef d'orchestre au Cirque du soleil*, tu (mourir) _____ de rire. C'était vraiment hilarant.

9. Traverser le lac à la nage? Je (pouvoir) _____ le faire si je (le vouloir) _____. Je n'en avais pas envie.

10. Mon ancienne voisine était d'origine indienne. Si je la (connaître mieux) _____, je lui (demander) _____ de m'expliquer comment on fait un bon curry.

Expressions idiomatiques et notes explicatives

Le Cirque du soleil : cirque québécois de renommée internationale qui se distingue par sa théâtralité et la poésie de ses numéros.

Exercice VIII

Complétez les phrases suivantes en mettant les verbes au conditionnel présent ou passé. Remarquez les expressions qui situent les événements dans le temps.

1. Si les citadins consentaient à utiliser les transports en commun, il y (avoir) _____ moins d'embouteillages.

2. On (pouvoir) _____ faire la tournée* des boîtes à chansons si vous veniez à Montréal.

3. Si, après le mariage, on ne pouvait plus regarder les jolies filles ou les beaux garçons, la vie (être) _____ un martyre!

4. S'il n'y avait pas eu la crise du pétrole, les petites voitures (ne pas connaître) _____ un tel succès sur le marché nord-américain dans les années 70.

5. Si Serge n'était pas si rancunier, il (te pardonner) _____ bien avant aujourd'hui.

6. Gilles Vigneault* (ne pas écrire) _____ la chanson «Mon pays, c'est l'hiver» s'il n'avait pas vécu au Québec.

7. Si Roch n'avait pas l'habitude de jeter l'argent par les fenêtres*, il (réfléchir) _____ avant d'acheter sa Ferrari le mois passé.

8. Si Pierre de Coubertin ne s'était pas passionné pour les jeux olympiques, peut-être qu'ils (ne plus exister) _____ aujourd'hui.

9. Si vous aviez bu moins de champagne à cette soirée, vous (ne pas avoir) _____ la gueule de bois* ce matin.

10. Qui sait? Si Adam et Ève n'avaient pas croqué la pomme, nous (être) _____ peut-être encore au paradis…

11. Si les Indiens n'avaient pas secouru Jacques Cartier et ses hommes pendant leur premier hiver au Canada, ils (mourir) _____ de faim et de froid en 1535.

12. Si Astérix* n'avait pas bu sa potion magique avant de se battre contre les troupes de Jules César, il (ne pas remporter) _____ la victoire.

13. Louise Brown, le premier bébé-éprouvette, (ne pas naître) _____ en 1978 si les scientifiques n'avaient pas poursuivi leurs recherches avec autant de ténacité.

14. Si les États-Unis n'avaient pas reconnu la République populaire de Chine, M. Deng Xiao Ping (ne pas se rendre) _____ à Washington en 1979.

15. Si nous avions un détecteur de fumée, notre prime d'assurance nous (coûter) _____ moins

cher.

Expressions idiomatiques et notes explicatives

Faire la tournée : aller d'un endroit à un autre.

Gilles Vigneault : le plus connu des chansonniers québécois au sens où ce mot est employé au Québec, c'est-à-dire un auteur, compositeur et interprète de la chanson. Sa réputation est internationale.

Jeter l'argent par les fenêtres : dépenser sans compter.

Avoir la gueule de bois : avoir la tête lourde et la langue pâteuse le lendemain d'une soirée où on a trop bu.

Astérix : célèbre personnage de la bande dessinée française qui porte son nom et qui est l'oeuvre d'Uderzo et de Goscinny.

Exercice IX

Complétez les phrases suivantes en mettant les verbes au mode et au temps appropriés. Remarquez les expressions qui situent les événements dans le temps.

1. Regarde bien cette boîte de conserve : si tu la (jeter) _____ l'an dernier, il lui (falloir)

   _____ encore 99 ans pour se décomposer dans le sol!

2. Si la météo (prévoir) _____ cette tempête de neige, il est certain que les Martin (ne pas

   partir) _____ pour Toronto hier matin.

3. Quand j'ai la grippe, ma mère me dit toujours : «Si tu m'avais écoutée, tu (mettre) _____

   ton écharpe et tu (ne pas être) _____ malade à présent.»

4. Si Louis Riel (ne pas défendre) _____ la cause des métis francophones au

   Manitoba au siècle dernier, il (ne pas être pendu) _____.

5. Si les Anglais (ne pas déporter) _____ les Acadiens* au XVIIIe siècle, il (ne pas y

   avoir) _____ de Cajuns* en Louisiane aujourd'hui.

6. Si on (se décider) _____ plus tôt, on (pouvoir) _____ profiter des tarifs

   aériens réduits l'été dernier.

7. Une erreur judiciaire ne se découvre *souvent* que par un coup de théâtre. Par exemple, si le vrai coupable

   (se pas se rendre) _____ à la police, le pauvre Marshall (croupir)

   _____ toujours en prison aujourd'hui.

8. Si William (mieux comprendre) _____ le français, il (ne pas me suggérer)

_____ d'en parler au concierge quand je lui ai dit que j'avais le cafard*.

9. Si tu (avoir) _____ un tant soit peu de manières, tu (ne pas me couper)

_____ la parole pendant que je parlais à David. Je me demande comment on t'a

élevé, toi!

10. Ne te fâche pas, Jeanne! Je te (laisser) _____ de la mousse au chocolat si tu en (manger)

_____ habituellement, mais comme ce n'est pas le cas, j'ai cru rendre service à tout le

monde.

Expressions idiomatiques et notes explicatives

Les Acadiens : population francophone des provinces maritimes du Canada (la Nouvelle-Écosse et le Nouveau-Brunswick).

Les Cajuns : habitants de la Louisiane de descendance acadienne. Le mot *cajun* est une déformation phonétique du mot *acadien*.

Avoir le cafard : être déprimé. Les cafards (ou blattes) sont des insectes qui peuvent infester un logement. Malgré leur couleur noire, les cafards n'ont rien à voir avec la dépression… bien qu'ils puissent en provoquer une!

Exercice X

Reformulez les phrases suivantes pour exprimer une condition et faites les modifications qui s'imposent.

Modèle :
Je ne regarde pas la télévision parce que j'ai un examen demain.
Mais, si je n'avais pas d'examen demain, je regarderais la télévision.

1. Je ne vais pas au cinéma parce que je n'ai pas le temps.

_____

2. Il n'est pas venu parce qu'il ne se sentait pas bien.

_____

3. Nous ne nous sommes pas baignés parce qu'il ne faisait pas assez chaud.

_____

4. Ils ont annulé l'excursion parce qu'il pleuvait.

   _____

5. Bertrand n'a pas obtenu cet emploi parce qu'il n'est pas diplômé.

   _____

6. Il ne réussit pas parce qu'il ne fait pas d'efforts.

   _____

7. Céline ne mange pas de sucre parce qu'elle est diabétique.

   _____

8. Elle suit un régime parce qu'elle a pris du poids.

   _____

9. Je n'ai pas bu de café parce que ça m'empêche de dormir.

   _____

10. C'est parce qu'ils sont des mordus* du ski qu'on les a vus sur les pentes par un temps pareil*.

   _____

Expressions idiomatiques et notes explicatives

Un(e) mordu(e) de quelque chose : un(e) fanatique de quelque chose.

Par un temps pareil : ici, par un aussi mauvais temps.

Exercice XI

Complétez les dialogues en mettant les verbes au temps et au mode appropriés.

À la porte du ciel

(Toc toc toc…)

Saint Pierre :   Oui, entrez!

Une voix :   J'ai une réservation pour le paradis.

Saint Pierre :   Est-ce que vous (pouvoir) _____ [1] me donner votre nom?

Une voix :   Jean Senterre.

Saint Pierre :	Ah! M. Senterre, vous (devoir) _____ **2** confirmer!
Jean Senterre :	Qu'est-ce que vous vous imaginez! Si j'avais eu le temps, je le (faire) _____ **3**.
Saint Pierre :	Je regrette, le règlement c'est le règlement. Si je n'ai pas de confirmation, je ne (pouvoir) _____ **4** pas vous faire entrer. Un point c'est tout*.
Jean Senterre :	Ah! j'ai l'air fin*! Et qu'est-ce que je peux faire maintenant?
Saint Pierre :	Si vous (aller) _____ **5** au purgatoire* en attendant?
Jean Senterre :	Qu'est-ce que c'est que ce service! Ah! si je (savoir) _____ **6**!

Tristes réflexions sur le sort plus triste encore d'un pauvre employé qui vient de demander une augmentation à sa patronne

Je sais ce que je (devoir) _____ **1** lui dire : «Si vous ne m'augmentez pas, je (démissionner) _____ **2** immédiatement.» Non, quand même, j'ai besoin d'un emploi. Voyons… Ah, j'y suis* :

«Si vous pensez que je vais continuer à faire des heures supplémentaires à ce tarif, vous (se tromper) _____ **3**; parce que si je n'étais pas là, moi, vous (avoir) _____ **4** de sérieux problèmes!» Ah! si je lui (dire) _____ **5** ça, ça lui aurait cloué le bec*!

(Dring!…)

— Allo oui, ici Tremblay.

— M. Tremblay, si vous avez une minute, (venir) _____ **6** donc m'apporter une tasse de café.

— Avec plaisir, madame. Tout de suite madame.

Une vie de chien*

(Deux chiens se rencontrent près d'une borne-fontaine.)*

Rex :	Salut, tu n'as pas l'air dans ton assiette*, aujourd'hui.
Fido :	C'est vrai, ça (pouvoir) _____ **1** aller mieux.
Rex :	Est-ce que, par hasard, tu (faire) _____ **2** la fête* hier?
Fido :	Non, j'ai encore des histoires* avec ma maîtresse.
Rex :	Si tu voyais la mienne, tu (ne pas se plaindre) _____ **3**! Elle a décidé que je (être) _____ **4** le chien le mieux habillé en ville. Si tu (voir)

_____ ⁵ les bottillons qu'elle m'a achetés, tu te serais sauvé en criant : «Kaï

kaï!»

Fido :   Ce n'est rien, ça; si tu (devoir) _____ ⁶ porter un maillot de bain comme

moi, à la plage, l'été dernier, tu (apprécier) _____ ⁷ tes bottines.

Rex :   Ah! si Snoopy nous voyait, la tête qu'il (faire) _____ ⁸*!

Fido :   Tu parles d'une vie de chien!

Expressions idiomatiques et notes explicatives

Un point c'est tout : c'est indiscutable, définitif.

Avoir l'air fin : (ironique) avoir l'air bête, stupide.

Le purgatoire : lieu considéré comme l'antichambre du ciel, du paradis dans la religion catholique : on reste là pour faire pénitence.

J'y suis : dans cette phrase, l'expression veut dire _j'ai trouvé_.

Clouer le bec à quelqu'un : réduire cette personne au silence.

Une vie de chien : une vie difficile.

Une borne-fontaine : terme utilisé au Québec pour désigner une sortie d'eau dont les pompiers se servent en cas d'incendie.

Ne pas avoir l'air dans son assiette : ne pas avoir l'air en forme.

Faire la fête : faire des excès de table, trop manger et trop boire.

Avoir des histoires avec quelqu'un : avoir des difficultés avec quelqu'un.

La tête qu'il ferait! : il serait drôlement étonné!

Exercice XII   Écrivez les verbes entre parenthèses au mode et au temps appropriés.

Ah! Si j'étais née homme…

Ah! si j'étais née homme! Mon enfance (être) _____ ¹ tout autre. Je (ne pas passer)

_____ ² mes premières années dans le rose bonbon, couleur que je (détester)

_____ ³. Je (pouvoir) _____ ⁴ montrer sans crainte des signes de force, de curiosité

et d'agressivité. Je (avoir) _____ ⁵ le droit de me battre pour ce que je (désirer)

_____ ⁶. On me (épargner) _____ ⁷ les robes de dentelle, les rubans et autres fanfreluches* du même genre. Je (pouvoir) _____ ⁸ explorer le monde à ma guise* et relever plein de défis. Aujourd'hui, je (ne pas être) _____ ⁹ obligée de réaliser des exploits pour qu'on daigne m'écouter. Je (être) _____ ¹⁰ moins susceptible et moins frustrée! Je (savoir) _____ ¹¹ mieux profiter de la vie et je (prendre) _____ ¹² davantage de risques. Je (avoir) _____ ¹³ moins besoin de m'affirmer aujourd'hui si on (respecter) _____ ¹⁴ mon autonomie dès le départ.

Ah! Si j'étais né femme...

Je (ne pas passer) _____ ¹⁵ mon enfance à faire semblant*. Je (ne pas avoir) _____ ¹⁶ à adopter constamment une attitude agressive. On (ne pas me pousser) _____ ¹⁷ à être fort et compétitif. Je (pouvoir) _____ ¹⁸ jouer tranquillement à la poupée, m'attendrir et pleurer! Je (s'abandonner) _____ ¹⁹ à mon tempérament et je (ne pas sentir) _____ ²⁰ l'obligation de prouver continuellement mon courage et ma force, en un mot ma masculinité. Je (être) _____ ²¹ aujourd'hui moins désarmé devant les femmes. Je (ne pas chercher) _____ ²² à les dominer au nom de ma sacro-sainte* supériorité. Je (hésiter) _____ ²³ moins à abandonner mes privilèges de mâle si on (ne pas me les imposer) _____ ²⁴ autrefois. Je (savoir) _____ ²⁵ bien faire la cuisine. Je (avoir) _____ ²⁶ à présent une plus grande confiance en moi-même si on (ne pas me contraindre) _____ ²⁷ à suivre, au départ, un modèle de mâle ne correspondant ni à mon caractère ni à mes aspirations.

Épilogue

Peut-être que si on laisse les enfants suivre leurs penchants naturels, on (assister) _____ ²⁸ à une transformation complète des rapports entre adultes des deux sexes. L'homme (ne plus sentir) _____ ²⁹ le besoin de dominer et la femme (ne plus avoir) _____ ³⁰ envie de l'être. Hommes et femmes (unir) _____ ³¹ leurs efforts pour transformer une société divisée au plus profond d'elle-même par les conflits qui opposent ceux et celles qui la constituent. Si on (commencer) _____ ³² avec les enfants, les adultes (ne plus avoir)

_____ ³³ besoin de se libérer.

Expressions idiomatiques et notes explicatives

Des fanfreluches : des ornements : noeud, dentelle, volant, pompon.

À sa guise : selon son goût, comme on le veut.

Faire semblant : faire comme si.

Sacro-saint : terme ironique qui signifie que quelque chose est respecté de façon excessive.

Exercice XIII
(sans corrigé)

Écrivez les verbes au mode et au temps qui conviennent.

Fantasme électronique

Si je (être) _____ ¹ un robot, mon cerveau (être) _____ ² programmé de telle sorte

que je (ne pas avoir) _____ ³ à réfléchir avant de prendre une décision. Je (aller)

_____ ⁴ droit au but et je (ne jamais faire) _____ ⁵ d'erreurs. Je (pouvoir)

_____ ⁶ accomplir toutes les tâches domestiques en un clin d'oeil*. Je (savoir)

_____ ⁷ tirer le meilleur parti de* mon temps et je (venir) _____ ⁸ à bout de toutes

les difficultés* sans même y penser. Je (voir) _____ ⁹ à ce que tout soit parfaitement organisé et je

n'(envoyer) _____ ¹⁰ que des ondes positives à tout mon entourage. Ah! si seulement j'(être)

_____ ¹¹ un robot!

Nostalgie du temps jadis*

Si je (naître) _____ ¹ au Moyen Âge, je (vivre) _____ ² dans une petite ville

fortifiée de France ou d'Italie. Je (être) _____ ³ troubadour* ou bâtisseur de cathédrales. Je

(tomber) _____ ⁴ amoureux d'une gente dame* que j'(aimer) _____ ⁵ d'amour

courtois*. Mais, je (ne pas l'abandonner) _____ ⁶ pour partir en croisade contre les

Infidèles et je (se contenter) _____ ⁷ d'être son chevalier. Nous (avoir) _____ ⁸ des enfants qui (apprendre) _____ ⁹ le grec et le latin et qui (devenir) _____ ¹⁰

philosophes, poètes ou enlumineurs* de manuscrits. Ah! si seulement l'esprit médiéval (pouvoir)

_____ ¹¹ renaître un jour!

Résultat garanti ou sourire remis*

Si on (être) _____ ¹ conscient, comme toute personne raisonnable, que la santé est notre bien le

plus précieux, on (faire) _____ ² tout notre possible pour la conserver. Ainsi, si on (avoir)

_____ ³ tendance à être gourmand comme tout gourmet qui se respecte, on (modérer)

_____ ⁴ son appétit en ne mangeant que des mets délicats et dispendieux*. Si on (détester)

_____ ⁵ faire le moindre effort, on (éviter) _____ ⁶ de faire de la musculation, et

on (s'acheter) _____ ⁷ plutôt un de ces merveilleux petits appareils qui stimulent électriquement

chaque muscle sans qu'il soit nécessaire de lever le petit doigt*. Si on (ne pas pouvoir) _____ ⁸

s'empêcher de fumer comme une cheminée, on (s'efforcer) _____ ⁹ de toujours avoir deux

cigarettes allumées en même temps pour ne plus savoir où donner de la narine*! Si on (souffrir)

_____ ¹⁰ d'insomnie chronique, on (boire) _____ ¹¹ des quantités de plus en plus

grandes de café pour ne jamais avoir sommeil en attendant de se faire piquer, un jour, par une mouche tsé-tsé

égarée. Non, non! Je ne travaille pas du chapeau*! Mais si vous (croire) _____ ¹² que toutes ces

recommandations sont complètement farfelues, vous (jouir) _____ ¹³ probablement d'une

bonne santé… mentale. De là à dire que votre santé physique est bonne, c'est une autre histoire. Seul votre

médecin le sait!

Expressions idiomatiques et notes explicatives

En un clin d'oeil : très rapidement, très vite.

Tirer le meilleur parti de quelque chose : profiter de quelque chose au maximum.

Venir à bout des difficultés : vaincre les difficultés grâce à ses efforts.

Jadis : il y a longtemps, autrefois. Ici, le temps jadis est emprunté à la célèbre *Ballade des dames du temps jadis*, composée au XVe siècle par le poète français François Villon.

Un troubadour : poète médiéval du sud de la France qui chantait l'amour courtois.

Une gente dame : une dame de la noblesse au Moyen Âge.

Amour courtois : amour chevaleresque et raffiné dans la haute société médiévale.

Un enlumineur : artiste médiéval qui illustrait en couleurs les manuscrits.

Résultat garanti ou sourire remis : jeu de mots sur le slogan publicitaire *Résultat garanti ou argent remis* (*remis* : remboursé).

Dispendieux : qui coûte cher. Au Québec, ce terme est employé plus couramment que *coûteux*.

Lever le petit doigt : faire le plus petit effort.

Narine : un des deux orifices du nez. Jeu de mots sur l'expression *ne plus savoir où donner de la tête* qui veut dire être perdu, dépassé par les événements.

Travailler du chapeau : expression familière pour *être fou*.

Exercices d'exploitation orale et écrite

1. On constitue un jury de trois ou quatre personnes qui devront choisir la réponse la plus originale donnée à différentes questions formulées selon le modèle suivant :
   a) Si tu étais un animal, lequel serais-tu et que ferais-tu?
   b) Si tu étais une chanson, laquelle choisirais-tu et pourquoi?
   c) Si tu étais un personnage de bande dessinée, qui serais-tu et quelles aventures aurais-tu?
   d) Si tu étais un virus, lequel serais-tu et à qui ou à quoi t'attaquerais-tu?
   Etc.

   Chaque personne interrogée devra répondre par une phrase complète.

   Ex. : *Si j'étais un animal, je serais un chat et je me prélasserais toute la journée.*
   Moi, si j'étais un animal, je serais un zèbre, mais je ne porterais pas mon pyjama rayé à longueur de journée.

2. Imaginez différentes situations qui pourraient se produire et dites ce qu'on ferait dans les circonstances.

   Ex. : Si on ne faisait plus de sport…
   Si tu déménageais, où irais-tu vivre?
   Si j'étais acupuncteur…
   Si tu devenais une vedette de la télévision…
   Si vous appreniez un secret d'État…
   Si on pouvait devenir invisible…

3. Évoquez différentes situations qui auraient pu se présenter, si les circonstances s'y étaient prêtées.

   Ex. : Si tu t'étais renseigné(e), tu aurais pu faire une demande de bourse.
   Si j'étais né au XVIIIe siècle, j'aurais aimé être Mozart.
   Si j'avais été Marco Polo,…

Corrigé des exercices

Exercice I
1. J'aimerais écouter de la musique.
2. Il faudrait qu'Irène se dépêche.
3. On devrait organiser une fête.

4. En Écosse, tu verrais peut-être le monstre du loch Ness.
5. Est-ce qu'il y aurait des fantômes dans ce château?
6. Ça se pourrait.

Exercice II

1. Je n'aurais jamais dit ça.
2. L'avion serait arrivé en avance.
3. L'autobus aurait dérapé.
4. On aurait oublié de répandre du sel…
5. Les ambulances ne seraient pas arrivées…
6. J'aurais pu voir le reportage à la télé.

Exercice IV

1. e
2. f
3. g
4. a
5. i
6. j
7. b
8. c
9. d
10. h

Exercice V

1. Si on n'avait pas la télévision, les gens liraient davantage.
2. Si nous obtenons une subvention du gouvernement, nous construirons une maison solaire.
3. Si tu me donnes ta recette de tourtière, je servirai ce plat à mes invités.
4. Si vous n'aviez pas laissé toutes les lumières allumées, votre compte d'électricité aurait été moins élevé.
5. Si tu étais gentil, tu me préparerais un bon grog.
6. Si nous avions une alimentation saine, nous n'aurions pas besoin de régimes amaigrissants.
7. Si j'avais vécu à l'époque de la Renaissance, je me serais embarqué(e) à la découverte du Nouveau Monde.
8. Si nous continuons à gaspiller de l'énergie, nos ressources seront vite épuisées.
9. Si on avait connu les principes élémentaires de l'hygiène, la mortalité infantile aurait été moins élevée.
10. Si vous téléphoniez le soir, vos appels interurbains vous coûteraient moins cher.
11. Si tu avais arrosé tes plantes, elles ne seraient pas mortes.
12. Si le chauffard n'avait pas brûlé un feu rouge, le policier ne lui aurait pas donné de contravention.

Exercice VI

1. buvais; serais
2. prenait; prendrait
3. n'existait; faudrait
4. s'inquiéterait; écrivait
5. étudiiez; s'offriraient
6. enverrais; croyais
7. faisions; ferions
8. tiendrait; proposiez
9. envoyions; mettraient
10. commençait; pourrait

Exercice VII

1. n'avait pas suivi; n'aurait pas réussi
2. n'auraient jamais pris; avaient su
3. avait paru; aurais fait
4. m'étais rendu compte; n'aurais pas été
5. ne s'était pas battue; auraient obtenu
6. auraient réagi; avaient compris
7. auriez répondu; aviez lu
8. avais vu; serais mort(e)
9. J'aurais pu; je l'avais voulu
10. l'avais mieux connue; aurais demandé

Exercice VIII

1. aurait
2. pourrait
3. serait
4. n'auraient pas connu
5. t'aurait pardonné
6. n'aurait pas écrit
7. aurait réfléchi
8. n'existeraient plus
9. n'auriez pas / n'auriez pas eu
10. serions
11. seraient morts
12. n'aurait pas remporté
13. ne serait pas née
14. ne se serait pas rendu
15. coûterait

Exercice IX

1. l'avais jetée; faudrait
2. avait prévu; ne seraient pas partis
3. aurais mis; ne serais pas
4. n'avait pas défendu; n'aurait pas été pendu
5. n'avaient pas déporté; n'y aurait pas
6. s'était décidé(s); aurait pu
7. ne s'était pas rendu; croupirait
8. comprenait mieux; ne m'aurait pas suggéré
9. avais; ne m'aurais pas coupé
10. t'aurais laissé; mangeais

Exercice X

1. Si j'avais le temps, j'irais au cinéma.
2. S'il s'était senti bien, il serait venu.
3. S'il avait fait assez chaud, nous nous serions baignés.
4. S'il n'avait pas plu, ils n'auraient pas annulé l'excursion.
5. S'il était diplômé, Bertrand aurait obtenu cet emploi.
6. S'il faisait des efforts, il réussirait.
7. Si elle n'était pas diabétique, Céline mangerait du sucre.
8. Si elle n'avait pas pris du poids, elle ne suivrait pas de régime.
9. Si ça ne m'empêchait pas de dormir, j'aurais bu du café.
10. S'ils n'étaient pas des mordus du ski, on ne les aurait pas vus sur les pentes par un temps pareil.

Exercice XI

1. pourriez
2. auriez dû
3. l'aurais fait
4. peux
5. alliez
6. j'avais su

1. j'aurais dû
2. démissionne / vais démissionner / démissionnerai
3. vous trompez
4. auriez
5. avais dit
6. venez

1. pourrait
2. aurais fait
3. ne te plaindrais pas
4. serais
5. avais vu
6. avais dû
7. apprécierais
8. ferait

Exercice XII

1. aurait été
2. n'aurais pas passé
3. déteste / détestais
4. J'aurais pu
5. J'aurais eu
6. désirais
7. m'aurait épargné
8. J'aurais pu
9. ne serais pas
10. serais
11. saurais
12. prendrais
13. J'aurais
14. avait respecté
15. n'aurais pas passé
16. n'aurais pas eu
17. ne m'aurait pas poussé
18. J'aurais pu
19. me serais abandonné
20. n'aurais pas senti
21. serais
22. ne chercherais pas
23. J'hésiterais
24. ne me les avait pas imposés
25. saurais
26. J'aurais
27. ne m'avait pas contraint
28. assistera
29. ne sentira plus
30. n'aura plus
31. uniront
32. commence / commençait
33. n'auront plus / n'auraient plus

Chapitre 10

Le subjonctif

Aide-mémoire

À première vue, le mot **subjonctif** peut vous sembler rébarbatif, parce qu'il a la réputation d'être difficile. Pourtant, sauf pour quelques formes irrégulières qu'il faut mémoriser, son emploi est assez simple. Ce qu'il faut comprendre, c'est qu'il s'agit d'un mode et donc qu'il sert à prendre position par rapport à ce qu'on exprime. Avec **l'indicatif**, on présente des faits comme faisant partie de la réalité objective (de **ce qui est, a été** ou **sera**). Avec le **subjonctif**, on présente les faits d'un point de vue plus personnel (volonté, doute, jugement, crainte, regret, etc.).

Ex. : Les ministres **savent** que l'accord **sera** signé. (réalité)
Les ministres **veulent** que l'accord **soit** signé. (volonté)
Les ministres **sont déçus** que l'accord n'**ait pas été** signé. (regret)

Le mode subjonctif s'emploie très couramment en français, dans la langue orale comme dans la langue écrite. On l'utilise aussi bien dans un registre de langue familier que littéraire. Le subjonctif s'emploie dans une proposition subordonnée (Ex. : *je voudrais que vous me compreniez*), sauf quand il se substitue à la 3e personne du singulier ou du pluriel de l'impératif (Ex. : *Qu'on se le tienne pour dit!*).

Conjuguer un verbe au présent du subjonctif est très simple.

Pour les verbes dont l'infinitif se termine en **er** (à l'exception du verbe *aller*), le présent du subjonctif a les mêmes formes que le présent de l'indicatif, sauf à la 1re et 2e personne du pluriel *nous* et *vous* qui ont les mêmes formes que l'imparfait de l'indicatif.

Ex. : Je téléphone (indicatif présent)   Il faut que je téléphone (subjonctif présent)
Vous téléphoniez (indicatif imparfait)   Il faut que vous téléphoniez (subjonctif présent)

Pour tous les autres verbes, il suffit de connaître la 3e personne du pluriel du présent de l'indicatif pour trouver la forme du présent du subjonctif. On remplace ensuite la terminaison *ent* par les terminaisons *e, es, e, ions, iez, ent*.

Ex. : Réussir   Ils réussissent (indicatif présent)
              Il faut que tu réussisses… que vous réussissiez… (subjonctif présent)
       Partir   Ils partent (indicatif présent)
              Il faut que tu partes… que vous partiez… (subjonctif présent)
       Répondre   Ils répondent (indicatif présent)
              Il faut que tu répondes… que vous répondiez… (subjonctif présent)

Voici quelques recommandations importantes :

1. Mémoriser les formes irrégulières des dix verbes suivants qui sont des exceptions à la règle donnée ci-dessus : *avoir (que j'aie), être (que je sois), faire (que je fasse), pouvoir (que je puisse), vouloir (que je veuille), savoir (que je sache), aller (que j'aille), valoir (qu'il vaille), falloir (qu'il faille)* et *pleuvoir (qu'il pleuve)*.

2. Identifier dans quelles circonstances bien définies on utilise le subjonctif au lieu de l'indicatif, soit :

   a) Après des verbes qui expriment une attitude subjective (c'est-à-dire envisagée dans la pensée), comme :
      une **obligation** (*il faut que, on veut que*, etc.)
      un **doute** (*je doute que, il est possible que*, etc.)
      un **sentiment** (*j'aimerais que, j'ai peur que*, etc.)
      un **jugement de valeur** (*c'est dommage que, il est normal que*, etc.)

   b) Après certaines conjonctions de subordination dont les plus courantes sont : *pour que, afin que, avant que, à moins que, à condition que, quoique, bien que, pourvu que, jusqu'à ce que, sans que*. Considérez les exemples suivants :

      Ex. : Jean réussira **pourvu qu'**on lui **fasse** confiance.
            Jean réussira **parce qu'**on lui fait confiance.

Chacune des phrases ci-dessus illustre clairement la prise de position exprimée par le mode.

3. Comprendre qu'il est inapproprié d'utiliser une subordonnée lorsque deux verbes ont le même sujet. Dans ce cas :

a) le deuxième verbe devient le complément du premier et se met à l'infinitif.

Ex. : Luc veut partir.
Luc est content **de partir.**

mais Luc veut **que Paul parte.**
Luc est content **que Paul parte.**

b) le *que* disparaît nécessairement et certaines conjonctions de subordination, notamment *afin que, avant que, à moins que, à condition que, pour que* et *sans que* sont donc remplacées par les locutions prépositives correspondantes : *afin de, avant de, à moins de, à condition de, pour* et *sans.*

Ex. : Je leur ai rendu visite **avant de** partir.

mais Je leur ai rendu visite **avant qu'ils (ne) partent.**
Ils sont partis **sans** me dire au revoir.

mais Ils sont partis **sans que je puisse** leur dire au revoir.

c) Les conjonctions *quoique, bien que, pourvu que* et *jusqu'à ce que,* qui n'ont pas de locutions prépositives correspondantes, introduisent toujours une proposition subordonnée au subjonctif.

Ex. : **Lise** est allée travailler bien que **son médecin** le lui **ait déconseillé.**
Lise est allée travailler bien qu'**elle soit** malade.

N.B. Quand le verbe de la proposition principale ne commande pas le subjonctif, on peut utiliser **l'indicatif** après le *que* ou seulement **l'infinitif.**

Ex. : **Paul** pense *qu'il* réussira. *ou* **Paul** pense réussir.

4. Se rappeler que le **subjonctif présent** a une valeur de présent, de passé ou de futur et qu'on l'utilise quand l'événement présenté dans la subordonnée est **simultané** ou **postérieur** à celui de la proposition principale.

Ex. : Je suis contente **que vous veniez.** (simultanéité)
Je serais contente **que vous veniez.** (postériorité)

C'est seulement quand l'événement présenté dans la subordonnée est **antérieur** à celui de la principale ou à une autre indication de temps donnée dans la phrase, qu'on emploie le **subjonctif passé.**

Ex. : Je suis contente **que vous soyez venus** avec nous **hier soir.**
Il faut **que vous ayez terminé avant demain.**

Pour former le subjonctif passé, il suffit de mettre l'auxiliaire requis (*avoir* ou *être*) au subjonctif présent (*que j'aie* ou *que je sois*, etc.) et de le faire suivre du participe passé du verbe à conjuguer.

5. Bien saisir l'opposition entre le mode indicatif et le mode subjonctif, c'est-à-dire les deux manières de percevoir et d'exprimer la réalité. Ainsi, vous comprendrez pourquoi on utilise l'indicatif après les verbes qui présentent les faits et les événements comme réels : certitude, constatation, affirmation, description, etc.

Ex : Je suis certain qu'il réussira. Il est évident qu'il réussira.

Cette opposition des deux modes est claire quand vous utilisez les verbes d'opinion : *penser, croire, trouver,* etc. : À la forme interrogative ou négative, ils sont suivis de l'indicatif quand on veut exprimer une certitude, mais du subjonctif si on exprime un doute.

Ex : Croyez-vous que ces gens **ont** raison? *ou* Croyez-vous que ces gens **aient** raison?
Je ne pense pas que ces gens **ont** raison. *ou* Je ne pense pas que ces gens **aient** raison.

Au lieu d'apprendre des listes de conjonctions, pensez plutôt à ce que chacune vous permet d'exprimer. Par exemple, les conjonctions de cause (*comme, du moment que, étant donné que, parce que, puisque que*, etc.) et de temps (*aussitôt que, dès que, depuis que, pendant que, lorsque, quand*, etc.) introduisent l'indicatif parce qu'elles expriment une réalité établie.

Ex. :   Sandra est venue **parce que** tu l'as appelée.
J'ai acheté ce manteau **dès que** je l'ai vu.

Pré-test

Mettez les verbes donnés entre parenthèses au mode et au temps appropriés.

Les vendeuses proposent, les clientes disposent!*

Personnages   V. :   *une vendeuse*
M. :   *la mère*
S. :   *Sandrine, sa fille, qui cherche une robe pour son bal de finissante*

V. :   Bonjour mesdames. Est-ce que je peux vous aider?

M. :   Oui, nous aimerions que vous nous (montrer) _____ [1] des robes de bal.

V. :   Avec plaisir. Nous avons reçu toute une collection de robes, plus ravissantes les unes que les autres. Ah! mais il faut absolument que vous (voir) _____ [2] les modèles de chez Courage*! Je suis sûre que vous les (aimer) _____ [3].

S. :   Oh, j'ai peur que ces modèles me (faire) _____ [4] paraître trop grosse. Mais voyons quand même. Pourvu que vous (avoir) _____ [5] ma taille!

V. :   Je ne crois pas qu'il (falloir) _____ [6] vous inquiéter; je trouve que vous (ne pas être) _____ [7] grosse du tout. Vous avez une allure sportive… c'est tout à fait à la mode en ce moment.

M. :   Regarde, Sandrine, j'aimerais que tu (essayer) _____ [8] ce ravissant petit modèle L'An Vingt*. Il me semble qu'il t'irait très bien.

S. :   D'accord.

(Elle entre dans la cabine d'essayage et en ressort quelques minutes plus tard.)

M. :   Écoute, chérie, il faudrait que tu (aller) _____ [9] au fond, là-bas, pour que je te (voir) _____ [10] mieux.

V. :   Oh! mademoiselle, vous êtes tout à fait ravissante, je ne crois pas qu'un modèle (pouvoir) _____ [11] vous aller mieux que celui-là, n'est-ce pas, madame?

M. :   Oui, peut-être. Mais le tissu a l'air bien salissant. Est-ce que c'est lavable?

V. :   Mais bien sûr, à condition que vous (savoir) _____ [12] comment vous y prendre*. Il est important que vous (utiliser) _____ [13] du savon Doudou, que vous (ne pas laisser) _____ [14] la robe tremper trop longtemps et que vous la (faire) _____ [15] sécher suspendue à un cintre; à moins qu'il ne vous (paraître) _____ [16] plus simple de l'envoyer chez le nettoyeur.

S. :   Oh! finalement, je doute que cette robe en (valoir) _____ [17] la peine*. D'abord, je ne trouve pas qu'elle me (faire) _____ [18] paraître à mon avantage. Qu'est-ce que tu en penses, toi, Maman?

M. :   Moi, je trouve que…

S. :   Ah non! je ne pense vraiment pas que cette couleur rose bonbon m'(amincir) _____ [19] assez; je crois même qu'elle me (grossir) _____ [20] considérablement.

V. :   *(Bien déçue.)* C'est regrettable que vous (ne pas vouloir) _____ [21] d'un si charmant modèle. Eh bien, puisque vous (ne pas aimer) _____ [22] la couleur et comme le modèle (ne pas vous emballer) _____ [23], je vais faire de mon mieux pour que vous en (trouver) _____ [24] un qui vous (plaire) _____ [25] vraiment!

(17 robes plus tard et après bien des soupirs de part et d'autre.)

S. :   Ce n'est quand même pas normal que vous (ne pas avoir) _____ [26] une seule robe qui me (convenir) _____ [27]. *(Se tournant vers sa mère.)* Je savais bien qu'on ne trouverait rien dans cette boutique : tout manque de fantaisie et d'originalité. Je ne veux pas avoir l'air d'une vieille fille!

V. :   *(Au bord de la crise de nerfs.)* Écoutez-moi bien, jeune fille. Il va falloir que vous (cesser) _____ [28] vos enfantillages, si vous ne voulez pas que je (perdre) _____ [29] le peu de patience qui me reste!

S :   *(Outrée.)* Oh! Mais quel culot*! Comment osez-vous parler à une cliente sur ce ton? J'espère que le gérant vous (mettre) _____ [30] à la porte*! *(Se tournant vers sa mère.)* Vraiment, je ne comprends pas que tu (ne rien dire) _____ [31] quand je me fais insulter par cette pimbêche. Allons-nous-en! On n'a plus rien à faire ici.

M :   Mais voyons, Sandrine, il est trop tard pour qu'on (aller) _____ [32] ailleurs. Il est absolument essentiel que tu (choisir) _____ [33] ta robe aujourd'hui, sinon tu n'auras rien à mettre pour ton bal. *(Sandrine fond en larmes et court après la vendeuse qui, furieuse, avait déjà tourné les talons*.)* Snif…, s'il vous plaît, madame, il ne faut pas que vous m'(en vouloir)* _____ [34]; je reconnais que j'(être) _____ [35] désagréable, mais je suis si stressée. C'est mon premier bal, vous comprenez. Ce n'est pas possible que vous (refuser) _____ [36] de m'aider.

V. :   Bon, bon! Je veux bien passer l'éponge*, mais j'espère que vous (aller) _____ [37] vous décider rapidement; on ferme dans une demi-heure. *(En aparté*.)* C'est quand même dommage qu'elle (ne pas aimer) _____ [38] le premier modèle du jeune couturier L'An Vingt. C'est celui qui lui allait le mieux.

Expressions idiomatiques et notes explicatives

Les vendeuses proposent, les clientes disposent! : calque du proverbe *L'homme propose, Dieu dispose.*

Courage : jeu de mots sur le nom du grand couturier français Courrèges.

L'An Vingt : jeu de mots sur le nom de la grande maison de haute couture française Lanvin.

En valoir la peine : mériter qu'on s'y intéresse, qu'on y porte attention.

Quel culot! : expression d'indignation utilisée pour dire que quelqu'un est effronté.

Mettre quelqu'un à la porte : renvoyer quelqu'un.

Tourner les talons : s'en aller.

En vouloir à quelqu'un : rester fâché contre une personne, lui garder rancune.

Passer l'éponge : pardonner, oublier une offense.

En aparté : Réflexion faite pour soi-même.

Corrigé du pré-test

1. montriez
2. voyiez
3. aimerez
4. fassent
5. ayez
6. faille
7. n'êtes pas
8. essaies / essayes
9. ailles
10. voie
11. puisse
12. sachiez
13. utilisiez
14. ne laissiez pas
15. fassiez

16. paraisse
17. vaille
18. fasse / fait
19. amincisse / amincit
20. grossit
21. ne vouliez pas
22. n'aimez pas
23. ne vous emballe pas
24. trouviez
25. plaise
26. n'ayez pas
27. convienne
28. cessiez
29. perde
30. mettra

31. ne dises rien
32. aille
33. choisisses
34. en vouliez
35. ai été
36. refusiez
37. allez
38. n'ait pas aimé

Barème

36/38	95%
32/38	85%
28/38	75%
25/38	65%
21/38	55%

Exercice Ia

Complétez les phrases qui commencent avec le verbe **falloir** et faites les changements nécessaires. Remarquez que **falloir** et **devoir** expriment une obligation, mais qu'ils se construisent différemment : l'un est suivi du subjonctif, l'autre de l'infinitif.

Modèle :
Vous *devez réfléchir* à la situation.
*Il faut que...***vous réfléchissiez** à la situation.

1. L'amour ne devrait pas vous faire perdre la tête*!

   Il ne faudrait pas que _____

2. Tu ne dois pas perdre ton sang-froid* pour si peu de chose!

   Il ne faut pas que _____

3. Tu ne dois pas en vouloir*à Jacques, il ne l'a pas fait exprès*!

   Il ne faut pas que_____

4. Vous devriez être plus bavard dans votre cours de conversation. Vous êtes muet comme une carpe*!

   Il faudrait que _____

5. Le candidat doit pouvoir s'exprimer dans les deux langues.

   Il faut que _____

6. On doit savoir à quoi s'attendre.

   Il faut que _____

7. Vous devez avoir la monnaie exacte pour prendre l'autobus à Montréal.

   Il faut que _____

8. Simone devra prendre le train puisque son auto est en panne.

   Il faudra que _____

9. Tu dois aller visiter les Jardins de Métis, si tu vas en Gaspésie.

   Il faudrait que _____

10. Il ne devrait pas pleuvoir davantage cet automne.

    Il ne faudrait pas que _____

Expressions idiomatiques et notes explicatives

Perdre son sang-froid : perdre son calme.

Perdre la tête : devenir fou.

En vouloir à quelqu'un : rester fâché contre une personne, lui garder rancune.

Faire exprès : faire quelque chose intentionnellement, délibérément.

Être muet comme une carpe : se taire, ne pas ouvrir la bouche.

Exercice Ib

Dans les phrases suivantes, on donne des conseils en utilisant le mode impératif. Donnez les mêmes conseils en complétant les phrases qui commencent par le verbe **falloir**.

Modèles :
Faites les changements nécessaires.
Il faut que... **vous fassiez** les changements nécessaires.
Ne soyez pas surpris par la transformation de la négation.
Il ne faut pas que... **vous soyez surpris** par la transformation de la négation.

1. Tenez-vous au courant de l'actualité.

   Il faut que _____

2. Ne soyez pas alarmistes.

   Il ne faudrait pas que _____

3. Va consulter des personnes fiables.

   Il faut que _____

4. N'ayons pas peur de nous opposer à la violence.

Il ne faut pas que_____

5. Sachez faire respecter vos droits.

Il faudrait que _____

6. Envoyez-moi ce document par courriel*.

Il faudra que _____

7. Remplissons le formulaire avec soin.

Il faut que _____

8. N'oubliez pas d'inscrire votre numéro de téléphone.

Il ne faudra pas que_____

9. Aie confiance en tes capacités.

Il faudrait que _____

10. Ne t'en fais pas* pour rien*.

Il ne faut pas que_____

Expressions idiomatiques et notes explicatives

Un courriel : néologisme québécois pour courrier électronique.

S'en faire : s'inquiéter, se faire du souci.

Pour rien : inutilement.

Exercice IIa

Écrivez les verbes donnés entre parenthèses au subjonctif présent ou à l'indicatif présent ou futur. Assurez-vous de bien comprendre le sens des verbes.

1. Je pense que les gens (être) _____ fous de croire aux soucoupes volantes.

2. Quoi! Vous voulez que je (prendre) _____ soin de vos cinq chats pendant que vous serez en vacances! Vous plaisantez!

3. La directrice s'attend à ce qu'on (se réunir) _____ chaque semaine pour faire le point*.

4. J'aimerais que vous (réfléchir) _____ sérieusement avant de prendre une telle décision.

5. Il vaudrait mieux que tu (savoir) _____ exactement à quoi t'en tenir* avant de signer le contrat.

6. On me dit que vous (connaître) _____ très bien Montréal et que vous (pouvoir) _____ vous débrouiller* facilement tout seuls. C'est vrai?

7. J'espère que le gouvernement (intervenir) _____ à temps pour éviter une autre grève.

8. Il serait temps que la médecine psychosomatique (faire) _____ son chemin dans les hôpitaux et chez les médecins.

9. Imagine un peu! Elle refuse de partir en vacances parce qu'elle a peur que ses plantes (mourir) _____ pendant son absence! Elle croit dur comme fer* que personne ne (pouvoir) _____ s'en occuper à sa place.

10. Vous savez bien que votre propriétaire ne permettra jamais que vous (jeter) _____ la moitié des murs à terre sous prétexte que vous souffrez tous deux de claustrophobie. Il faudrait plutôt que vous (déménager) _____ ou alors que vous (se construire) _____ une maison sans cloisons. J'ai bien peur que vous (ne pas avoir) _____ d'autres solutions.

Expressions idiomatiques et notes explicatives

Faire le point : préciser la situation où on se trouve.

Savoir à quoi s'en tenir : savoir à quoi on peut s'attendre.

Se débrouiller : se tirer d'affaire, s'en tirer, s'en sortir, être capable de s'arranger seul.

Croire dur comme fer : être absolument convaincu de quelque chose.

Exercice IIb

Complétez les phrases suivantes en écrivant le verbe donné entre parenthèses au mode et au temps appropriés. Attention : certaines conjonctions exigent le subjonctif et d'autres l'indicatif. Assurez-vous de bien comprendre le sens de chaque conjonction.

1. Du moment que tu (promettre) _____ de ne pas conduire trop vite, je veux bien faire le trajet avec toi.

2. Bien que je (faire) _____ des efforts, je demeure terriblement distrait.

3. Téléphonez à Béatrice pour qu'elle (ne pas venir) _____ après 19 h.

4. Anne te retrouvera devant le cinéma à moins que tu ne (vouloir) _____ aller la chercher chez elle.

5. Cessez de faire des blagues pendant que nous (discuter) _____ !

6. Continue de faire des exercices jusqu'à ce que tu (pouvoir) _____ bien maîtriser le subjonctif!

7. Depuis que Brad (sortir) _____ avec Catherine, il n'arrête pas de se dire avec inquiétude : «Pourvu que je (plaire) _____ à son père!»

8. Sam se promène avec un journal français afin que tout le monde (croire) _____ qu'il (être) _____ francophone.

9. Philippe est toujours furieux quand je (arriver) _____ en retard. Pourtant, lorsque je être) _____ à l'heure, il a le don de* ne pas le remarquer. Peut-être que je (s'absenter) _____ carrément* un de ces quatre matins*!

10. Il va falloir s'occuper de cette affaire avant qu'il ne (être) _____ trop tard. Comme vous (avoir) _____ beaucoup d'expérience dans ce domaine, vous trouverez bien une solution sans qu'il (falloir) _____ interrompre tous les travaux.

Expressions idiomatiques et notes explicatives

Avoir le don de : avoir une disposition innée pour quelque chose (ici, emploi ironique).

Carrément : absolument, de façon ferme et définitive.

Un de ces quatre matins : un de ces jours.

Exercice III

Composez une seule phrase en reliant la 2e phrase à la 1re à l'aide des mots donnés entre parenthèses. Attention : dans le cas de certaines conjonctions, si le sujet est le même dans les deux phrases, vous devez employer l'infinitif au lieu du subjonctif et faire les changements nécessaires. Référez-vous aux explications données dans l'aide-mémoire.

Modèles :
J'organise une fête. *Je célèbre le nouvel an.* (*pour que*)
J'organise une fête *pour* **célébrer** le nouvel an.
J'organise une fête. *Toute ma famille* se réunit à Noël. (*pour que*)
J'organise une fête *pour que* toute ma famille **se réunisse** à Noël.

1. Je resterai près de toi. Tu iras mieux. (jusqu'à ce que)

   _____

2. Nous te téléphonerons. Nous aurons de tes nouvelles. (pour que)

   _____

3. Envoyez-moi l'itinéraire d'avance. Je pourrai faire mes réservations d'hôtel. (afin que)

   _____

4. Vous aurez droit à une réduction. Vous montrez votre carte d'étudiant. (pourvu que)

   _____

5. Tu arriveras à temps à l'aéroport. Tu pars tout de suite. (à condition que)

   _____

6. Tu ne pourras pas entrer en Chine. Tu as un passeport en règle. (à moins que)

   _____

7. Passe-moi un coup de fil*. Tu viens. (avant que)

   _____

8. Passe-moi un coup de fil. Tes amis viennent. (avant que)

   _____

9. Je suis parti. Mes parents ne l'ont pas su. (sans que)

   _____

10. Je suis parti. Je ne me suis pas retourné. (sans que)

    _____

Expressions idiomatiques et notes explicatives

Passer un coup de fil : téléphoner.

Exercice IV

Composez une seule phrase en intégrant la 1re phrase au verbe proposé entre parenthèses. Laissez le verbe souligné à l'indicatif ou mettez-le au subjonctif présent ou à l'infinitif présent, selon le cas. Rappelez-vous que l'infinitif doit remplacer le subjonctif si le sujet est le même dans les deux propositions. Cependant, dans le cas de l'indicatif, c'est facultatif.

Modèles :
Tu comprends le subjonctif. (Tu veux)
Tu veux **comprendre** le subjonctif.
Tu comprends le subjonctif. (Tu penses)
Tu penses **comprendre** le subjonctif *ou* Tu penses **que tu comprends** le subjonctif.

1. Je réussirai à cet examen. (J'espère)

    _____

2. J'échouerai à cet examen. (J'ai peur)

    _____

3. Tu comprends enfin le subjonctif, n'est-ce pas? (Tu es content)

    _____

4. Les étudiants font beaucoup d'exercices. (Il vaudrait mieux)

    _____

5. Vous utiliserez le subjonctif dans la conversation maintenant. (Il va falloir)

    _____

6. Je t'accompagne à cette soirée. (Je tenais à)

    _____

7. Adam sera en retard. (Je m'attends à)

    _____

8. Cet automobiliste va payer cher son infraction au code de la route. (Il est probable)

    _____

9. On lui prendra son permis de conduire. (Es-tu certain)

    _____

10. La majorité des conducteurs sont prudents. (La majorité des conducteurs pensent)

    _____

Exercice Va

Composez une seule phrase en intégrant la 1re phrase au verbe proposé entre parenthèses. Mettez le verbe souligné au subjonctif présent ou passé, selon le cas. Il y aura parfois deux réponses possibles. Référez-vous aux explications données dans l'aide-mémoire.

1. Les usagers du cyberespace <u>sont</u> courtois dans leurs échanges. (Il serait souhaitable)

   _____

   _____

2. Certains usagers <u>font fi</u>* de la nétiquette*. (Il est regrettable)

   _____

   _____

3. On <u>a établi</u> des règles et des conseils pour améliorer la qualité des échanges. (Les internautes ont apprécié)

   _____

   _____

4. Des fouineurs* n'<u>ont</u> pas <u>respecté</u> sa vie privée. (Un usager s'est plaint)

   _____

   _____

5. Un message trop long n'<u>est</u> pas <u>lu</u>. (Il est possible)

   _____

   _____

6. Mes fichiers <u>ont été infectés</u> par un virus. (J'ai toujours peur)

   _____

7. Nous <u>effaçons</u> tout de suite le fichier incriminé. (Il est indispensable)

   _____

   _____

8. Les internautes <u>sont</u> vigilants face à certains courriels*. (Il est impératif)

   _____

   _____

9. Les internautes <u>sont</u> toujours sur leurs gardes*. (Faut-il?)

_____

_____

10. On ne peut pas barrer la route aux pourriels*. (C'est dommage)

_____

_____

Expressions idiomatiques et notes explicatives

Faire fi de quelque chose : ne pas respecter quelque chose.

La nétiquette : l'étiquette, les règles de savoir-vivre des internautes.

Un fouineur : un passionné d'informatique qui cherche à s'immiscer dans la vie des gens.

Un courriel : néologisme québécois pour courrier électronique.

Être sur ses gardes : faire très attention.

Un pourriel : un courriel indésirable, pourri.

Exercice Vb

Composez une seule phrase en intégrant la 1re phrase au verbe proposé entre parenthèses. Mettez le verbe souligné à l'infinitif présent ou passé. Attention : l'infinitif présent a une valeur de présent, de passé ou de futur, alors que l'infinitif passé a toujours une valeur de passé. Il y aura donc parfois deux réponses possibles. Référez-vous aux explications données dans l'aide-mémoire.

1. Je vous <u>verrai</u> avant mon départ. (J'aurais aimé)

_____

2. Tu n'<u>as pas pu</u> venir. (Tu regrettes)

_____

3. Les Dubé <u>vivent</u> à la campagne. (Les Dubé ont toujours préféré)

_____

4. Viviane a <u>gagné</u> à la loterie. (Viviane est ravie)

_____

5. Viviane <u>fera</u> le voyage de ses rêves. (Viviane est ravie)

   _____

6. La présidente <u>prend</u> la parole. (La présidente tenait à)

   _____

7. La présidente <u>a reçu</u> l'autorisation de le faire. (La présidente attend)

   _____

8. J'<u>ai oublié</u> notre rendez-vous. (Je suis confus)

   _____

9. Je <u>suis</u> en retard. (Je suis confus)

   _____

10. Je <u>suis arrivé</u> en retard hier matin. (Je suis confus)

    _____

Exercice VI

Écrivez les verbes donnés entre parenthèses au mode et au temps appropriés. Attention à la concordance des temps qui dépend du sens de la phrase.

1. Comment, vous prétendez que je (ne pas réussir) _____ à traverser ce lac à la nage! Vous allez voir ce que vous allez voir!

2. Nous avons longtemps discuté avec Jérôme, mais je doute que nous (parvenir) _____ à le convaincre.

3. Sandra regrette (se faire) _____ couper les cheveux avant d'en parler avec ses amies.

4. Tu n'as rien dit, mais au fond, tu étais ravi que ses amies lui (dire) _____ ses quatre vérités*, n'est-ce pas?

5. Bien que nous (déjà faire) _____ beaucoup d'exercices, nous avons encore des difficultés avec le subjonctif.

6. Je suis vraiment déçue que tu (ne pas venir) _____ à la Place des Arts* hier soir. J'aurais tellement aimé que tu (entendre) _____ Yo-Yo Ma au violoncelle avec l'orchestre symphonique de Montréal. Je t'assure qu'il (être) _____ à son meilleur. Le temps a passé sans que je (s'en apercevoir) _____.

7. Puisque tu (ne pas pouvoir) _____ assister au concert, je te prêterai le disque après que je

(se le procurer) _____.

8. Quel dommage que tu (rater) _____ le congrès sur l'enseignement des langues assisté par

ordinateur (ELAO) la semaine dernière. Il est essentiel que tout enseignant (prendre) _____

conscience des défis que pose cette nouvelle technologie.

9. J'ai l'impression que notre député regrette déjà de (se prononcer) _____ sur cette question

épineuse. Il voudrait bien (faire) _____ marche arrière maintenant.

10. Je suis furieuse que mes voisins (ne pas m'appuyer) _____ quand j'ai proposé qu'on (aller)

_____ tous ensemble protester chez notre député. J'espère qu'ils (s'en mordre)

_____ les doigts*.

Expressions idiomatiques et notes explicatives

Dire ses quatre vérités à quelqu'un : ne pas craindre de dire à quelqu'un des choses désagréables sur son compte.

La Place des Arts : édifice qui regroupe cinq salles de spectacles à Montréal. L'Orchestre symphonique de Montréal (l'OSM) donne ses concerts à la salle Wilfrid Pelletier.

S'en mordre les doigts : regretter une action qu'on a faite.

Exercice VII
(sans corrigé)

Complétez les phrases en y intégrant la phrase qui vous est donnée en italique au début. Mettez le verbe au subjonctif, à l'infinitif ou à l'indicatif, selon le cas. Attention à la concordance des temps qui dépend du sens de la phrase.

Modèle :
Les médias ont souvent tendance à exagérer.
Il est regrettable… que les médias **aient** souvent tendance à exagérer.
Croyez-vous… que les médias **aient** *ou* **ont** souvent tendance à exagérer?
Les médias ne pensent pas… qu'ils **ont** souvent tendance à exagérer.

1. *Gisèle fera le tour du monde.*

Il paraît _____

Il est possible _____

Gisèle voudrait _____

2. *Thierry a eu un accident.*

   Je regrette _____

   Êtes-vous sûrs _____

   Thierry est fâché _____

3. *Martine sait nager.*

   On s'attend _____

   Je pense _____

   Martine aimerait _____

4. *Les voyageurs ne pourront pas partir.*

   Les voyageurs savent _____

   Les voyageurs craignent _____

   C'est dommage _____

5. *Daniel a gagné la course.*

   Lise espère _____

   Daniel est fier _____

   Les juges sont étonnés _____

Exercice VIII
(sans corrigé)

Faites des phrases complètes en employant les expressions suivantes. Évitez d'utiliser les verbes dont l'infinitif se termine en *er.*

1. Tout le monde croit que _____

2. Il est vrai que _____

3. Les gens s'attendent à ce que _____

4. Il a fallu que _____

5. Son patron exige que _____

6. Je m'oppose à ce que _____

7. Il serait préférable que _____

8. Tous ses amis étaient désolés que _____

9. On est sûr que _____

10. Je voudrais que _____

11. Avez-vous peur que _____

12. Anne espère que _____

Exercice IX

Le subjonctif s'emploie à la place de l'impératif quand on veut faire une recommandation à une tierce personne, pour suppléer la 3e personne du singulier et du pluriel qui n'existent pas à l'impératif. Dans l'exercice suivant, complétez les phrases en mettant les verbes proposés à l'impératif ou au subjonctif, selon le cas.

Modèles :
Quand Lise sera prête à partir, _____ (venir) me voir.
Quand Lise sera prête à partir, **qu'elle vienne** me voir.
Quand tu seras prête à partir, _____ (venir) me voir!
Quand tu seras prête à partir, **viens** me voir!

1. Si tu veux perdre du poids, _____ (manger) plus de fruits et moins de gâteaux.

2. Si Jacques n'a plus besoin de ma calculatrice, _____ (me la rendre).

3. Si tes copines veulent se faire des amis, _____ (sortir) un peu plus souvent.

4. Si nos étudiants ne veulent pas faire d'erreurs, _____ (réfléchir) un peu avant de répondre.

5. Si ton patron ne veut pas mourir d'une crise cardiaque à quarante ans, _____ (se reposer) donc de temps en temps.

6. Quand on vous rend un service, _____ (avoir) au moins la délicatesse de dire merci.

7. Si ta voiture est en panne, _____ (prendre) l'autobus.

8. Si la voiture de Sandrine est en panne, _____ (prendre) l'autobus.

9. Si vos voisins veulent servir un punch ce soir, _____ (aller) vite acheter des jus de fruits et du rhum.

10. Si vous voulez vous exprimer correctement, _____ (savoir) vos règles sur le bout des doigts*.

Expressions idiomatiques et notes explicatives

Savoir quelque chose sur le bout des doigts : savoir quelque chose parfaitement.

Exercice X
(sans corrigé)

Écrivez les verbes donnés entre parenthèses au temps et au mode appropriés.

Au Bureau de tourisme de Montréal

Carlos Vilas : Pardon, mademoiselle, j'aimerais que vous me (dire) _____ ¹ ce qu'il y a d'intéressant à voir à Québec. J'y vais la semaine prochaine.

Mlle Langevin : Avec plaisir, monsieur. D'abord, dès que vous (arriver) _____ ² il faudra que vous (aller) _____ ³ à la terrasse Dufferin, devant le château Frontenac, pour admirer le magnifique panorama et avoir une vue d'ensemble de la ville et du fleuve Saint-Laurent. De là, il serait bon que vous (prendre) _____ ⁴ le petit funiculaire qui vous (permettre) _____ ⁵ de descendre sans vous fatiguer jusqu'à la place Royale, qui est, à mon avis, le coeur de Québec.

Carlos Vilas : Et qu'est-ce qui m'attend au coeur de Québec?

Mlle Langevin : Beaucoup de choses. Il faut que vous (voir) _____ ⁶ les vieilles maisons qui ont été restaurées et dont certaines (pouvoir) _____ ⁷ être visitées. Il y a aussi l'église Notre-Dame-des-Victoires qui (valoir) _____ ⁸ la peine d'être vue. Il ne faudrait pas non plus que vous (repartir) _____ ⁹ vers le Château sans (visiter) _____ ¹⁰ le Musée de la civilisation qui se trouve tout près, dans le Vieux-Port.

Carlos Vilas : Dans ce cas, vous pouvez être sûre que je (ne pas manquer) _____ ¹¹ d'y aller.

Mlle Langevin : Il est aussi essentiel que vous (faire) _____ ¹² une longue promenade à pied dans le parc des Champs de bataille qui domine les plaines d'Abraham où…

Carlos Vilas : … s'est déroulée la sanglante bataille où l'armée de Wolfe (vaincre) _____ ¹³ les troupes de Montcalm en 1759.

Mlle Langevin : Bravo! Je vois que vous (connaître) _____ ¹⁴ bien l'histoire du Canada.

Carlos Vilas : Un peu, oui. Mais j'essayais surtout de vous impressionner. Puisque vous (être) _____ ¹⁵ si aimable à mon égard, mon seul regret est que vous (ne pas pouvoir) _____ ¹⁶ m'accompagner.

Mlle Langevin : Ma parole*! Vous me faites du charme*! Vous mériteriez que je vous (prendre)

_____ [17] au mot* et que je (ne plus vous quitter) _____ [18]

d'une semelle* pendant votre séjour dans la capitale provinciale!

Carlos Vilas : Je serais ravi que vous (mettre) _____ [19] cette menace à exécution!

Mlle Langevin : Voyons*, soyez sérieux!… Une dernière suggestion : il est impensable que vous (quitter)

_____ [20] Québec sans (passer) _____ [21] par la rue du Trésor

où de nombreux artistes, surtout des peintres, exposent leurs oeuvres. Il est probable que

vous (se faire) _____ [22] beaucoup solliciter et il se peut même qu'on

(vouloir) _____ [23] à tout prix vous vendre un souvenir.

Carlos Vilas : Oh! pour ça, (ne pas avoir peur) _____ [24]! À moins que ce (être)

_____ [25] quelque chose qui me (plaire) _____ [26] vraiment, je

doute qu'on (réussir) _____ [27] à me vendre quoi que ce soit! Vous, par

contre…

Mlle Langevin : J'espère que mes suggestions vous (être) _____ [28] utiles. Au revoir,

monsieur, et bon voyage à Québec!

Expressions idiomatiques et notes explicatives

Ma parole! : interjection marquant la surprise.

Faire du charme à quelqu'un : essayer de plaire à quelqu'un.

Prendre quelqu'un au mot : accepter une proposition de quelqu'un sans la mettre en question.

Ne pas quitter quelqu'un d'une semelle : suivre quelqu'un partout.

Voyons! : interjection utilisée pour rappeler quelqu'un à l'ordre.

Exercices d'exploitation orale et écrite

1. **Que faut-il faire**…
   a) pour être en bonne santé?
   b) pour trouver un travail?
   c) pour mieux parler français?

Donnez le plus grand nombre de réponses possibles avec des verbes à l'infinitif, mais aussi avec des verbes conjugués au subjonctif.

2. **La charte des droits**

Vous écrivez une charte des droits pour :

a) les jeunes;

b) les hommes du 3e millénaire;

c) les femmes du 3e millénaire;

d) les animaux.

Rédigez-la en commençant par :

> Nous recommandons que…
> Nous voulons que…
> Il serait bon de…
> Il est juste que…
> Il est temps de
> N'hésitons pas à…
> Etc.

3. **Pastiche**

En vous inspirant du modèle donné dans l'exercice X, faites des suggestions et des recommandations à un(e) touriste qui voudrait savoir ce qu'il y a d'intéressant à visiter dans votre ville ou dans votre région.

Corrigé des exercices

Exercice Ia

1. que l'amour vous fasse…
2. que tu perdes…
3. que tu en veuilles…
4. que vous soyez…
5. que le candidat puisse…
6. qu'on sache…
7. que vous ayez…
8. que Simone prenne…
9. que tu ailles…
10. qu'il pleuve…

Exercice Ib

1. vous vous teniez…
2. vous soyez…
3. tu ailles…
4. nous ayons peur…
5. vous sachiez…
6. vous m'envoyiez…
7. nous remplissions…
8. vous oubliiez…
9. tu aies confiance…
10. tu t'en fasses…

Exercice IIa

1. sont
2. prenne
3. se réunisse
4. réfléchissiez
5. saches
6. connaissez; pouvez / pourrez
7. interviendra
8. fasse
9. (ne) meurent; peut / pourra
10. jetiez; déménagiez; vous construisiez; n'ayez pas

Exercice IIb

1. Du moment que tu promets
2. Bien que je fasse
3. pour qu'elle ne vienne pas
4. à moins que tu ne veuilles
5. pendant que nous discutons
6. jusqu'à ce que tu puisses
7. Depuis que Brad sort; Pourvu que je plaise
8. afin que tout le monde croie; est
9. quand j'arrive; lorsque je suis; Peut-être que je m'absenterai
10. avant qu'il ne soit; Comme vous avez; sans qu'il faille

Exercice III

1. Je resterai près de toi jusqu'à ce que tu ailles mieux.
2. Nous te téléphonerons pour avoir de tes nouvelles.
3. Envoyez-moi l'itinéraire d'avance afin que je puisse faire mes réservations d'hôtel.
4. Vous aurez droit à une réduction pourvu que vous montriez votre carte d'étudiant.
5. Tu arriveras à temps à l'aéroport à condition de partir tout de suite.
6. Tu ne pourras pas entrer en Chine à moins d'avoir un passeport en règle.
7. Passe-moi un coup de fil avant de venir.
8. Passe-moi un coup de fil avant que tes amis (ne) viennent.
9. Je suis parti sans que mes parents le sachent / l'aient su.
10. Je suis parti sans me retourner.

Exercice IV

1. J'espère réussir / que je réussirai
2. J'ai peur d'échouer
3. Tu es content de comprendre
4. Il vaudrait mieux que les étudiants / qu'ils fassent
5. Il va falloir que vous utilisiez
6. Je tenais à t'accompagner
7. Je m'attends à ce qu'Adam soit
8. Il est probable que cet automobiliste va payer / paiera / payera cher
9. Es-tu certain qu'on lui prendra son permis de conduire?
10. La majorité des conducteurs pensent qu'ils sont prudents.

Exercice Va

1. Il serait souhaitable que les usagers du cyberespace soient courtois dans leurs échanges.
2. Il est regrettable que certains usagers fassent fi / aient fait fi de la nétiquette.
3. Les internautes ont apprécié qu'on établisse / ait établi des règles et des conseils pour améliorer la qualité des échanges.
4. Un usager s'est plaint que des fouineurs n'aient pas respecté sa vie privée.
5. Il est possible qu'un message trop long ne soit pas lu / n'ait pas été lu.
6. J'ai toujours peur que mes fichiers soient infectés / aient été infectés par un virus.
7. Il est indispensable que nous effacions tout de suite le fichier incriminé.
8. Il est impératif que les internautes soient vigilants face à certains courriels.
9. Faut-il que les internautes soient toujours sur leurs gardes?
10. C'est dommage qu'on ne puisse pas / n'ait pas pu barrer la route aux pourriels.

Exercice Vb

1. J'aurais aimé vous voir / vous avoir vu…
2. Tu regrettes de ne pas avoir pu / de n'avoir pas puvenir.
3. Les Dubé ont toujours préféré vivre…
4. Viviane est ravie d'avoir gagné…
5. Viviane est ravie de faire…
6. La présidente tenait à prendre…
7. La présidente attend d'avoir reçu l'autorisation…

8. Je suis confus d'avoir oublié…
9. Je suis confus d'être en retard.
10. Je suis confus d'être arrivé…

Exercice VI

1. ne réussirai pas
2. soyons parvenus
3. de s'être fait
4. disent / aient dit
5. ayons déjà fait
6. ne sois pas venu(e); entendes; était; m'en aperçoive
7. n'as pas pu; me le serai procuré
8. aies raté; prenne
9. de s'être prononcé; faire
10. ne m'aient pas appuyée; aille; s'en mordent / mordront

Exercice IX

1. mange
2. qu'il me la rende
3. qu'elles sortent
4. qu'ils réfléchissent
5. qu'il se repose
6. ayez
7. prends
8. qu'elle prenne
9. qu'ils aillent
10. sachez

Chapitre 11

L'interrogation et le style indirect

Première partie : L'interrogation

Aide-mémoire

Cette partie du chapitre a pour but de montrer comment on pose une question en français. Il est bon de se rappeler qu'il n'y a que deux grands types de phrases interrogatives :

1. Les phrases qui posent **une question sur le verbe** et qui demandent une réponse affirmative ou négative. Dans ce cas, on utilise soit la locution *est-ce que*, soit l'inversion du verbe et du sujet, quand c'est possible.

   Ex. : — Est-ce que tu fais du ski? *ou* Fais-tu du ski?

          — Oui, j'en fais.

          — Non, je n'en fais pas.

   On peut également rendre interrogative une phrase déclarative, en ajoutant la locution *n'est-ce pas* à la fin de la phrase.

   Ex. : — Tu fais du ski en hiver, n'est-ce pas?

          — Oui, j'en fais.

          — Non, je n'en fais pas.

2. Les phrases qui posent **une question sur le sujet ou sur le complément du verbe** et qui exigent une réponse spécifique. Le choix du mot interrogatif est alors directement lié à la réponse envisagée. Pour **les sujets** et **les compléments d'objet direct (COD)**, il importe de savoir si ce sont des personnes ou des choses et parfois de connaître leur genre et leur nombre; pour les **compléments d'objet indirect (COI)** et les **compléments circonstanciels (CC)**, les prépositions sont de bons indices.

   Ex. : — **Qu'est-ce qui** fait plaisir aux amis? — Les invitations. (Chose, sujet)

          — **Qui** *ou* **Qui est-ce qui** vient dîner? — Irène. (Personne, sujet)

          — **Qu'est-ce que** tu vas servir? *ou* **Que** vas-tu servir? — Du poisson. (Chose, COD)

          — **À quoi est-ce que** vous vous attendez? *ou* **À quoi** vous attendez-vous? — À un festin. (Chose, COI)

          — **De quoi est-ce que** tu as besoin? *ou* **De quoi** as-tu besoin? — *De* ton aide. (Chose, COI)

          — **De qui est-ce que** tu as besoin ? *ou* **De qui** as-tu besoin? — *De* mes amis. (Personne, COI)

          — **Quand est-ce qu'**elle arrivera? *ou* **Quand** arrive-t-elle? — *Vers* 17 h. (CC)

          — **Comment est-ce qu'**elle arrivera? *ou* **Comment** arrivera-t-elle? — *En* avion. (CC)

          — **Où est-ce qu'**elle logera? *ou* **Où** logera-t-elle? — *Chez* sa cousine. (CC)

          — **Pourquoi est-ce qu'**elle vient au Canada? *ou* **Pourquoi** vient-elle au Canada? — *Pour* rendre visite à sa parenté. (CC)

Les tableaux suivants vous aideront à choisir le pronom, l'adjectif ou l'adverbe interrogatif qui convient.

I. Les pronoms interrogatifs

	Sujet	Complément (COD)	Complément (autre)
personne	Qui (est-ce qui) Lequel, laquelle...	Qui (est-ce que) Lequel, laquelle...	À / de / pour / avec qui (est-ce que) Auquel, duquel, pour lequel...
chose	Qu'est-ce qui Lequel, laquelle...	Que (qu'est-ce que) Lequel, laquelle...	À / de / pour / avec quoi (est-ce que) Auquel, duquel, avec lequel...

II. Les adjectifs interrogatifs

	Sujet	Complément (COD)	Complément (autre)
personne	Quel(s), quelle(s)...	Quel(s), quelle(s)...	À / de / pour / avec quel(s), quelle(s)...
chose	Quel(s), quelle(s)...	Quel(s), quelle(s)...	À / de / pour / avec quel(s), quelle(s)...

III. Les adverbes interrogatifs

un lieu	Où (D'où, par où...)
un moment / une durée	Quand (Depuis quand, depuis combien de temps...)
une caractéristique / une manière	Comment
une quantité	Combien
une cause / un but	Pourquoi

Deuxième partie : Le style indirect

Aide-mémoire

Quand on passe du style direct (citation exacte des mots prononcés) au style indirect (compte rendu de cette citation), il faut se poser deux questions :

1. Au style indirect, la phrase doit-elle être rapportée au **présent** ou au **passé**? Si elle est rapportée au style indirect au passé, des **changements de temps** doivent être faits.

Style indirect au présent
L'athlète se dit

Style direct

Style indirect au passé
L'athlète se disait

«Je **fais** de mon mieux.»

... qu'il **fait** de son mieux.
(indicatif présent)

... qu'il **faisait** de son mieux.
(imparfait)

«Je **ferai** de mon mieux.»

... qu'il **fera** de son mieux.
(futur)

... qu'il **ferait** de son mieux.
(conditionnel présent)

«J'**ai fait** de mon mieux.»

... qu'il **a fait** de son mieux.
(passé composé)

... qu'il **avait fait** de son mieux.
(plus-que-parfait)

Il y a seulement trois temps de verbe qui changent au style indirect : le présent, le futur et le passé composé de l'indicatif. Tous les autres temps de l'indicatif, du conditionnel ou du subjonctif restent les mêmes.

Notez aussi que **la personne grammaticale** des pronoms personnels et des adjectifs possessifs peut changer. Dans le cas des **expressions de temps**, telles que *aujourd'hui, demain, hier, l'année dernière*, etc., elles changent ou non, selon le moment où la citation est rapportée au style indirect.

Ex. :   Ce matin, l'athlète canadienne a dit : «J'ai battu **mon** record **hier**.»
        Ce matin, l'athlète canadienne a dit qu'**elle** avait battu **son** record **hier**.

Mais, si on rapporte cette déclaration le lendemain, au lieu du jour même, *hier* doit être remplacé par *la veille*.

Ex. :   **Le lendemain**, l'athlète canadienne a dit qu'**elle** avait battu **son** record **la veille**.

Voici une liste des transformations les plus courantes :

> Aujourd'hui → ce jour-là
> Hier → la veille
> Demain → le lendemain
> Maintenant / en ce moment → à ce moment-là, alors
> La semaine / le mois / l'année prochain(e) → La semaine / le mois / l'année suivant(e)
> La semaine / le mois / l'année dernier (dernière) → La semaine / le mois / l'année précédent(e)

2. La phrase au style direct est-elle impérative, déclarative ou interrogative? Dans les exemples suivants, remarquez les transformations apportées quand on passe au style indirect.

a)   L'impératif est rapporté par un infinitif, précédé de la préposition **de**.

Ex. :   On lui dit : «Ne t'en fais pas.»
        On lui dit **de** ne pas s'en faire.

b)   La phrase déclarative est rapportée avec la conjonction **que**.

Ex. :   Le président a déclaré : «Vous êtes les premiers.»
        Le président a déclaré **que nous étions** les premiers.

c)   La phrase interrogative, à laquelle on répond par *oui* ou par *non*, est rapportée avec la conjonction **si**.

Ex. :   Elle m'a demandé : «Es-tu heureuse?»
        Elle m'a demandé **si** j'étais heureuse.

d)   Dans une phrase interrogative, le pronom interrogatif **que** ou **qui**, ne représentant pas une personne, est rapporté par **ce que** ou **ce qui**.

Ex. :   Il me demande : «Que veux-tu?»
        Il me demande **ce que** je veux.
        Il me demande : «Qu'est-ce qui se passe?»
        Il me demande **ce qui** se passe.

Dans les autres types de phrases interrogatives, on garde les mêmes pronoms, adjectifs ou adverbes interrogatifs, toutefois on élimine le *est-ce que*, s'il y a lieu.

Ex. :   Tu voulais savoir : «Où, quand, comment et pourquoi est-ce que tu déménages?»
        Tu voulais savoir où, quand, comment et pourquoi je déménageais.

Pré-test

Complétez le dialogue en utilisant soit la locution **est-ce que**, soit les adjectifs, pronoms ou adverbes interrogatifs appropriés.

La politesse varie… selon les pays

Isabelle : Dis donc, sais-tu _____ [1] émission j'ai vue hier soir à la télé?

Laurent : Non, _____ [2] c'était?

Isabelle : Il s'agissait d'une émission spéciale sur la politesse.

Laurent : La politesse? _____ [3] est-ce qu'on a pu faire tout un reportage sur un tel sujet?

Isabelle : Facilement. Je ne vois pas pourquoi ça t'étonne. En fait, c'était un documentaire qui illustrait les différences entre les règles de politesse en Chine et en France, deux pays où la politesse, tu le sais, joue un rôle important dans la société.

Laurent : C'est vrai. Alors, _____ [4] tu pourrais me rapporter des exemples qu'on a donnés?

Isabelle : Bien sûr! La commentatrice, d'origine eurasienne d'ailleurs, a fait ressortir deux caractéristiques importantes qui différencient la politesse chinoise de la française…

Laurent : Ah oui! _____ [5]?

Isabelle : D'abord le principe d'égalité et ensuite la valeur de l'âge.

Laurent : Pour l'âge, ça va. Tout le monde sait que les Chinois vénèrent la vieillesse alors que, pour les Français, le terme même de *vieux* est devenu tabou! Par contre _____ [6] veux-tu dire par principe d'égalité?

Isabelle : La commentatrice a rappelé que la société traditionnelle chinoise était très hiérarchisée et que l'essence de la politesse chinoise reposait sur le respect témoigné au supérieur et sur l'humilité manifestée par l'inférieur. Aujourd'hui encore, même si la structure sociale a changé avec le communisme, les personnes les plus haut placées et les plus âgées ont un statut social plus élevé et inspirent donc le respect.

Laurent : Je comprends. Mais, en France par contre, le principe d'égalité a été décrété, euh! _____ [7] exactement?

Isabelle : En 1793. Et sais-tu dans _____ [8] document officiel?

Laurent :	Évidemment! Pour qui me prends-tu*? Dans la Déclaration des droits de l'homme et du citoyen. Ainsi donc, puisque les hommes sont égaux, la politesse c'est de respecter ce principe et d'être aussi poli avec son employé qu'avec son directeur.
Isabelle :	Ta perspicacité me renverse! Bravo! Tu as bien saisi le message. Mais l'intérêt de cette émission, c'est aussi qu'elle m'a fait penser à d'autres exemples de différences culturelles. Toi, _____ 9 tu as des exemples en tête que tu pourrais me donner?
Laurent :	Euh! Voyons un peu! Chez nous, la plupart des gens hochent la tête de bas en haut pour marquer leur approbation. _____ 10 est-ce que c'est le contraire et que ce signe veut dire *non*?
Isabelle :	En Grèce. Les Grecs hochent la tête de bas eu haut pour dire *non* et la tournent de gauche à droite pour dire *oui*, le contraire de ce qui se fait dans la plupart des pays, je crois. Un autre exemple de variations des règles de politesse, ce sont les salutations. Ainsi, _____ 11 serre la main et va même jusqu'à embrasser son interlocuteur quand il le connaît bien?
Laurent :	Les Français, les Italiens, et beaucoup d'autres peuples. Par contre, _____ 12 viennent les gens qui gardent leurs distances et saluent en faisant une courbette?
Isabelle :	D'Asie. Je sais aussi que d'autres peuples, comme les Britanniques par exemple, préfèrent garder leurs distances, mais la courbette, selon moi, caractérise surtout les Japonais. Au fait, d'après toi _____ 13 est-ce que les Japonais, tout comme les Suédois d'ailleurs, enlèvent leurs chaussures? Et ne me dis pas que c'est pour mettre leurs pantoufles!
Laurent :	Ben voyons*! C'est lorsqu'ils entrent dans la maison ou dans l'appartement de quelqu'un qui les a invités. Mais je pense que j'ai un exemple qui va t'intriguer. En Hongrie, quand un jeune homme laisse son manteau chez sa copine, _____ 14 ça veut dire?
Isabelle :	Je n'en ai pas la moindre idée, sinon qu'il est dans la lune* ou qu'il se cherche une excuse pour retourner la voir.
Laurent :	Tu n'es pas si loin de la vérité. En fait, loin d'être dans la lune, il a plutôt les deux pieds bien sur terre*. La tradition hongroise veut que ce soit là le signe d'une demande en mariage, ni plus, ni moins.

Isabelle :	Ah! _____ [15] l'amour nous fait prendre de tels détours et _____ [16] ça sert de cacher ses sentiments?
Laurent :	C'est simple. On prend des détours parce qu'on a peur d'essuyer un refus. Quant à vouloir cacher ses sentiments, ça ne sert à rien, mais c'est pour la même raison : la peur de se mouiller*. On espère que l'autre devinera nos sentiments.
Isabelle :	Mais _____ [17] se passe si l'autre ne devine rien?
Laurent :	Alors, c'est bien dommage parce que la politesse exige qu'on ne dise rien. C'est dur, mais c'est le risque à courir pour ne pas perdre la face, comme le dirait Wang Hongju.
Isabelle :	_____ [18] est Wang Hongju?
Laurent :	C'est mon professeur de chinois.
Isabelle :	Ton prof de chinois! _____ [19] apprends-tu le chinois, espèce* de cachotier?
Laurent :	Depuis que j'ai oublié mon manteau chez ton amie Xiaomao. Chaque jour la même question me hante : _____ [20] elle se décidera enfin à me dire qu'elle m'aime, elle aussi?

Expressions idiomatiques et notes explicatives

Pour qui me prends-tu? : expression qui marque le dépit : *Est-ce que tu crois que je suis ignorant?* Prendre quelqu'un pour quelqu'un d'autre, c'est ne pas lui rendre justice.

Ben voyons! : Expression familière pour dire qu'on n'est pas idiot.

Être dans la lune : être distrait, rêveur.

Avoir les deux pieds sur terre : avoir le sens pratique.

Se mouiller : prendre des risques *(très familier)*.

Espèce de : tournure familière et moqueuse pour renforcer le mot qui suit.

Corrigé du pré-test

1. quelle
2. qu'est-ce que
3. Comment
4. est-ce que
5. Lesquelles
6. que
7. quand
8. quel
9. est-ce que
10. Où / Dans quel pays
11. qui / qui est-ce qui
12. d'où / de quel continent
13. quand
14. qu'est-ce que
15. Pourquoi (est-ce que)
16. à quoi (est-ce que)
17. qu'est-ce qui
18. Qui
19. Depuis quand / Depuis combien de temps
20. quand est-ce qu'

Barème

19/20 . . . .**95%**	
17/20 . . . .**85%**	
15/20 . . . .**75%**	
13/20 . . . .**65%**	
11/20 . . . .**55%**	

Première partie : L'interrogation

Exercice I

Mettez les phrases suivantes à la forme interrogative, d'abord en employant la locution **est-ce que,** puis en faisant l'inversion verbe-sujet quand c'est possible.

1. La fumée vous dérange.

_____

_____

2. Mademoiselle, nous nous sommes déjà rencontrés quelque part.

_____

_____

3. Il y a beaucoup de pommeraies dans la région de Montréal.

_____

_____

4. J'apporte quelque chose pour le dîner.

_____

_____

5. Je peux vous voir après 17 h.

_____

_____

6. Vos étudiants ont l'occasion de parler français.

_____

_____

Exercice II

Pour chaque réponse donnée dans la colonne de droite, formulez une question à l'aide d'un adverbe interrogatif. Écrivez toutes les possibilités.

1. — _____ ce disque? — Il coûte 10 $.

   — _____?

   — _____?

2. — _____? — Je vais en Gaspésie.

   — _____?

3. — _____ ta chienne? — Elle s'appelle Mirza.

   — _____?

   — _____?

4. — _____? — Je suis arrivé il y a dix minutes.

   — _____?

5. — _____? — On est venus en autobus.

   — _____?

Exercice III

Les pronoms interrogatifs **qui** (sans inversion), **qui est-ce qui** et **qu'est-ce qui** sont toujours sujet du verbe alors que les pronoms **qui est-ce que** et **qu'est-ce que** sont toujours COD. Ils varient selon qu'ils se réfèrent à une personne ou à une chose. (Référez-vous au tableau de l'aide-mémoire.) Complétez les phrases suivantes avec le pronom interrogatif qui convient : parfois la réponse est donnée pour guider votre choix.

1. — _____ frappe à la porte? — Le facteur.

2. — _____ tu as appelé? — Le dentiste.

3. — _____ tu attends pour agir? — Rien.

4. — _____ tu attends pour agir? — Personne.

5. _____ on a dit du dernier film de Denys Arcand*?

6. _____ vous allez interviewer ce soir?

7. _____ faites-vous le dimanche?

8. _____ prend du café?

9. — _____ est arrivé après mon départ? — Un petit accident.

10. — _____ est arrivé après mon départ? — Jean-Claude.

11. _____ as-tu accompagné à ce concert?

12. _____ a été décidé finalement?

Expressions idiomatiques et notes explicatives

Denys Arcand : cinéaste québécois de renommée internationale qui a produit de nombreux films dont *Le déclin de l'empire américain*, *Jésus de Montréal* et *Les Invasions barbares* qui a gagné le prix du meilleur scénario au Festival international du cinéma de Cannes en 2003.

Exercice IV

Complétez les phrases soit avec l'adjectif interrogatif **quel,** soit avec le pronom interrogatif **lequel** et faites les accords qui s'imposent. Attention : dans certains cas vous devrez utiliser une préposition avant l'adjectif ou le pronom interrogatif.

1. _____ est donc ce gadget dont on a tant parlé à la télévision?

2. À votre avis, _____ de ces deux annonces publicitaires est la meilleure?

3. — _____ langue sont issues les langues romanes?

   — Du latin populaire, sans doute.

4. De tous les livres que je vous ai conseillé de lire, _____ avez-vous préférés?

5. _____ promesses électorales le premier ministre a-t-il faites pour se faire élire?

6. — Dis donc, parmi les cinq candidates qui se sont présentées, _____ as-tu voté?

   — Pour la plus dynamique, bien entendu!

7. — _____ de ces offres d'emploi vas-tu répondre?

   — À toutes!

8. — Voici deux dictionnaires; _____ avez-vous besoin?

    — De celui-ci, c'est le plus récent.

9. De ces deux costumes pour le Mardi gras*, _____ te plaît le plus?

10. _____ déguisement a gagné le premier prix?

Expressions idiomatiques et notes explicatives

Le Mardi gras : dernier jour du carnaval que l'on célèbre souvent en organisant une fête costumée.

Exercice Va

Complétez les phrases suivantes avec **que, qu'est-ce que** ou avec la forme de l'adjectif interrogatif **quel** appropriée. Attention : le verbe *être* n'a pas de COD.

1. _____ est la capitale du Canada?

2. _____ veut dire le mot *escamoter*?

3. _____ langues étrangères as-tu apprises?

4. _____ cette expérience t'a apporté?

5. _____ était le sujet de votre conférence?

6. _____ a été la réaction des participants?

7. _____ vous pensez de la situation des autochtones au Canada?

8. _____ seront les conséquences économiques de cet accord?

9. _____ allez-vous faire de tout cet argent?

10. _____ les journalistes ont dit à la télévision?

Exercice Vb

Complétez les phrases suivantes avec **que, qu'est-ce que, qu'est-ce qui** ou avec la forme du pronom interrogatif **lequel** appropriée. Attention : **lequel** ne s'emploie que lorsqu'il indique un choix entre des personnes ou des choses d'une même catégorie.

1. J'ai des rubans, des ballons, des guirlandes dorées. _____ vous préférez?

2. Regarde ces couleurs, _____ me va le mieux, à ton avis?

3. _____ te ferait plaisir? Une glace ou ce gâteau au chocolat?

4. _____ vous avez choisi finalement? L'argent ou le voyage?

5. Je sais que tu as apprécié mes remarques, mais _____ t'ont semblé les plus intéressantes?

6. Voilà une semaine que nous faisons passer des auditions à ces chanteurs. _____ allons-nous engager en fin de compte?

7. _____ vas-tu jouer? Une fugue de Bach ou une sonate de Beethoven?

8. On peut louer une voiture ou y aller en train; à deux, _____ nous coûtera le moins cher?

9. Entre Avis et Hertz, _____ de ces deux compagnies offre les meilleurs tarifs?

10. Le bouche à oreille* ou la publicité, _____ fait mieux connaître un nouveau produit ?

Expressions idiomatiques et notes explicatives

Le bouche à oreille : moyen de faire connaître quelque chose sans avoir recours à la publicité.

Exercice VI
En tenant compte de la réponse donnée, complétez les questions suivantes.

1. — _____ ressemble le plus à une goutte d'eau?

   — Une autre goutte d'eau!

2. — _____ Christophe Colomb a découvert l'Amérique?

   — En 1492.

3. — _____ est la montagne la plus haute au monde?

   — Le mont Everest.

4. — _____ on fait pour faire entrer quatre éléphants dans une Volkswagen?

   — On en met deux devant et deux derrière.

5. — _____ a inventé le bouton à quatre trous?

   — Certainement pas vous!

6. — _____ sert le carbone 14?

   — À déterminer l'âge de différentes substances.

7. — _____ les caméléons changent-ils de couleur?

— Pour qu'on ne les prenne pas pour ce qu'ils sont.

8. — _____ le kung-fu?

— Un art martial chinois, proche du karaté.

9. — _____ a-t-on besoin pour faire une tourtière?

— La recette vous le dira.

10. — _____ on s'adresse quand on emploie le titre de «Maître»?

— À un(e) avocat(e), voyons!

11. — _____ se déroulaient les jeux olympiques dans l'antiquité?

— À Olympie en Grèce.

12. — _____ il faut faire en cas d'hémorragie?

— Un garrot.

13. — _____ parle Simenon* dans *Le Chien jaune?*

— De l'inspecteur Maigret.

14. — _____ vous êtes daltonien?

— Non, je suis myope.

15. — _____ époque se situent les aventures d'Astérix*?

— À l'époque des Gaulois.

16. — _____ on devrait consulter quand on souffre de maux de gorge chroniques?

— Un oto-rhino-laryngologiste.

17. — _____ pensez-vous de l'avenir de la bicyclette en Amérique du Nord?

— Elle vaincra!

18. — _____ y a-t-il de jours dans une année bissextile?

— Un de plus que dans une année normale.

Expressions idiomatiques et notes explicatives

Simenon : écrivain belge, auteur de nombreux romans policiers dont le principal héros, l'inspecteur Maigret, est connu à l'échelle internationale.

Astérix : héros de la célèbre bande dessinée d'Uderzo et de Goscinny.

Exercice VII

Complétez le dialogue en écrivant les termes interrogatifs appropriés. N'oubliez pas de les faire précéder d'une préposition, s'il y a lieu.

Chez le vétérinaire

Mme Matou :   Oh! docteur, c'est affreux!

Dr Duchenil :   Voyons, madame, _____ ¹ il y a?

Mme Matou :   Mon chat ne mange plus depuis cinq jours.

Dr Duchenil :   Mon Dieu! Si ce n'est que ça, il n'y a pas de quoi* s'affoler! _____ ²

le nourrissez-vous?

Mme Matou :   Avec des boîtes de Miss Minou et de Miaou Mix.

Dr Duchenil :   _____ ³ vous lui donnez aussi du poisson frais et de la viande crue?

Mme Matou :   Non, jamais.

Dr Duchenil :   Ah! voilà! Tout s'explique. Votre chat, madame, souffre d'anorexie.

Mme Matou :   Hein! _____ ⁴ il souffre?

Dr Duchenil :   D'anorexie. C'est un terme médical qui décrit un manque, une perte d'appétit.

Mme Matou :   Mais _____ ⁵ il souffre de cette maladie, docteur? Moi qui en

prends un tel soin!

Dr Duchenil :   Parce qu'il en a assez de manger de la nourriture en conserve. C'est son droit,

_____ ⁶?

Mme Matou :   Euh! Bien sûr, docteur.

Expressions idiomatiques et notes explicatives

Il n'y a pas de quoi s'affoler : il n'y a aucune raison de s'énerver.

Exercice VIII

Complétez le dialogue en écrivant les termes interrogatifs appropriés. N'oubliez pas de les faire précéder d'une préposition, s'il y a lieu.

Au Bureau de la main-d'oeuvre

Le fonctionnaire :   Bonjour monsieur. _____ [1]?

Pierre Bolduc :   Je m'appelle Pierre Bolduc.

Le fonctionnaire :   _____ [2]?

Pierre Bolduc :   J'ai vingt-quatre ans.

Le fonctionnaire :   _____ [3] vous faites dans la vie?

Pierre Bolduc :   Je suis étudiant.

Le fonctionnaire :   _____ [4] étudiez-vous?

Pierre Bolduc :   La comptabilité.

Le fonctionnaire :   _____ [5] obtiendrez-vous votre diplôme?

Pierre Bolduc :   Dans un an environ.

Le fonctionnaire :   Alors, comme ça, vous cherchez un travail pour cet été.

Pierre Bolduc :   C'est bien ça. _____ [6] avez-vous à m'offrir?

Le fonctionnaire :   Pas grand-chose*, hélas! Je peux seulement vous proposer des emplois comme serveur de restaurant.

Pierre Bolduc :   _____ [7] ça! À Montréal?

Le fonctionnaire :   Non, à Laval. _____ [8] ça vous intéresserait?

Pierre Bolduc :   Tout dépend du salaire. _____ [9] est-ce que je pourrai travailler par semaine?

Le fonctionnaire :   Entre 20 et 25 heures au salaire minimum, auquel s'ajoutent les pourboires.

Pierre Bolduc :   _____ [10] sont les conditions de travail?

Le fonctionnaire :   Vous travaillez cinq soirs par semaine, du mercredi au dimanche.

Pierre Bolduc :   Bon. Ça me va. _____ [11] je peux commencer?

Le fonctionnaire :   Le 1er juin. Ça vous convient?

Pierre Bolduc :   Entendu.

Expressions idiomatiques et notes explicatives

Pas grand-chose : peu de chose, pas beaucoup de choses.

Exercice IX

Complétez le dialogue en écrivant les termes interrogatifs appropriés. N'oubliez pas de les faire précéder d'une préposition, s'il y a lieu.

Une vraie copine

(On frappe à la porte…)

Heather : _____ **1**?

Lucie : C'est moi.

Heather : *(Elle ouvre.)* Ah! c'est toi! _____ **2** tu veux?

Lucie : Je voulais tout simplement te dire bonjour en passant. Mais tu as l'air de mauvais poil*!

_____ **3** il y a?

Heather : Rien.

Lucie : Mais si, il y a quelque chose. _____ **4** s'est passé?

Heather : Rien du tout. Tu m'énerves avec toutes tes questions. Mêle-toi de tes oignons*!

_____ **5** tu te prends*?

Lucie : Pour ton amie tout simplement. _____ **6** tu offrirais un petit café à

ton amie qui est venue prendre de tes nouvelles?

Heather : Bon, bon, si tu insistes! Mais je t'avertis, je suis pressée, j'ai un travail à terminer.

Lucie : Ah oui? _____ **7** sorte de travail?

Heather : Quelle importance? À moins que tu veuilles le faire à ma place? C'est pour mon cours.

Lucie : _____ **8** cours?

Heather : Mon cours de français.

Lucie : Ah bon! _____ **9** tu dois faire, au juste?

Heather : C'est un travail sur l'interrogation. Or, je n'ai que des questions, et pas une seule réponse!

Lucie : Mais de quoi te plains-tu? C'est bien ce qu'il te faut, des questions,

_____ **10**?

Heather :	Oui, tu es très drôle! Je voudrais bien te voir à ma place! Je dois préparer un questionnaire pour faire une entrevue avec quelqu'un de francophone. Il me faut donc trouver un thème, un sujet de discussion, quoi!
Lucie :	_____ [11] tu dois rendre ce travail?
Heather :	Demain matin à 9 h. Tu vois que je n'ai pas de temps à perdre. Alors, _____ [12] tu as quelque idée géniale à me proposer?
Lucie :	Peut-être bien. _____ [13] âge a ton professeur? Plus de quarante ans?
Heather :	Ça, je n'en ai pas la moindre idée! _____ [14] me demandes-tu ça?
Lucie :	Tu vas voir. _____ [15] elle enseigne le français?
Heather :	_____ [16] je sais, moi? Depuis des années, sans doute.
Lucie :	Et _____ [17] elle pense de la situation politique actuelle? _____ [18] en faveur des revendications des autochtones du Canada? _____ [19] est sa position en ce qui concerne leur droit à l'autodétermination? _____ [20] elle s'oppose radicalement au recours à la violence? _____ [21] elle voit les rapports entre les Amérindiens, les deux peuples fondateurs et les Néo-Canadiens? _____ [22] donne-t-elle son appui? _____ [23] elle entrevoit pour l'avenir?
Heather :	Assez! Assez! Tu es un véritable moulin à questions*! Une fois lancée, rien ne peut plus t'arrêter!
Lucie :	Il ne te reste plus qu'à continuer dans cette voie. Et puisqu'il s'agit d'interrogation, voilà bien ta chance d'inverser les rôles avec ton prof et d'être, à ton tour, celle qui pose les questions! De plus, c'est l'occasion ou jamais d'en savoir plus long* sur les opinions politiques de ton professeur préféré.
Heather :	_____ [24] tu prends toutes ces idées géniales? Vraiment, tu m'impressionnes. Tu es une vraie copine! Absolument épatante! _____ [25] je t'offre un café?
Lucie :	Si j'ai bonne mémoire, c'est ce que je t'avais demandé il y a une demi-heure. Avoue que ce café, je ne l'aurai pas volé*!

Expressions idiomatiques et notes explicatives

De mauvais poil : de mauvaise humeur.

Mêle-toi de tes oignons! : occupe-toi de tes affaires!

Se prendre pour : se prendre pour quelqu'un d'autre. (Sous-entendu : *Qui t'imagines-tu être pour me parler ainsi?*)

Un moulin à questions : jeu de mots sur l'expression *un moulin à paroles* qui signifie une personne qui parle sans arrêt.

En savoir plus long : en savoir davantage.

Ne pas l'avoir volé : avoir vraiment mérité quelque chose.

Exercice X
(sans corrigé)

Complétez le dialogue en écrivant les termes interrogatifs appropriés. N'oubliez pas de les faire précéder d'une préposition, s'il y a lieu.

Un mycologue… Qu'est-ce que ça mange en hiver*?

(Le réveil sonne : bibibip! bibibip! bibibip! bip!)

Sylvie :	Ah non! Déjà! _____ [1] est-il?
Alice :	7 heures. Vite! Lève-toi! Le monde appartient à ceux qui se lèvent tôt.
Sylvie :	Oh! là là! Toi et tes maximes! Tu me casses les pieds*. _____ [2] fait-il?
Alice :	*(En ouvrant les rideaux.)* Une journée superbe! Un soleil radieux, quelques petits nuages blancs et une légère brise. Le temps idéal pour des mycologues amateurs, quoi!
Sylvie :	Des myco… quoi? _____ [3] ce mot barbare?
Alice :	C'est toi qui es barbare! My-co-logue est un mot d'origine grecque qui veut dire : personne qui se spécialise dans l'étude des champignons.
Sylvie :	Ça alors! _____ [4] tu t'intéresses à la flore… fongique?
Alice :	Depuis bientôt un an.
Sylvie :	Eh bien! Tu m'étonneras toujours. Mais dis-moi, _____ [5] a provoqué cet engouement?
Alice :	Une simple décision. Je suis devenue membre d'un club de mycologues et j'ai participé à plusieurs excursions dont le seul but était de ramasser et d'identifier des champignons de diverses espèces.

Sylvie :	Ah bon! Mais _____ [6] tu as entendu parler de cette curieuse association?
Alice :	De la manière la plus banale. Je faisais un pique-nique à la fin de l'été dernier…
Sylvie :	Ah oui! _____ [7] ça?
Alice :	Dans le parc des Laurentides*. Et là, j'ai rencontré des gens du Cercle des mycologues amateurs de Montréal. Ils avaient des paniers remplis de champignons. Ils les avaient ramassés dans les bois environnants.
Sylvie :	Alors, curieuse comme je te connais, tu leur as posé un tas de questions. Euh! Voyons! Tu les as abordés avec un grand sourire en t'exclamant : «Quels magnifiques spécimens vous avez là!» Puis, d'un ton plus sérieux, tu leur as demandé : «_____ [8] ils sont tous comestibles?», «Ah bon! _____ [9] sont vénéneux?», «_____ [10] peut-on les identifier?», «_____ [11] sont leurs signes distinctifs?», «_____ [12] faut-il tout particulièrement faire attention?» Et puis, tu as terminé en disant : «_____ [13] il faut faire pour devenir mycologue?»
Alice :	Que tu es taquine! Eh bien oui, madame la psychologue, c'est à peu près comme ça que mon aventure mycologique a débuté. _____ [14] devrais-je encore me confesser?
Sylvie :	De ton envie irrésistible de m'initier à la cueillette des champignons. _____ [15] partons-nous?
Alice :	Aussitôt que nous serons prêtes. Et vive la mycophilie!

Expressions idiomatiques et notes explicatives

Qu'est-ce que ça mange en hiver? : expression québécoise qui signifie *qu'est-ce que c'est que ça?*

Tu me casses les pieds! : tu m'embêtes! tu m'ennuies!

Le parc des Laurentides : grand parc provincial situé au nord de la ville de Québec et qui s'étend jusqu'au lac Saint-Jean.

Deuxième partie : Le style indirect

Exercice I

Mettez les recommandations suivantes au style indirect et faites les changements nécessaires.

1. On lui dit : «Prenez cette place et asseyez-vous.»

_____

2. Je vous conseille : «Conduisez prudemment et faites attention au verglas.»

_____

3. On nous a demandé : «Obéissez à la consigne et ne fumez pas.»

_____

4. Tu leur as rappelé : «Venez à 20 heures et n'oubliez pas vos disques.»

_____

5. Mes parents me recommandent : «Ne nous oublie pas et écris-nous souvent.»

_____

Exercice II

Mettez les phrases suivantes au style indirect, au présent ou au passé selon le cas, et faites les changements nécessaires.

1. On me répète : «C'est l'intention qui compte.»

_____

2. Napoléon a dit à ses soldats : «Du haut de ces pyramides, quarante siècles vous contemplent.»

_____

_____

3. On nous a prévenus : «Vous ne pourrez pas faire de ski parce qu'il n'y a pas assez de neige.»

_____

_____

4. Le président a déclaré : «Il faut que tout le monde le sache.»

_____

5. J'explique : «On ne peut ignorer les dangers de la cigarette.»

_____

Exercice III

Mettez les interrogations suivantes au style indirect et faites les changements nécessaires.

1. Je demande : «Est-ce qu'il fait chaud à la Barbade en décembre?»

_____

2. Tu me demandes : «As-tu des projets de vacances pour cet été?»

_____

3. Elle veut savoir : «Où est-ce que les Simard sont allés l'année dernière?»

_____

4. Elle me demande : «Qu'est-ce qui t'attire le plus, la mer ou la montagne?»

_____

5. Nous voulons savoir : «Qu'est-ce que vous pensez du réchauffement de la planète?»

_____

Exercice IV

Mettez les interrogations suivantes au style indirect et faites les changements nécessaires.

1. Alexis a demandé à Séraphin* : «Qu'est-ce que tu vas faire de tout ton or?»

_____

2. Les étudiants se demandaient : «Qu'est-ce que c'est qu'un adverbe et qu'est-ce que ça fait dans une phrase?»

_____

3. On nous avait demandé : «De quoi avez-vous parlé hier à la réunion?»

_____

4. En 2003, les Américains voulaient savoir : «La situation économique sera-t-elle meilleure l'année prochaine?»

_____

5. Elle se demandait : «Comment est-ce que je pourrais m'y rendre demain matin?»

_____

Expressions idiomatiques et notes explicatives

Séraphin Poudrier et _Alexis Labranche_ : personnages du roman _Un homme et son péché_, de l'auteur québécois Claude-Henri Grignon. En 2002, le cinéaste Charles Binamé a adapté ce roman pour en faire un film qui a eu beaucoup de succès. Auparavant, ce même roman avait été transposé dans une série télévisée, _Les Belles Histoires des pays d'en haut_, qui est encore très populaire. Au Québec, _être séraphin_ est devenu synonyme de _être avare_.

Exercice V

Mettez les phrases suivantes au style indirect et faites les changements requis.

1. On nous a demandé : «Quand est-ce que vous partirez en voyage?»

_____

2. On nous a demandé : «À quelle heure va décoller votre avion?»

_____

3. On nous a recommandé : «Ne soyez pas en retard et tâchez même d'arriver trois heures à l'avance.»

_____

4. Les journalistes ont demandé à l'ambassadeur : «Combien de temps avez-vous vécu au Brésil?'»

_____

5. Je t'avais demandé : «Qu'est-ce qui est arrivé hier à cette manifestation?»

_____

6. Je voulais savoir : «Les manifestants arrêtés seront-ils relâchés demain?»

_____

7. Je voulais aussi te demander : «Qu'est-ce que la population a pensé de tout cela?»

_____

8. Tu m'as répondu : «Ne me pose pas tant de questions et agis.»

Exercice VI

Récrivez le dialogue suivant en le rapportant au style indirect au passé.
Faites les transformations nécessaires.

Dans la rue

Le policier :	Qu'est-ce qu'il y a? Qu'est-ce qui se passe?
Le témoin :	Un petit accident, monsieur.
Le policier :	Comment est-ce que c'est arrivé?
Le témoin :	Eh bien! voilà; le conducteur de la Mercedes a démarré et, comme il n'a pas vu venir la petite Toyota, il l'a accrochée.
Le policier :	Est-ce que la Toyota allait vite?
Le témoin :	Non, heureusement.
Le policier :	À quelle vitesse roulait-elle?
Le témoin :	À 25 km/h environ.
Le policier :	Selon vous, qui est fautif?
Le témoin :	Le conducteur de la Mercedes.
Le policier :	Qu'est-ce qui vous permet d'affirmer ça?
Le témoin :	Le conducteur de la Mercedes a démarré sans même jeter un coup d'oeil* dans son rétroviseur. Il était trop occupé à bavarder avec sa passagère.
Le policier :	Bon! Signez votre déposition.

_____

_____

_____

_____

_____

_____

_____

_____

_____

_____

Expressions idiomatiques et notes explicatives

Jeter un coup d'oeil : regarder rapidement.

Exercice VII
(sans corrigé)

Rapportez au style indirect au passé le dialogue suivant.

À la douane canadienne

Le douanier :   Bonjour! Êtes-vous canadienne?

La touriste :   Non, je suis américaine.

Le douanier :   Combien de temps comptez-vous passer au Canada?

La touriste :   Trois semaines.

Le douanier :   Quel est le motif de votre voyage?

La touriste :   Le tourisme.

Le douanier :   Où allez-vous séjourner?

La touriste :   Nulle part en particulier. Je veux faire le tour de la province de Québec et m'arrêter là où

je me plairai.

Le douanier :   Avez-vous quelque chose à déclarer?

La touriste :	Absolument rien.
Le douanier :	Qu'est-ce qu'il y a dans ce gros sac?
La touriste :	Mon équipement de varappe.
Le douanier :	Bon, ça va. Bienvenue au Québec et bonne escalade!

_____

_____

_____

_____

_____

_____

_____

_____

_____

_____

_____

Exercices d'exploitation orale et écrite

L'interrogation se prête particulièrement bien à des exercices oraux. Voici des suggestions :

1. Le personnage mystère

Vous pensez à un personnage célèbre et les autres doivent vous poser une question, à tour de rôle, pour essayer de trouver de qui il s'agit.

> Ex. : Est-ce que cette personne est un homme ou une femme?
> Est-elle morte ou vivante?
> Où est-elle née?
> Etc.

2. La chose mystérieuse

C'est une variante du jeu précédent. Cette fois, les autres doivent deviner quelle est la «chose mystérieuse» à laquelle vous avez pensé en vous posant des questions précises (à l'exception de *qu'est-ce que c'est?*, évidemment).

Ex. : Est-ce une plante?
       Où est-ce qu'on trouve cet objet?
       À quoi est-ce qu'il sert?
       Etc.

Il est entendu que vous répondrez de la manière la plus évasive possible, sans toutefois donner de faux indices.

3. **Le reportage** (exercise écrit)

Vous êtes un(e) journaliste et vous devez faire un reportage sur une célébrité : vedette de cinéma, sportif de renommée internationale, homme politique, astronaute, etc. Préparez une liste de questions variées qui vous permettra de rédiger un article intéressant.

Ex. : Où êtes-vous né(e)?
       Pourquoi avez-vous choisi de faire…?
       Qui a été votre mentor?
       Etc.

Corrigé des exercices

L'interrogation

Exercice I

1. Est-ce que la fumée vous dérange?
   La fumée vous dérange-t-elle?
2. Mademoiselle, est-ce que nous nous sommes déjà rencontrés quelque part?
   Mademoiselle, nous sommes-nous déjà rencontrés quelque part?
3. Est-ce qu'il y a beaucoup de pommeraies dans la région de Montréal?
   Y a-t-il beaucoup de pommeraies dans la région de Montréal?
4. Est-ce que j'apporte quelque chose pour le dîner?
5. Est-ce que je peux vous voir après 17 h?
   Puis-je vous voir après 17 h?
6. Est-ce que vos étudiants ont l'occasion de parler français?
   Vos étudiants ont-ils l'occasion de parler français?

Exercice II

1. Combien coûte ce disque?
   Combien ce disque coûte-t-il?
   Combien est-ce que ce disque coûte?
2. Où est-ce que tu vas?
   Où vas-tu?
3. Comment s'appelle ta chienne?
   Comment ta chienne s'appelle-t-elle?
   Comment est-ce que ta chienne s'appelle?
4. Quand est-ce que tu es arrivé?
   Quand es-tu arrivé?
5. Comment est-ce que vous êtes venus?
   Comment êtes-vous venus?

Exercice III

1. Qui / Qui est-ce qui
2. Qui est-ce que
3. Qu'est-ce que
4. Qui est-ce que
5. Qu'est-ce qu'
6. Qui est-ce que
7. Que
8. Qui / Qui est-ce qui
9. Qu'est-ce qui
10. Qui / Qui est-ce qui
11. Qui
12. Qu'est-ce qui

Exercice IV

1. Quel
2. laquelle
3. De quelle
4. lesquels
5. Quelles
6. pour laquelle
7. Auxquelles / À laquelle
8. duquel
9. lequel
10. Quel

Exercice Va

1. Quelle
2. Que
3. Quelles
4. Qu'est-ce que
5. Quel
6. Quelle
7. Qu'est-ce que
8. Quelles
9. Qu'
10. Qu'est-ce que

Exercice Vb

1. Qu'est-ce que
2. laquelle
3. Qu'est-ce qui
4. Qu'est-ce que
5. lesquelles
6. Lequel / Lesquels
7. Que
8. qu'est-ce qui
9. laquelle
10. qu'est-ce qui

Exercice VI

1. Qu'est-ce qui
2. Quand est-ce que (En quelle année est-ce que)
3. Quelle
4. Comment est-ce qu'
5. Qui / Qui est-ce qui
6. À quoi
7. Pourquoi
8. Qu'est-ce que c'est que
9. De quoi
10. À qui est-ce qu'
11. Où / Dans quelle ville
12. Qu'est-ce qu'
13. De qui
14. Est-ce que
15. À quelle
16. Qui est-ce qu'
17. Que
18. Combien

Exercice VII

1. qu'est-ce qu'
2. Avec quoi
3. Est-ce que
4. De quoi est-ce qu'
5. pourquoi est-ce qu'
6. n'est-ce pas

Exercice VIII

1. Comment vous appelez-vous?
2. Quel âge avez-vous?
3. Qu'est-ce que
4. Qu'
5. Dans combien de temps / Quand
6. Qu'
7. Où
8. Est-ce que
9. Combien d'heures
10. Quelles
11. Quand / À quelle date est-ce que

Exercice IX

1. Qui est là? / Qui est-ce?
2. Qu'est-ce que
3. Qu'est-ce qu'
4. Qu'est-ce qui
5. Pour qui est-ce que
6. Est-ce que
7. Quelle
8. Quel
9. Qu'est-ce que
10. n'est-ce pas?
11. Quand est-ce que
12. est-ce que
13. Quel
14. Pourquoi
15. Depuis quand est-ce qu'
16. Est-ce que
17. qu'est-ce qu'
18. Est-ce qu'elle est / Est-elle
19. Quelle
20. Est-ce qu'
21. Comment est-ce qu'
22. À qui
23. Qu'est-ce qu'
24. Où est-ce que
25. Est-ce que

Le style indirect

Exercice I

1. On lui dit de prendre cette place et de s'asseoir.
2. Je vous conseille de conduire prudemment et de faire attention au verglas.
3. On nous a demandé d'obéir à la consigne et de ne pas fumer.
4. Tu leur as rappelé de venir à 20 h et de ne pas oublier leurs disques.
5. Mes parents me recommandent de ne pas les oublier et de leur écrire souvent.

Exercice II

1. On me répète que c'est l'intention qui compte.
2. Napoléon a dit à ses soldats que, du haut de ces pyramides-là, quarante siècles les contemplaient.
3. On nous a prévenus que nous ne pourrions pas faire de ski parce qu'il n'y avait pas assez de neige.
4. Le président a déclaré qu'il fallait que tout le monde le sache.
5. J'explique qu'on ne peut ignorer les dangers de la cigarette.

Exercice III

1. Je demande s'il fait chaud à la Barbade en décembre.
2. Tu me demandes si j'ai des projets de vacances pour cet été.
3. Elle veut savoir où les Simard sont allés l'année dernière.
4. Elle me demande ce qui m'attire le plus, la mer ou la montagne.
5. Nous voulons savoir ce que vous pensez du réchauffement de la planète.

Exercice IV

1. Alexis a demandé à Séraphin ce qu'il allait faire de tout son or.
2. Les étudiants se demandaient ce que c'était qu'un adverbe et ce que ça faisait dans une phrase.
3. On nous avait demandé de quoi nous avions parlé la veille à la réunion.
4. En 2003, les Américains voulaient savoir si la situation économique serait meilleure l'année suivante.
5. Elle se demandait comment elle pourrait s'y rendre le lendemain matin.

Exercice V

1. On nous a demandé quand nous partirions en voyage.
2. On nous a demandé à quelle heure allait décoller notre avion. / notre avion allait décoller.
3. On nous a recommandé de ne pas être en retard et même de tâcher d'arriver trois heures à l'avance.
4. Les journalistes ont demandé à l'ambassadeur combien de temps il avait vécu au Brésil.
5. Je t'avais demandé ce qui était arrivé la veille à cette manifestation.
6. Je voulais savoir si les manifestants arrêtés seraient relâchés le lendemain.
7. Je voulais aussi te demander ce que la population avait pensé de tout cela.
8. Tu m'as répondu de ne pas te poser tant de questions et d'agir.

Exercice VI

Le policier a demandé ce qu'il y avait. Il voulait savoir ce qui se passait.

Le témoin a répondu que c'était un petit accident.

Le policier a demandé comment c'était arrivé.

Le témoin a alors expliqué que le conducteur de la Mercedes avait démarré et que, comme il n'avait pas vu venir la petite Toyota, il l'avait accrochée.

Le policier a demandé si la Toyota allait vite.

Le témoin a répondu que non.

Le policier a voulu savoir à quelle vitesse elle roulait.

Le témoin a répondu qu'elle roulait à 25 km/h environ.

Le policier a voulu savoir qui était fautif, selon lui.

Le témoin a répondu que c'était le conducteur de la Mercedes.

Le policier a demandé ce qui lui permettait d'affirmer cela.

Le témoin a déclaré que le conducteur de la Mercedes avait démarré sans même jeter un coup d'oeil dans son rétroviseur.

Il a ajouté que ce dernier était trop occupé à bavarder avec sa passagère.

Le policier a demandé au témoin de signer sa déposition.

Chapitre 12

La négation

Aide-mémoire

Voici des points importants à retenir pour bien employer la forme négative.

1. En français, pour rendre une phrase négative, on utilise un adverbe en deux parties : **ne** et **pas**. Le **ne** est toujours placé immédiatement après le sujet et le **pas** suit le verbe à un temps simple et l'auxiliaire à un temps composé.

Ex. : Je me promenais tous les jours.   Je **ne** me promenais **pas** tous les jours.
       Je me suis promené tous les jours.   Je **ne** me suis **pas** promené tous les jours.

N.B. On peut omettre le **pas** avec les verbes *savoir, pouvoir, cesser, oser*.

Ex. : Je ne sais comment vous remercier.
       Vous ne pouvez vous dérober maintenant.
       Il n'a cessé de penser à Jeanne.
       C'est trop beau, je n'ose y croire.

2. Le **pas** peut être remplacé par un autre mot négatif : un adverbe, un adjectif, un pronom ou une conjonction. Ces mots négatifs ont la même fonction grammaticale que leur contrepartie dans la phrase affirmative et ils occupent donc généralement la même place. Étudiez les exemples ci-dessous :

Les adverbes

Ex. : J'ai **déjà** terminé.   Je n'ai **pas encore** terminé, mais presque.
       Ont-ils **enfin** réussi à partir?   Non, ils n'ont **toujours pas** réussi à partir.
       Paul leur parle **souvent** de toi.   Paul **ne** leur parle **jamais** de toi.
       Paul leur a **déjà** parlé de toi.   Paul **ne** leur a **jamais** parlé de toi.
       Nous avions **encore** *des* amis.   Nous n'avions **plus** *d'*amis.
       Allons **quelque part** ce soir.   N'allons **nulle part** ce soir.
       Avez-vous cherché **partout?**   Non, nous n'avons cherché **nulle part.**
       J'avais **plusieurs** amis.   Je n'avais **aucun** ami.
       Elle était **très** contente.   Elle n'était **pas du tout** contente.
                     ou **pas** contente **du tout.**

       Tu iras, toi **aussi.**   Tu n'iras pas, toi **non plus.**

Les pronoms

       Quelqu'un lui a téléphoné.   **Personne ne** lui a téléphoné. (Sujet)
       As-tu téléphoné à **quelqu'un?**   Non, je n'ai téléphoné à **personne.** (COI)
       Tu as parlé de **quelque chose.**   Tu n'as parlé de **rien.** (COI)
       Elle nous a dit **quelque chose.**   Elle **ne** nous a **rien** dit. (COD)
       Elle nous a **tout** dit.   Elle **ne** nous a **rien** dit. (COD)
       Plusieurs m'ont salué.   **Pas un (seul) ne** m'a salué. (Sujet)
       Tout le monde le saura.   **Nul / Personne ne** le saura. (Sujet)

Les adjectifs

       Ils ont laissé **quelques** traces.   Ils n'ont laissé **aucune** trace.
       Tu m'as causé **certains** problèmes.   Tu **ne** m'as causé **aucun** problème.
       Tout homme est une île.   **Nul** homme n'est une île.

Particularités :

Vous aurez remarqué que :

a) L'adverbe **pas du tout** peut se placer avant ou après l'adjectif qu'il modifie.

b) Les articles indéfinis et partitifs deviennent **de** dans les phrases négatives.

c) L'adverbe **nulle part** se place toujours après le verbe, à un temps simple ou à un temps composé.

d) Quand il est complément d'objet direct (COD) d'un verbe à un temps composé, le pronom **rien** se place après l'auxiliaire, peu importe la place qu'occupe sa contrepartie affirmative (**tout, quelque chose**) :

Ex.:   Elle nous a dit **quelque chose.**   Elle ne nous a **rien** dit. (COD)

         Elle nous a **tout** dit.   Elle ne nous a **rien** dit. (COD)

Sauf si le COD est lui-même suivi d'un complément, il peut alors se placer après le verbe ou garder sa place habituelle.

Ex. :   Elle n'a **rien** dit **d'intéressant.** / Elle n'a dit **rien d'intéressant.**

e) Les adjectifs négatifs **aucun** et **nul** s'accordent en genre avec le nom qu'ils déterminent, mais ils sont toujours au singulier.

N.B. Si on veut répondre affirmativement à une question posée à la forme négative, on répond **si** au lieu de **oui**.

Ex. :   — N'êtes-vous **pas** fatiguée?   — **Si**, mais je dois continuer.

La conjonction **ni** est la contrepartie négative de **et, ou** et **soit** dans la phrase affirmative. Elle peut relier des noms et des pronoms sujets ou compléments, des adjectifs attributs, des verbes, des propositions. Étudiez attentivement les exemples ci-dessous :

Deux sujets

Mon \frère et **ma soeur** me ressemblent.   **Ni** mon frère **ni** ma soeur **ne** me ressemblent.

Deux compléments du verbe

J'ai acheté **du fromage** et **des biscottes.**   Je n'ai **pas** acheté de fromage **ni** de biscottes.
                                            ou Je n'ai acheté **ni** fromage **ni** biscottes.

Je mange **des noix** ou **du fromage.**   Je **ne** mange **pas** de noix **ni** de fromage.
                                            ou Je **ne** mange **ni** noix **ni** fromage.

J'aime **les fraises** et **les framboises.**   Je n'aime **pas** les fraises **ni** les framboises.
                                            ou Je n'aime **ni** les fraises **ni** les framboises.

J'irai à **Montréal** ou à **New York.**   Je n'irai **pas** à Montréal **ni** à New York.
                                            ou Je n'irai **ni** à Montréal **ni** à New York.

Deux attributs du sujet

Elle sera soit **satisfaite** soit **déçue.**   Elle **ne** sera **pas** satisfaite **ni** déçue.
                                            ou Elle **ne** sera **ni** satisfaite **ni** déçue.

Deux verbes

J'aime **le voir** et **l'entendre.**   Je n'aime **pas** le voir **ni** l'entendre.
                                            ou Je n'aime **ni** le voir **ni** l'entendre.

Je **jouerai** ou je **partirai.**   Je **ne** jouerai **pas ni** ne partirai.
                                            ou Je **ne** jouerai **ni** ne partirai.

Deux propositions

Il faut **que tu viennes** et **que tu parles.**   Il **ne** faut **pas** que tu viennes **ni** que tu parles.
                                            ou Il **ne** faut **ni** que tu viennes **ni** que tu parles.

Je **ne** vais **lire le roman** ou **voir le film.**   Je **ne** vais **pas** lire le roman **ni** voir le film.
                                            ou Je **ne** vais **ni** lire le roman **ni** voir le film.

Vous aurez remarqué que :

a) Avec deux sujets, on emploie **ni... ni... ne**.

b) Avec deux compléments, deux attributs ou deux propositions, les deux formes **ne... pas... ni** et **ne... ni... ni** sont utilisées.

c) Quand on emploie la forme **ne... ni... ni**, les articles indéfinis et partitifs disparaissent après **ni.**

3. L'adverbe **ne... que** donne à la phrase un sens restrictif, mais il ne s'agit pas vraiment d'une négation. Il a le même sens que l'adverbe **seulement**.

Ex. : Hélas, il **ne** me reste **que** 10 $.   Hélas, il me reste **seulement** 10 $.

4. Il est possible d'avoir plus d'une négation dans la même phrase. Cependant, il faut éliminer complètement le **pas** dans une phrase à négation multiple. Ainsi, pour combiner **pas encore** à d'autre négations, il faut omettre le **pas** et ne garder que **encore**.

Ex. : Murielle n'avait **encore jamais** parlé de cet incident à **personne**.
On **ne** l'a **plus jamais** revu **nulle part** après cet incident.
D'accord, je **ne** dirai **plus jamais rien** à **personne**.

5. Dans la **phrase infinitive négative**, on place **ne pas** devant l'infinitif et les pronoms compléments. Quant aux autres mots négatifs, ils continuent d'occuper la même place que dans la phrase infinitive affirmative, *sauf* **rien** qui est placé avant l'infinitif et les pronoms compléments **quand il est COD**.

Ex. : Je te dis de m'en apporter.
Je te dis de **ne pas** m'en apporter.

On me conseille de **toujours** lui répondre.
On me conseille de **ne jamais** lui répondre.

mais On me demande de leur envoyer **quelque chose**. (COD)
On me demande de **ne rien** leur envoyer. (COD)

6. Finalement, bien que la négation se compose d'au moins deux éléments (**ne** et un ou plusieurs autres mots négatifs), quand on répond négativement à une question, on emploie souvent une formule elliptique.

Ex. : Qui vous a raconté ça?   Personne.
Qu'as-tu fait hier soir?   Rien (du tout)!
Est-ce que c'est prêt?   Pas encore.
Où vas-tu?   Nulle part.
Es-tu fâché?   Pas du tout.
Vas-tu m'oublier?   Jamais.

Il importe néanmoins d'apprendre à construire des phrases négatives car, le plus souvent, on s'en sert non pas pour répondre négativement à une question, mais bien pour faire des observations, des mises en garde ou des recommandations, pour s'informer en posant des questions, etc. On ne peut alors recourir à la formule elliptique.

Ex. : Je n'en croyais pas mes yeux!
Tu ne devrais jamais t'aventurer seule en montagne.
Ça ne sert à rien de se faire du mauvais sang.
Sois tranquille, ils ne vont plus jamais t'importuner.
Le travail n'a jamais fait mourir personne.
N'avez-vous rien remarqué d'anormal?
En tout cas, on ne m'y reprendra plus!

N.B. Dans la langue familière parlée, on omet généralement le **ne**.

Pré-test

Complétez le dialogue en employant toujours la forme négative.

Les enquêtes Jolibidon* *ou* Pas de solution, pas de crime!

Insp. Pigeon : Bonjour, inspecteur Jolibidon. Alors, est-ce qu'un des témoins a parlé?

Insp. Jolibidon : _____ **1**.

Insp. Pigeon : Avez-vous une idée de ce qui s'est passé?

Insp. Jolibidon : _____ **2**. Et vous?

Insp. Pigeon : _____ **3**! Allons interroger le concierge, M. Ledoux. Il est au poste*.

(Au poste.)

Insp. Jolibidon : M. Ledoux, pouvez-vous nous raconter ce qui s'est passé?

Le concierge : Je regrette, monsieur l'inspecteur, _____ **4**.

Insp. Jolibidon : Comment ça? Vous avez dit à l'agent que vous aviez tout vu!

Le concierge : Oh! monsieur l'inspecteur, je suis tellement bouleversé, c'est comme si

_____ **5** !

Insp. Jolibidon : Mais vous devez bien vous souvenir de quelque chose?

Le concierge : _____ **6**.

Insp. Jolibidon : Vous avez certainement remarqué quelque chose d'anormal, non?

Le concierge : _____ **7**.

Insp. Jolibidon : Voyons M. Ledoux, reprenez votre sang-froid*. Voici du thé, ça vous calmera. Est-ce que vous prenez du lait et du sucre?

Le concierge : Non, merci, _____ **8**.

Insp. Jolibidon : Alors, revenons à nos moutons*. Mlle Laflamme recevait-elle souvent des gens chez elle?

Le concierge : _____ **9**. Elle vivait en ermite.

Insp. Jolibidon : Parlait-elle souvent aux autres locataires?

Le concierge : _____ **10**.

Insp. Jolibidon : Mais elle devait bien parler à quelqu'un?

Le concierge : _____ **11**.

Insp. Jolibidon : Et à vous?

Le concierge : _____ **12**.

Insp. Jolibidon : Elle n'avait donc pas d'amis?

Le concierge : _____ **13**.

Toutefois, l'été dernier, tous les jeudis soirs, un monsieur d'un certain âge venait lui

rendre visite.

Insp. Jolibidon : Est-ce qu'elle le voyait encore ces derniers temps?

Le concierge : _____ **14**.

Insp. Jolibidon : À partir de ce moment-là, quelque chose a-t-il changé dans son comportement?

Le concierge : _____ **15**.

Insp. Jolibidon : Voyons, reprenons la scène depuis le début. Ce jour-là, Mlle Laflamme est rentrée chez

elle vers 21 h. Est-ce que quelqu'un l'accompagnait?

Le concierge : _____ **16**.

Insp. Jolibidon : En êtes-vous bien sûr?

Le concierge : À bien y penser, _____ **17**.

Il me semble bien que quelqu'un l'accompagnait, mais je n'ai entendu que des pas.

Insp. Jolibidon : On sait qu'il y avait deux personnes dans l'appartement, en plus de Mlle Laflamme; avez-

vous vu quelqu'un arriver après?

Le concierge : _____ **18**.

Insp. Jolibidon : Alors, cette personne était déjà dans l'appartement?

Le concierge : _____ **19**.

Insp. Jolibidon : Pouvait-elle être cachée quelque part ailleurs dans la maison?

Le concierge : _____ **20**.

Je m'en serais apeçu.

Insp. Jolibidon : M. Ledoux, vous êtes déconcertant; vous semblez avoir des yeux pour tout voir et

pourtant... _(Se tournant vers sont assistant.)_ Inspecteur Pigeon, avez-vous encore quelque

chose à ajouter?

Insp. Pigeon : _____ **21**.

(On entend frapper. Jolibidon va à la porte et sort quelques instants; quand il revient, il murmure à Pigeon.)

Insp. Jolibidon : On nous dit de (le laisser partir) _____ **22**.

Le concierge :   Monsieur l'inspecteur, il est presque midi; est-ce que je peux partir?

Insp. Jolibidon :   Non, (partir *à l'impératif*) _____ [23] tout de suite; il reste encore quelque

points à éclaircir. Mais vous...

«Mesdames et messieurs, (régler) _____ [24] votre appareil. Nous éprouvons présentement

quelques difficultés techniques. Nous regrettons de (pouvoir) _____ [25] vous présenter la suite

des *Enquêtes Jolibidon*. Cette émission vous reviendra sur nos ondes* la semaine prochaine, à la même heure...»

Expressions idiomatiques et notes explicatives

Les enquêtes Jolibidon : jeu de mots faisant allusion à la première série policière québécoise télédiffusée dans les années 60 et qui s'intitulait *Les enquêtes Jobidon*. (*C'est du bidon* : expression populaire employée en France pour dire *c'est du bluff, ce n'est pas vrai, ce n'est pas sérieux.*)

Au poste : ici, sous-entendu, au poste de police.

Reprendre son sang-froid : retrouver son calme.

Revenons à nos moutons : revenons au sujet qui nous intéresse.

Sur nos ondes : à notre poste (de radio ou de télévision).

Corrigé du pré-test

Pour que la réponse soit bonne, il faut que le choix et l'ordre des mots négatifs correspondent à ceux des réponses ci-dessous.

1. Non, aucun (des témoins) n'a parlé. / Pas un seul (n'a parlé).
2. Non, je n'en ai aucune (idée). / Je n'en ai pas la moindre idée. / Pas la moindre!
3. Moi non plus!
4. je ne le peux pas. / je ne peux rien vous raconter.
5. je n'avais rien vu (du tout).
6. Non, je ne me souviens (plus) de rien.
7. Non, je n'ai rien remarqué d'anormal. / je n'ai remarqué rien d'anormal. / je n'ai rien remarqué du tout.

8. je ne prends ni lait ni sucre. / ni l'un ni l'autre. / pas de lait ni de sucre.
9. Non, elle ne recevait jamais personne (chez elle).
10. Non, elle ne leur parlait jamais. / Non, jamais.
11. Non, elle ne parlait (jamais) à personne. Non, à personne.
12. Même pas! / À moi non plus.
13. Non, elle n'en avait aucun. / Aucun. / Elle n'avait aucun ami. / Pas un seul! / Elle n'en avait pas un seul.
14. Non, elle ne le voyait plus.
15. Non, rien n'a changé. / Non, rien du tout.

16. Non, personne ne l'accompagnait. / Non, personne.
17. je n'en suis pas (plus) sûr du tout. / pas vraiment. / pas (plus) du tout.
18. Non, je n'ai vu personne (arriver après). / Je n'ai vu arriver personne.
19. Non, elle n'y était pas (encore).
20. Impossible. / Non, elle ne pouvait être cachée nulle part ailleurs.
21. Non, je n'ai plus rien à ajouter. / Non, rien.

22. ne pas le
    laisser partir
23. ne partez pas
24. ne réglez pas
25. ne (pas) pouvoir

Barème

23/25 . . . . 95%
21/25 . . . . 85%
18/25 . . . . 75%
16/25 . . . . 65%

Exercice I

Répondez à la forme négative en utilisant l'**adverbe** approprié. Attention à la place des mots.

1. — Est-ce que les chiens savent patiner?

   — Non, _____ , sauf Snoopy!

2. — Est-ce que tu as encore faim?

   — _____

3. — As-tu fait du ski l'hiver dernier?

   — _____

4. — Il y a cent ans, est-ce que les femmes avaient déjà le droit de vote au Canada?

   — _____

5. — Est-ce que Grégoire parle toujours à ses plantes quand il les arrose?

   — _____

6. — Est-ce que les députés sont déjà partis en vacances pour l'été?

   — _____

7. — Au Québec, les hivers ont-ils toujours été aussi doux que cette année?

   — _____

8. — Voyez-vous mes clés quelque part?

   — _____

9. — A-t-il encore toussé après le bon grog que je lui ai préparé?

   — _____

10. — Est-ce que tu es allée quelque part pendant le week-end de la fête du Travail?

    — _____

Exercice IIa

Répondez à la forme négative en utilisant le **pronom sujet** qui convient.

1. — Qu'est-ce qui t'intéresse dans la vie?

   — _____

2. — Est-ce que quelqu'un a été tué dans cet accident?

   — _____

3. — Est-ce que certains membres du comité avaient fait des déclarations à la presse?

   — _____

4. — Est-ce que quelqu'un t'attend à l'aéroport?

   — _____

5. — Est-ce que certains de ces livres vous seraient utiles?

   — _____

6. — Qu'est-ce qui est plus important que la santé?

   — _____

7. — Tous les billets pour le spectacle ont-ils été vendus?

   — _____

8. — Qui avait trouvé la formule $E = MC^2$ avant Einstein?

   — _____

9. — Est-ce que tous tes amis viendront te voir au chalet?

   — _____

10. — Qui est infaillible?

   — _____

Exercice IIb

Répondez à la forme négative en utilisant le **complément** approprié (pronom ou adjectif et nom). Attention à la place des mots.

1. — Est-ce que tu fais quelque chose ce soir?

   — _____

2. — Est-ce que Frédéric a rapporté quelques souvenirs de son voyage au Japon?

    — _____

3. — Lui as-tu acheté quelque chose pour sa fête?

    — _____

4. — As-tu appris quelque chose de nouveau à ce colloque?

    — _____

5. — Est-ce qu'il nous reste quelques bouteilles de champagne pour ce soir?

    — _____

6. — Est-ce que vous aviez rencontré quelqu'un de sympathique à cette soirée?

    — _____

7. — De quoi Claude s'est-il occupé dans l'élaboration de ce projet?

    — _____

8. — À quoi penses-tu en ce moment?

    — _____

9. — Les Gagnon connaissent-ils quelqu'un à Boston?

    — _____

10. — Avez-vous écrit à tout le monde pour Noël?

    — _____

Exercice III

Mettez les phrases suivantes à la forme négative en utilisant soit **ni... ni... ne**, soit **ne... ni... ni**, soit **ne... pas... ni.**

1. La science-fiction et les romans policiers le passionnent.

    _____

2. Nous aimons le judo et le karaté.

    _____

3. Il me faut du sel et du poivre.

    _____

4. J'ai lu *Les Belles-soeurs* de Michel Tremblay et j'ai vu la pièce.

_____

5. Élise veut qu'on lui rende visite ou qu'on lui téléphone à l'hôpital.

_____

6. J'avais un imperméable et un parapluie.

_____

7. C'est un homme de talent et un grand chercheur.

_____

8. Je les vois encore souvent, elle et lui.

_____

9. Je me sens mieux assis ou couché.

_____

10. Ils vont chanter et danser à ce mariage.

_____

Exercice IV

Répondez aux questions ou complétez les phrases à la forme négative.
Notez que vous devrez utiliser des négations multiples.

1. — À 7 h, est-ce qu'il y a déjà quelqu'un au bureau pour répondre au téléphone?

    — _____

2. — Le docteur Duval vous a-t-il déjà révélé quelque chose au sujet de sa récente découverte?

    — _____

3. — Avez-vous encore quelque chose à me demander?

    — _____

4. — L'un d'entre vous a-t-il déjà gagné quelque chose à la loterie?

    — _____

5. Quand Michel était célibataire, on le voyait toujours partout; maintenant, _____

_____

6. — Est-ce que quelque chose vous avait déjà fait soupçonner M. Ledoux?

— _____

7. En voulant l'aider, j'ai fait une gaffe; dorénavant (j'aiderai encore tout le monde) _____

_____

8. — Est-ce que Richard parle toujours de ses rêves à tout le monde?

— _____

9. — Est-ce que tu as toujours rapporté des cadeaux à chacun?

— _____

10. — Est-ce que quelqu'un a déjà compris le mystère du Triangle des Bermudes?

— _____

Exercice V   Mettez les phrases suivantes au passé composé.

1. Vous ne voulez jamais répondre à mes questions.

_____

2. Je ne comprends toujours pas ce que vous voulez dire.

_____

3. Je ne vois plus Georges depuis son mariage.

_____

4. Tu ne donnes aucune chance à tes camarades.

_____

5. Adèle ne sort presque jamais de chez elle et elle n'y invite jamais personne.

_____

6. Je ne fais jamais rien d'intéressant.

_____

7. Il ne se passe rien ici.

_____

8. Mes voisins ne parlent jamais à personne.

   _____

9. On ne dit plus rien à personne.

   _____

10. Nous n'allons plus jamais nulle part sans téléphoner auparavant.

   _____

Exercice VIa   Faites des phrases négatives selon le modèle suivant.

Modèle :
Chante plus fort.
a) Ne chante pas plus fort.
b) On te dit de ne pas chanter plus fort.

1. Soyons optimistes.

   a) _____

   b) On nous dit de _____

2. Ayez encore confiance en lui.

   a) _____

   b) On vous dit de _____

3. Mets-toi toujours debout dans un canot.

   a) _____

   b) On te dit de _____

4. Annoncez-le tout de suite.

   a) _____

   b) On vous dit de _____

5. Range-les quelque part.

   a) _____

   b) On te dit de _____

Exercice VIb

Suivez le modèle précédent en employant les pronoms et les adverbes appropriés.

1. Inscrivez-les au camp.

   a) _____

   b) On vous demande de _____

2. Dis-le toujours à tout le monde.

   a) _____

   b) Je te demande de _____

3. Explique-moi encore quelque chose.

   a) _____

   b) Je te demande de _____

4. Emmenez-les toujours partout.

   a) _____

   b) Je vous demande de _____

5. Rendez-les-moi maintenant.

   a) _____

   b) Je vous demande de _____

Exercice VII

Combinez les deux phrases données en utilisant l'infinitif selon le modèle suivant.

Modèle :
Elle n'est pas à l'heure. Elle est désolée.
Elle est désolée de ne pas être à l'heure.

1. Je ne l'ai pas rencontré. Je suis triste.

   _____

2. Vous n'avez pas étudié. Vous regretterez.

   _____

3. Je ne suis plus réveillé la nuit. Je suis heureux.

   _____

4. Il n'a jamais fumé. Il se vante.

   _____

5. Ils n'y sont pas encore allés. Ils sont sûrs.

   _____

6. Je ne fais jamais rien. Je suis frustré.

   _____

7. Vous n'y rencontrez plus personne. Vous êtes surpris.

   _____

8. Tu n'en as rien dit à personne. Tu t'excuses.

   _____

9. Nous ne t'y avons encore jamais emmenée. Nous regrettons.

   _____

10. Tu ne le lui diras jamais. Tu me promets.

   _____

Exercice VIII

Révision. Mettez les phrases suivantes à la forme négative.

1. «Être ou _____, voilà la question.»

2. Parlez toujours aux inconnus dans la rue.

   _____

3. Avoir de l'argent vous empêchera d'être heureux.

   _____

4. Si je peux sortir, tu peux sortir aussi.

   _____

5. L'une ou l'autre solution me convient.

   _____

6. On a été à la cabane à sucre le printemps dernier.

   _____

7. On lui a déjà dit qu'elle ressemblait à Geneviève Bujold*.

_____

8. Il y a encore des gens qui parlent le latin couramment.

_____

9. Nous avons déjà annoncé cette nouvelle à quelqu'un.

_____

10. Quelqu'un m'a déjà dit quelque chose à ce sujet.

_____

_____

Expressions idiomatiques et notes explicatives

Geneviève Bujold : actrice canadienne française de renommée internationale.

Exercice IX

Révision. Répondez aux questions à la forme négative.

1. — Y a-t-il du danger à patiner sur le Saint-Laurent en février?

— _____

2. — Tu as l'air troublé; est-ce que quelque chose te préoccupe?

— _____

3. — Est-ce que Sylvie travaille encore à Montréal et à Toronto?

— _____

4. — Je n'ai pas le temps d'y aller, et toi?

— _____

5. — Vois-tu encore Bernard et Madeleine?

— _____

6. — Est-ce qu'ils sont déjà arrivés?

— _____

7. — Est-ce que tu as envie d'aller quelque part ce soir?

— _____

8. — Avec qui Éric veut-il faire ce voyage et de quoi a-t-il besoin?

— _____

9. — As-tu déjà entendu quelque chose d'aussi stupide?

— _____

10. — Est-ce qu'un des archéologues de l'expédition a déjà découvert quelque chose d'intéressant?

— _____

Exercice X
(sans corrigé)

Complétez les dialogues suivants en utilisant la forme négative.

À la caisse

Client :   Est-ce que vous prenez toutes les cartes de crédit?

Vendeur :   Je regrette, monsieur, _____ 1.

Client :   Et un chèque?

Vendeur :   _____ 2, sauf si vous avez une carte d'identité ou votre

permis de conduire.

Client :   _____ 3.

Vendeur :   Dans ce cas, il faudra payer comptant*.

Client :   _____ 4. Alors, ce sera pour une autre fois.

Autres temps, autres moeurs*

Fils :   Papa, quand tu étais petit, est-ce que tu avais souvent de mauvaises notes à l'école?

Père :   Mais non! _____ 1.

Fils :   Est-ce que tu te battais avec tous les enfants du quartier?

Père :   _____ 2.

Fils :   Et puis, dis moi, où traînais-tu après l'école?

Père : _____ ³.

Fils :   Pauvre papa! Comme c'était ennuyeux à ton époque!

Expressions idiomatiques et notes explicatives

Payer comptant : payer en argent liquide, par opposition au paiement par chèque ou carte de crédit.

Autres temps, autres moeurs : proverbe qui signifie que les coutumes, les habitudes changent avec chaque époque.

Exercice XI
(sans corrigé)

Complétez le dialogue en répondant aux questions à la forme négative. S'il y a lieu, mettez également les expressions données entre parenthèses à la forme négative.

Un coup de foudre* au club des moustachus

(Donald McDonald Jr rencontre son ami Antonio Bell'Amore.)

Donald :   Salut! Ça va?

Antonio :   Salut! _____ ¹.

Donald :   Avant de me raconter ça, veux-tu quelque chose à boire?

Antonio :   _____ ².

Donald :   Oh! oh! as-tu des nouvelles de ta fiancée en Italie?

Antonio :   _____ ³.

              J'ai même l'impression qu'elle m'a déjà remplacé!

Donald :   Je sais ce qu'il te faut alors : une blonde* à Montréal! Y avais-tu déjà pensé?

Antonio :   _____ ⁴.

Donald :   Quelqu'un t'a-t-il déjà présenté des jeunes filles d'ici?

Antonio :   _____ ⁵.

Donald :   As-tu déjà été* quelque part pour en rencontrer?

Antonio :   _____ ⁶.

Donald :   En connais-tu au moins une?

Antonio :   _____ ⁷.

Donald :	Les trouves-tu tellement laides?

Antonio : _____ **8**.

Je les trouve même assez jolies!

Donald : Est-ce que quelque chose te ferait plus plaisir que d'en rencontrer une?

Antonio : _____ **9**.

Donald : Comme tu te débrouilles bien en français, tu as une longueur d'avance sur moi*.

Préparons un plan d'attaque. Préfères-tu une brune comme ton ancienne fiancée?

Antonio : _____ **10**.

Donald : As-tu parfois pensé à faire la cour* à une rousse?

Antonio : _____ **11**.

Donald : Veux-tu aller quelque part pour en rencontrer une?

Antonio : _____ **12**.

(Tout à coup, Antonio est distrait.)

Donald : Antonio! Tony! M'écoutes-tu toujours?

Antonio : _____ **13**,

mais (arrête-toi) _____ **14** de parler et regarde discrètement cette belle

blonde qui vient de s'asseoir à la table voisine. Elle parle français! Mizzica*, c'est ma

chance!

Donald : Darnit*! Pourquoi (avoir travaillé) _____ **15** comme il le

fallait à mon cours de conversation!

(Elle s'appelait Pierrette Touchette. Antonio et elle se sont mariés et ils ont eu beaucoup d'enfants qui ont appris le français, l'italien et l'anglais.)

Expressions idiomatiques et notes explicatives

Avoir le coup de foudre (pour quelqu'un) : tomber amoureux dès la première rencontre.

Une blonde : se dit au Québec pour *une petite amie*, même si elle n'est pas blonde.

As-tu déjà été : *Es-tu déjà allé* en langue familière.

Avoir une longueur d'avance sur quelqu'un : avoir un avantage sur quelqu'un.

Faire la cour : se dit d'un homme qui se montre galant auprès d'une femme pour lui plaire.

Mizzica : au Québec, on dirait : *Wow!*

Darnit : au Québec, on dirait : *Mautadit!*

Exercices d'exploitation orale et écrite

1. Une critique

Choisissez un film (ou un chanteur populaire, un sport, une revue, un spectacle, etc.) décevant. Faites-en une critique très négative.

> Modèle :
> Je **n'**avais encore **jamais** vu un film aussi mauvais. **Rien ne** m'a plu dans ce film, **ni** la musique **ni** le scénario, **ni** l'acteur principal. L'intrigue **ne** nous réservait **aucune** surprise. Je **ne** peux **pas** croire qu'on a dépensé des millions pour produire un tel navet. **Personne n'**a le droit de polluer ainsi nos écrans!

2. Le défaitiste

À tour de rôle, les étudiants jouent le rôle d'une personne déprimée et défaitiste qui commence à se plaindre de ses malheurs. Les autres étudiants lui font des suggestions positives, à tour de rôle, pour lui remonter le moral, mais en vain.

> Ex. : — Moi, je **ne** fais **jamais rien** d'intéressant.
> — Tu pourrais peut-être faire un voyage?
> — Oui, mais je n'ai **pas du tout** d'argent.
> — Tu pourrais peut-être trouver un emploi d'été?
> — Bah! je n'ai **aucune** chance d'en trouver un...
> — Mais pourquoi pas?
> — Je **ne** suis bon **en rien**. Je **ne** suis **même pas** bilingue!
> — Pourquoi **ne pas** suivre des cours?
> — Mais enfin, **personne n'**a compris que je suis fauché?

3. La thérapie par la négation

La classe organise une *thérapie de groupe* où chaque étudiant(e) jouera le rôle d'un personnage qu'il (elle) se sera choisi. Chacun(e), à tour de rôle, devra faire part au groupe des résolutions prises pour «s'affirmer en s'opposant».

> Ex. : Moi, je **ne** ferai **plus jamais** de café pour mon patron.
> Je **ne** laisserai **plus aucun** professeur m'intimider.
> Dorénavant, **personne ne** m'obligera **plus** à me lever tôt.
> À l'avenir, **aucune** critique **ne** me dérangera **plus jamais**.
> À partir de maintenant, **rien ni personne ne** me fera **plus** renoncer à mes idées.

4. Courrier des lecteurs

Pour vous permettre d'utiliser la forme négative de façon spontanée, voici quelques sujets de composition où vous pourrez laisser libre cours à votre imagination. Servez-vous des expressions négatives que vous avez apprises.

a) Partout c'est la guerre, la violence et le racisme. La situation vous déprime; vous voyez tout en noir. Toutes les tentatives de paix vous semblent vouées à l'échec. Vous écrivez une lettre pessimiste au courrier des lecteurs de votre journal.

b) Vous écrivez à un courrier du coeur et vous racontez vos déboires amoureux.

c) Vous rentrez d'un voyage organisé... mal organisé! Vous publiez une lettre dans le journal pour dénoncer cette agence. Vous expliquez tout ce qui vous a déçu(e), irrité(e), coûté cher, etc. et conseillez aux lecteurs de ne jamais faire appel à cette agence.

Corrigé des exercices

Exercice I

1. ils ne savent pas patiner
2. Non, je n'ai plus faim.
3. Non, je n'ai pas fait de ski. / Non, je n'en ai pas fait.
4. Non, elles n'avaient pas encore le droit de vote. / Non, elles ne l'avaient pas encore.
5. Non, il ne parle jamais à ses plantes. / Non, il ne leur parle jamais. / Non, il ne leur parle pas toujours.
6. Non, ils ne sont pas encore partis.
7. Non, ils n'ont (encore) jamais été aussi doux. / Non, ils n'ont pas toujours été aussi doux.
8. Non, je ne vois (nous ne voyons) tes clés nulle part. / Non, je ne les vois (nous ne les voyons) nulle part.
9. Non, il n'a plus toussé.
10. Non, je ne suis allée nulle part.

Exercice IIa

1. Rien ne m'intéresse.
2. Non, personne n'a été tué dans cet accident.
3. Non, aucun n'avait fait de déclaration à la presse. / Non, aucun n'en avait fait.
4. Non, personne ne m'attend à l'aéroport. / Non, personne ne m'y attend.
5. Non, aucun ne me serait utile. / Non, aucun de ces livres ne me serait utile. / Non, pas un seul.
6. Rien n'est plus important (que la santé).
7. Non, pas un (seul) n'a été vendu. / Non, aucun (billet) n'a été vendu.
8. Nul n'avait trouvé la formule (avant Einstein). / Nul ne l'avait trouvée. / Personne n'avait trouvé la formule. / Personne ne l'avait trouvée.
9. Non, pas un (seul) ne viendra (me voir). / Non, aucun ne viendra (me voir).
10. Nul n'est infaillible. / Personne n'est infaillible. (*Nul* est une forme plus littéraire que *personne*.)

Exercice IIb

1. Non, je ne fais rien.
2. Non, il n'a rapporté aucun souvenir. / Non, il n'en a rapporté aucun. / Non, pas un seul.
3. Non, je ne lui ai rien acheté.
4. Non, je n'ai rien appris de nouveau. / Je n'ai appris rien de nouveau.
5. Non, il ne nous reste aucune bouteille de champagne. / Non, il ne vous en reste aucune. / Non, pas une seule.
6. Non, je n'y avais (nous n'y avions) rencontré personne de sympathique.
7. Il ne s'est occupé de rien.
8. Je ne pense à rien.
9. Non, ils ne connaissent personne à Boston. / Non, ils n'y connaissent personne.
10. Non, je n'ai (nous n'avons) écrit à personne.

Exercice III

1. Ni la science-fiction ni les romans policiers ne le passionnent.
2. Nous n'aimons ni le judo ni le karaté. / Nous n'aimons pas le judo ni le karaté.
3. Il ne me faut ni sel ni poivre. / Il ne me faut pas de sel ni de poivre.
4. Je n'ai ni lu *Les Belles-soeurs* ni vu la pièce. / Je n'ai pas lu *Les Belles-soeurs* ni vu la pièce.
5. Élise ne veut ni qu'on lui rende visite ni qu'on lui téléphone à l'hôpital. / Élise ne veut pas qu'on lui rende visite ni qu'on lui téléphone à l'hôpital.
6. Je n'avais ni imperméable ni parapluie. / Je n'avais pas d'imperméable ni de parapluie. / Je n'avais ni l'un ni l'autre.
7. Ce n'est ni un homme de talent ni un grand chercheur. / Ce n'est pas un homme de talent ni un grand chercheur.
8. Je ne les vois plus souvent, ni elle ni lui / ni l'un ni l'autre.
9. Je ne me sens mieux ni assis ni couché. / Je ne me sens pas mieux assis ni couché.
10. Ils ne vont ni chanter ni danser à ce mariage. / Ils ne vont pas chanter ni danser à ce mariage.

Exercice IV

1. Non, à 7 h, il n'y a encore personne au bureau pour répondre au téléphone.
2. Non, il ne m'a (ne nous a) encore rien révélé à ce sujet.
3. Non, je n'ai (nous n'avons) plus rien à vous demander.
4. Non, aucun d'entre nous n'a encore jamais rien gagné à la loterie.
5. on ne le voit plus (jamais) nulle part.
6. Non, rien ne m'avait encore fait soupçonner M. Ledoux. / Non, rien ne m'avait jamais fait soupçonner M. Ledoux.
7. je n'aiderai plus jamais personne.
8. Non, il n'en parle jamais à personne.
9. Non, je n'ai jamais rapporté de cadeaux à personne. / Non, je n'en ai jamais rapporté à personne.
10. Non, personne n'a encore compris le mystère du Triangle des Bermudes. / Non, personne ne l'a jamais / ne l'a encore compris.

Exercice V

1. Vous n'avez jamais voulu répondre à mes questions.
2. Je n'ai toujours pas compris ce que vous avez voulu dire.
3. Je n'ai plus vu Georges depuis son mariage.
4. Tu n'as donné aucune chance à tes camarades.
5. Adèle n'est presque jamais sortie de chez elle et n'y a jamais invité personne.
6. Je n'ai jamais rien fait d'intéressant.
7. Il ne s'est rien passé ici.
8. Mes voisins n'ont jamais parlé à personne.
9. On n'a plus rien dit à personne.
10. Nous ne sommes plus jamais allés nulle part sans téléphoner auparavant.

Exercice VIa

1. a) Ne soyons pas optimistes.
    b) ne pas être optimistes.
2. a) N'ayez plus confiance en lui.
    b) ne plus avoir confiance en lui.
3. a) Ne te mets jamais debout dans un canot.
    b) ne jamais te mettre debout dans un canot.
4. a) Ne l'annoncez pas tout de suite.
    b) ne pas l'annoncer tout de suite.
5. a) Ne les range nulle part.
    b) ne les ranger nulle part.

Exercice VIb

1. a) Ne les y inscrivez pas.
   b) ne pas les y inscrire.
2. a) Ne le dis jamais à personne.
   b) ne jamais le dire à personne.
3. a) Ne m'explique plus rien.
   b) ne plus rien m'expliquer.
4. a) Ne les emmenez (plus) jamais nulle part.
   b) ne (plus) jamais les emmener nulle part.
5. a) Ne me les rendez pas maintenant.
   b) ne pas me les rendre maintenant.

Exercice VII

1. Je suis triste de ne pas l'avoir rencontré. / Je suis triste de ne l'avoir pas rencontré.
2. Vous regretterez de ne pas avoir étudié. / Vous regretterez de n'avoir pas étudié.
3. Je suis heureux de ne plus être réveillé la nuit. / Je suis heureux de n'être plus réveillé la nuit.
4. Il se vante de n'avoir jamais fumé. / Il se vante de ne jamais avoir fumé.
5. Ils sont sûrs de n'y être pas encore allés. / Ils sont sûrs de ne pas encore y être allés.
6. Je suis frustré de ne jamais rien faire.
7. Vous êtes surpris de ne plus y rencontrer personne.
8. Tu t'excuses de n'en avoir rien dit à personne.
9. Nous regrettons de ne t'y avoir (encore) jamais emmenée.
10. Tu me promets de ne jamais le lui dire.

Exercice VIII

1. ne pas être
2. Ne parlez jamais aux inconnus dans la rue.
3. Ne pas avoir d'argent ne vous empêchera pas d'être heureux.
4. Si je ne peux (pas) sortir, tu ne peux (pas) sortir non plus.
5. Ni l'une ni l'autre solution ne me convient.
6. On n'a pas été à la cabane à sucre le printemps dernier.
7. On ne lui a (encore) jamais dit qu'elle ressemblait à Geneviève Bujold.
8. Il n'y a (presque) plus personne qui parle le latin couramment.
9. Nous n'avons encore annoncé cette nouvelle à personne.
10. Personne ne m'a encore rien dit à ce sujet.

Exercice IX

1. Non, il n'y a pas de danger à patiner sur le Saint-Laurent en février. / Non, il n'y a aucun danger à patiner sur le Saint-Laurent en février.
2. Non, rien ne me préoccupe.
3. Non, elle ne travaille plus à Montréal ni à Toronto. / Non, elle ne travaille plus ni à Montréal ni à Toronto.
4. Moi non plus. / Je n'ai pas le temps d'y aller non plus.
5. Non, je ne vois plus ni Bernard ni Madeleine. / Non, je ne vois plus Bernard ni Madeleine. / Non, je ne les vois plus ni l'un ni l'autre.
6. Non, ils ne sont pas encore arrivés. / Non, ils ne sont toujours pas arrivés.
7. Non, je n'ai envie d'aller nulle part (ce soir).
8. Il ne veut faire ce voyage avec personne et il n'a besoin de rien.
9. Non, je n'ai (encore) jamais rien entendu d'aussi stupide.
10. Non, aucun des archéologues de l'expédition n'a encore rien découvert d'intéressant.

Chapitre 13

Exercices de composition

Si vous êtes super... studieux, le chapitre 13 vous portera chance.

Il vous propose des exercices de composition qui vous permettront de revoir certaines structures grammaticales tout en faisant appel à votre créativité. Avant de faire chaque exercice, il est important de bien lire les textes afin de saisir les nuances de style et de ton qui vous guideront dans le choix de vos propres répliques. Comme il y a plusieurs répliques possibles, nous n'avons inclus aucun corrigé.

Franchissez cette dernière étape : vous verrez que vous êtes bien en lice et qu'une médaille vous attend!

Révision des pronoms

Exercice I

Après avoir lu et compris les répliques de chacun des dialogues, complétez-les en employant les pronoms appropriés (démonstratifs, personnels et relatifs). Attention : chaque réplique que vous composerez devra tenir compte de celle qui suit. Faites preuve de créativité tout en respectant la cohérence du texte.

Gourmandise, quand tu nous tiens!

Lise :   Mmmm! Quelle belle tarte aux fraises!

_____

Josée :   Évidemment, qui veux-tu que ce soit? _____

_____

Lise :   Non merci, je surveille ma ligne. Mais dis-moi quand même ce que tu as mis sur les

fraises?

Josée :   _____

Lise :   Comment est-ce que tu prépares ça?

Josée :   C'est facile, _____

_____

Lise :   C'est vraiment beau et très appétissant!

Josée :   Tu es sûre que tu _____

Lise :   Bon, bon, puisque tu insistes, mais à condition _____

_____

Josée :   Je ne demande pas mieux, j'attendais que tu te décides pour me servir.

Coquetterie, quand tu nous tiens!

Marc :   Qu'est-ce que tu vas porter demain soir?

Anne :   Je crois que je vais porter mon ensemble noir et blanc, tu sais _____

_____

Marc :   Tu oublies que je n'étais pas avec toi ce soir-là, mais est-ce que tu veux parler de

_____

Anne :   Mais non, la jupe est au contraire très longue et très ample et le corsage n'est pas décolleté

du tout.

Marc :   Alors, je ne m'en souviens plus et je t'ai décrit _____

_____

Anne :   Eh bien, si tu veux que tes rêves deviennent réalité, je suggère que nous sortions

magasiner* illico*!

Un bon candidat

Claude :   À propos, est-ce que tu as interviewé Steven Fishman?

Marie :   Oui, je viens tout juste de le faire. C'est d'ailleurs _____

Claude :   Ah bon! Je comprends pourquoi c'était toujours occupé quand j'essayais de t'appeler.

Alors, _____

Marie :   Il m'a fait bonne impression. Mais dis-moi, _____

_____

Claude :   Je l'ai eu comme étudiant il y a deux ans. C'est _____

_____

_____

Marie :   Tu crois donc que je devrais _____?

Claude :   Tu auras du mal à trouver un meilleur moniteur d'anglais. Il saura comment s'y prendre*

avec les étudiants puisqu'il sait ce que c'est qu'apprendre une langue.

Marie :   Bon, très bien, je _____

_____

Claude :   Je suis sûr que tu ne vas pas le regretter.

Un choix éclairé

Cynthia :	Je voudrais suivre le cours de français fonctionnel. J'ai lu la description dans l'annuaire, mais j'aimerais en savoir plus long* sur ce cours. Pouvez-vous m'aider?
M. Ledoux :	Certainement. Il s'agit d'un cours _____ _____ _____
Cynthia :	Est-ce qu'on fait de la grammaire?
M. Ledoux :	En classe, nous faisons de la grammaire... comment dire, de la grammaire... appliquée. Vous vous préparez à l'avance en travaillant dans *Vouloir... c'est pouvoir*.
Cynthia :	*Vouloir... c'est pouvoir*, qu'est-ce que c'est au juste?
M. Ledoux :	Ah, mais c'est _____ _____
Cynthia :	Comme c'est intéressant. Et ce projet que nous devons faire, en quoi est-ce qu'il consiste exactement?
M. Ledoux :	Il s'agit d'une enquête _____ _____ _____
Cynthia :	Ça me convient tout à fait. Pouvez-vous m'inscrire?
M. Ledoux :	Avec plaisir.

Expressions idiomatiques et notes explicatives

Magasiner : *faire du magasinage* ou *magasiner* : canadianisme qui remplace, au Québec, l'anglicisme *faire du shopping* couramment employé en France.

Illico! : sur-le-champ, immédiatement.

Savoir comment s'y prendre : savoir comment faire pour accomplir une tâche.

En savoir plus long : en savoir davantage.

Révision des modes

Souvenez-vous que lorsqu'on parle, c'est parce qu'on veut communiquer un message à quelqu'un. L'intention – c'est-à-dire la prise de position qui se cache derrière chaque message – est exprimée par le mode.

1. On emploie l'indicatif quand on veut présenter des événements ou des situations comme étant vrais, c'est-à-dire comme faisant partie d'une réalité objective.

2. On emploie le subjonctif, le conditionnel ou l'impératif quand on veut exprimer une prise de position personnelle (souhait, regret, volonté, jugement, doute, etc.) par rapport à un événement ou une situation.

Exercice II

Après avoir lu et compris les répliques suivantes, complétez chacun des mini-dialogues par une réplique de votre cru, mais dans laquelle vous utiliserez soit un conditionnel, soit une structure de condition avec **si**.

1. — C'était mon anniversaire hier.

   — C'est vrai? _____

   — Il n'est jamais trop tard pour bien faire.

2. — Il neige tout le temps; de plus, il fait un froid de canard*. *(Soupir.)* Je _____
   _____

   — Moi aussi, je rêve de soleil. J'en ai vraiment assez de l'hiver.

3. — Quoi! Il y a un test aujourd'hui? Je n'étais pas au courant.

   — _____

   je l'ai annoncé au moins quatre fois en classe.

   — Vraiment? Je ne me rappelle pas vous avoir entendu annoncer un test.

   — _____ .

   La prochaine foi, vous serez plus attentif, c'est tout.

4. — C'est ton estomac qui crie comme ça?

   — Oui, je meurs de faim! Je _____

5. — Qu'est-ce que tu as à renifler comme ça?

   — J'ai la grippe, ça ne se voit pas? Je souffre terriblement.

   — C'est bien de ta faute; _____
   _____

— Mais tu sais bien que je déteste ça.

— Alors, tant pis pour toi!

— _____

— Sois tranquille, ça ne m'arrivera pas, à moi. Je prends les moyens qu'il faut pour me protéger.

— Touche du bois, _____

6. — Mon fils ne veut jamais s'endormir le soir, je ne sais plus quoi faire.

— _____

— J'ai déjà essayé, mais ça n'a pas marché.

— À ta place, _____

7. — Qu'est-ce qu'on fait ce soir? Je n'ai pas envie de rester à la maison. _____

_____

— Bonne idée! Et après, _____,

qu'est-ce que tu en dis?

— Ça me va, à condition de ne pas rentrer trop tard.

8. — As-tu trouvé la solution à ce problème?

— C'était un jeu d'enfant*, voyons! Tu n'avais qu'à appliquer la règle de trois.

— Qu'est-ce que je suis bête! _____

9. — Espèce de chauffard! _____

votre permis de conduire!

— Tout ça, c'est de votre faute! _____

_____

— Quel culot*! C'est plutôt vous qui avez reculé dans ma voiture.

10. — _____

— 100 $! Tu me prends pour Crésus*! Je n'ai pas d'argent, et même _____

_____

— Alors, c'est non?

— C'est non.

11. — Qu'est-ce que c'est casse-pieds*, cette soirée!

    — À qui le dis-tu*!

    — Mais on n'est pas obligé de moisir ici, tu sais!

    — Tu as raison. _____

12. — J'en ai marre* de l'université, je pense que je vais laisser tomber mes études.

    _____ tomber mes études, je n'aurais plus de recherches à faire, ça

    _____ mes _____ problèmes; je serais libre.

    _____ et, grâce à cet emploi, _____ . Si mon

    salaire était assez élevé, je _____ une voiture et

    _____ tous les soirs. Le week-end, _____ et

    _____

    — Et si tes parents _____?

    — Je quitterais la maison. Je _____

    et _____

    — D'un côté, ce serait certainement bien agréable d'être indépendant, mais de l'autre,

    ne penses-tu pas que tu aurais de meilleures chances de trouver un emploi si

    _____?

Expressions idiomatiques et notes explicatives

Il fait un froid de canard : il fait très froid.

C'est un jeu d'enfant : c'est très facile.

Quel culot! : expression d'indignation utilisée pour dire que quelqu'un est effronté.

Tu me prends pour Crésus! : Tu t'imagines que je suis fabuleusement riche, comme l'était Crésus, roi de Lydie.

C'est casse-pieds : c'est ennuyeux.

À qui le dis-tu! : je suis bien d'accord avec toi.

En avoir marre : en avoir assez, en avoir par-dessus la tête.

Exercice III

En respectant la cohérence du texte, complétez les phrases suivantes en employant le subjonctif, l'infinitif ou l'indicatif, selon le cas. Essayez de donner le plus de renseignements possible. L'utilisation du masculin dans le texte implique également le genre féminin.

Instructeur demandé à l'école de conduite Kass-Kou

L'école de conduite Kass-Kou se cherche un instructeur expérimenté.

Bien qu'une longue expérience _____ un atout indispensable, nous cherchons quelqu'un qui

_____ entre 26 et 34 ans. Il est nécessaire _____

votre permis de conduire depuis au moins dix ans. Comme notre clientèle est bilingue, il est indispensable

_____ .

Comme la fumée gêne les clients et empeste nos voitures, il faudrait, si vous êtes fumeur, _____

_____ .

La personnalité d'un instructeur de conduite est extrêmement importante; nous aimerions donc

_____

_____ .

Côté physique, vous aurez à subir un examen médical complet avant _____

_____ .

Si les résultats de cet examen ne sont pas satisfaisants, il est peu probable _____

_____ .

Nous exigeons, en effet, que tous nos instructeurs _____

_____

_____ .

La collaboration avec les collègues est une règle d'or chez nous; c'est pourquoi il est souhaitable

_____

_____ .

Nous n'étudierons pas votre dossier avant _____

_____ .

Et comme nous procéderons à la sélection de nos nouveaux instructeurs au cours du mois prochain, nous nous

attendons _____

_____ .

Même si _____ ,

nous ne retiendrons que les meilleures candidatures. Il est donc inutile de nous envoyer votre demande à

moins que _____

_____ .

Si vous répondez aux critères mentionnés ci-haut, nous serons ravis _____

_____ .

Une réponse parmi tant d'autres

Madame, Monsieur,

Pour faire suite à votre annonce parue dans _La Presse_ du 25 courant, j'aimerais _____

_____ .

Depuis que _____ je n'ai jamais eu d'accident d'automobile.

_____ mon permis de conduire à l'âge de seize ans, après

_____ un cours de conduite intensif. Vous pourrez constater vous-même

_____ quand vous me ferez passer vos propres tests. J'ai lu avec attention la

liste de vos exigences et il me semble _____

_____ .

Côté personnalité, je pense _____

_____ .

Côté physique, je considère _____ ,

et je suis certain que votre examen médical _____ .

Peut-être _____ ;

c'est pourquoi il serait préférable de me téléphoner après le 31 mars. J'espère _____

_____ .

En vous remerciant de l'attention que vous accorderez à ma demande, veuillez agréer, Madame, Monsieur,

l'expression de mes meilleurs sentiments.

Exercice IV

Complétez le dialogue suivant en employant l'impératif et les pronoms personnels qui conviennent.

René : Mes deux soeurs vont arriver à Montréal en fin de semaine, mais malheureusement je n'ai pas le temps de m'occuper d'elles. Peux-tu le faire à ma place?

André : D'accord. Qu'est-ce qu'il faut que je fasse?

René : Écoute, _____ à la gare, et puis _____ à la maison. Elles pourront déposer leurs bagages. Après, _____ la voiture et _____ au centre-ville. _____ visiter le campus de l'université McGill. Le Vieux-Montréal les intéressera sûrement, _____ ensemble. Samedi, tu n'auras pas besoin de passer la journée avec elles. _____ comment prendre le métro et _____ se débrouiller toutes seules. Ça te donnera un peu de liberté. _____ rendez-vous à 18 heures et _____ manger au *Caveau*, la cuisine y est toujours excellente. Il y a un bon film à l'affiche du cinéma *Ex-Centris*. _____, elles seront ravies. J'irai vous rejoindre à la sortie. Si je suis en retard, _____ au bistrot *Saint-Denis*.

André : Je vois que tu as pensé à tout. À propos, quel âge ont tes soeurs?

René : Pas encore l'âge de sortir sans chaperon!

Révision de la négation

Exercice V

Après avoir lu et compris les répliques de chacun des mini-dialogues, complétez-les en employant la forme négative. Attention : chaque réplique que vous composerez devra tenir compte de celle qui suit. Faites preuve de créativité tout en respectant la cohérence du texte.

1. — _____!

— Si, si, je l'ai finalement remise à mon prof hier. Il a bien failli _____

_____

— Tu as eu de la chance! Mon prof à moi est drôlement plus sévère. Il n'accorde jamais de prolongation, lui.

— En tout cas, ça m'a fait réfléchir et j'ai pris une résolution : _____

_____

2. — J'ai emmené mes étudiants voir un film en français hier.

— _____

— Au contraire, ils ont presque tout compris. J'étais très fière d'eux.

3. — Tu aurais dû venir faire du ski de fond avec nous dimanche.

— _____

— Pourquoi pas?

— _____

— Tu aurais dû me le dire, je t'aurais prêté ceux de ma soeur. Depuis qu'elle fait du ski alpin, elle ne s'en sert presque plus.

— _____

— Eh bien, tu le sauras pour la prochaine fois.

4. — Bonjour Mademoiselle, je voudrais deux billets pour l'exposition de Chagall.

— _____

— Quel dommage! Je voulais tellement voir cette exposition.

5. — _____

— Mais si, rappelle-toi, l'autre soir, en sortant du ciné, tu m'as dit ça mot pour mot.

— _____

— Tu as la mémoire courte! Tu as pourtant bien insisté.

— Peut-être que je plaisantais.

— _____, tu étais sérieuse comme un pape*!

6. — Est-ce qu'on peut en parler?

— _____

— Pourquoi pas?

— Divulguer un secret de cette importance serait de la folie furieuse. Il faut que ça reste entre vous et moi.

— Est-ce que je peux en parler au moins à mon avocat?

— _____! Si vous lui en touchiez le moindre mot*, demain toute la ville

serait au courant!

7. — Vous n'étiez pas censé faire ça comme ça!

— Je suis désolé, _____

— Et pourquoi faudrait-il tout vous dire! Servez-vous de votre tête!

8. — Georges! T'es-tu vu la tête? On dirait que tu as passé la nuit sur la corde à linge*!

— _____

— Mon pauvre! C'est encore ton travail de français qui te fait passer des nuits blanches*. En as-tu encore

pour longtemps?

— _____

9. — Tu sais ce que c'est, toi, une _Maison de la culture?_

— _____

— Moi _____, mais on pourrait s'adresser au Service d'information de la

ville de Montréal.

10. — Marc a complètement disparu de la circulation.

— C'est vrai, _____. Il doit passer tout son temps chez lui, le nez dans ses

bouquins.

— Et si on l'invitait à dîner?

— _____, il refuse systématiquement toutes les invitations depuis le début

de la période des examens.

11. — Alors, vous êtes sûre que c'est sans danger?

— Je vous assure _____

— Mais s'il arrivait quelque chose?

— _____, c'est moi qui vous le dis. Alors, vous êtes prête?

— _____ j'hésite encore. Vous savez, moi, la nitroglycérine...

— Alors, qu'est-ce que vous voulez que je vous dise! Si vous ne voulez pas participer à ma petite

expérience inoffensive, _____.

Expressions idiomatiques et notes explicatives

Être sérieux comme un pape : être très sérieux, comme le serait le pape, considéré ici, à tort ou à raison, comme le sérieux personnifié.

En toucher un mot à quelqu'un : parler brièvement de quelque chose à quelqu'un.

Passer la nuit sur la corde à linge : expression québécoise qui signifie passer une très mauvaise nuit.

Passer des nuits blanches : passer des nuits sans dormir.